碳中和时代

未来 40 年财富大转移

汪 军 著

电子工业出版社

Publishing House of Electronics Industry

北京·BEIJING

内 容 简 介

碳中和代表一个新时代的开始，在这个时代里，所有人的财富都将通过碳排放这个媒介进行重新分配，高碳企业的财富会流向低碳企业，增碳行业会流向减碳行业，这些企业的财富重新分配又会逐渐渗透到个人的工作和生活中，让所有人都不能置身事外。

本书从气候变暖的历史背景和国际气候谈判进程出发，详细讲述了碳中和提出的原因、现状，以及从国家和企业层面如何实现碳中和。同时，本书详细介绍了碳中和带来的一个新兴金融市场——碳交易市场的体制机制及参与方法，以及一个新兴的行业——碳管理行业的业务内容及市场空间。最后，本书从个人角度出发，讲述在碳中和时代下，个人应当如何从日常生活、学习就业和投资理财方面为碳中和做出自己的贡献。

图书在版编目（CIP）数据

碳中和时代：未来 40 年财富大转移 / 汪军著 . —北京：电子工业出版社，2021.11

ISBN 978-7-121-42157-0

Ⅰ.①碳…　Ⅱ.①汪…　Ⅲ.①二氧化碳—节能减排—影响—产业发展—研究—中国
Ⅳ.①F269.2
中国版本图书馆 CIP 数据核字（2021）第 202229 号

责任编辑：雷洪勤
文字编辑：王天一
印　　刷：北京市大天乐投资管理有限公司
装　　订：北京市大天乐投资管理有限公司
出版发行：电子工业出版社
　　　　　北京市海淀区万寿路 173 信箱　邮编：100036
开　　本：720×1000　1/16　印张：19.75　字数：364 千字
版　　次：2021 年 11 月第 1 版
印　　次：2022 年 3 月第 7 次印刷
定　　价：69.80 元

凡所购买电子工业出版社图书有缺损问题，请向购买书店调换。若书店售缺，请与本社发行部联系，联系及邮购电话：（010）88254888，88258888。
质量投诉请发邮件至 zlts@phei.com.cn，盗版侵权举报请发邮件至 dbqq@phei.com.cn。
本书咨询联系方式：wangtianyi@phei.com.cn。

可再生能源助力全球碳中和目标实现

　　联合国发布的最新气候分析报告指出，自 19 世纪以来，人类通过燃烧化石燃料获取能源，导致全球温度比工业化前的水平高出了 1.1℃，而在未来二十年会继续升温，届时将比工业化前的水平高出 1.5℃以上。世界各地极端天气将更加频繁和明显。报告指出，在 21 世纪末将气候稳定在工业化水平前 1.5℃的温升、实现《巴黎协定》的目标困难重重。要实现《巴黎协定》的目标，未来 10 年需要大幅减少二氧化碳排放，到 2050 年实现净零排放。联合国秘书长古特雷斯因此指出，此份报告是"人类的红色警报。在煤炭和化石燃料摧毁地球之前，必须要敲响它们的丧钟！"

　　全球气候变暖导致的自然灾害频发、资源不可持续问题，已成为当前全人类共同面临的巨大挑战。2020 年 9 月 22 日，习近平主席在联合国大会上宣布：中国二氧化碳排放 2030 年前达峰、2060 年前实现碳中和。庄严承诺彰显了中国积极应对气候变化、推动构建人类命运共同体的大国担当。全球 190 多个国家再次形成高度共识，共同应对全球气候变化。

　　一场以人类呼唤绿色低碳为核心、以可再生能源为主体的能源革命已在全世界展开。作为世界上最大的发展中国家，中国将完成全球最高碳排放强度降幅，用全球历史上最短的时间实现从碳达峰到碳中和。这无疑将是一场硬仗，需要付出艰苦努力。但中国言必行，行必果，已将碳达峰、碳中和纳入生态文明建设整体布局，全面推行绿色低碳循环经济发展。

综合对比其他可再生能源，太阳能光伏发电是目前人类可使用的能源中路径最短、效率最高、可持续利用的能源。在未来几十年的技术路径中，太阳能光伏发电将会成为碳中和进程中能源供给的第一主角。有研究报告指出，未来能源组成的 40% 或 80% 将由光伏提供，在大概率范围内，大家认为这个比例将达到 60%～80%。

数据显示，2019 年我国碳排放强度比 2005 年下降 48.1%，提前实现了 2015 年提出的"2020 年碳排放强度比 2005 年下降 40%～45%"的目标，扭转了二氧化碳排放快速增长的局面，单位 GDP 能耗强度大幅度降低。在此背景下，加快发展以光伏为代表的可再生能源，推动能源生产和消费方式的转型升级，推进汽车电动化、能源消费电力化、电力生产清洁化，是治理我国环境问题、应对全球气候变化、实现碳中和目标的根本路径。实际上，随着中国光伏产业自身的良性发展和政府部门的坚决落实，再加上良性的经济循环，中国双碳目标有可能在大家的共同努力下提前 5～10 年实现。

在巨大挑战和压力面前，这次转型也是很好的机遇。加快低碳发展是落实我国安全战略的迫切需要，是推动全球一体化、体现大国担当的必然选择，更是推进我国可持续发展的必由之路。据研究分析，可再生能源将会成为碳中和路径下主力电力或是所有能源的主要来源。作为全球可再生能源的第一大国，中国制造的光伏产品和相应资本走向世界，大大加快了发达国家的能源转型速度。更重要的是，为"一带一路"沿线及广大欠发达国家和地区提供了全新的发展路径，帮助它跨过先污染后治理的老路，一步进入可持续发展的快车道。我们相信，"蓝天白云常在，青山绿水常伴"这个美好愿景，会在中国制造的推动下、在全人类的共识下很快变成现实。这个过程中，我们由衷地感到自身参与的重要性，也为我们所做出的努力感到自豪。

2021 年是中国碳中和目标启动元年，在未来的 30～40 年里，碳中和将是社会经济发展的主基调，所以每个人都有必要对碳中和进行一些了解。《碳中和时代》一书从人类应对气候变化的历史说起，针对中国碳中和战略和路径、碳市场介绍、碳管理行业介绍及个人碳中和等方面，围绕碳中和是什么、为什么以及怎么做三个议题，通过大量数据及案例进行了详尽的介绍，对现实的工作和生活有一定指导意义。希望通过这本书，大家能更多地了解碳中和对于我们的生活、人类可持续发展的深远意义。

十一届全国政协常委

全国人大代表

通威集团董事局主席

刘汉元

碳中和，未来 40 年财富大转移

碳达峰、碳中和是一场广泛而深刻的经济社会系统性变革

2021 年 3 月 15 日，在一次平常的新闻联播中出现了"碳中和"的身影。这次新闻联播中报道了习近平总书记主持中央财经委员会第九次会议的内容，其中关于碳达峰、碳中和，新闻里面是用这句话描述的：

"实现碳达峰、碳中和是一场广泛而深刻的经济社会系统性变革。"

"广泛""深刻""经济社会系统性变革"。如果你仔细琢磨这句话的用词，就能感受到双碳目标对未来几十年影响之巨大。广泛，是指双碳目标的影响范围覆盖各行各业；深刻，是指双碳目标的影响范围不只是简单的能源变革，而是整个生产方式甚至是国际秩序的巨变；经济社会系统性变革立意就更高了，可以理解为双碳目标会从根本上改变现有的经济社会形式，这种提法实属罕见。回顾历史，自新中国成立以后，配得上这几个词的变化恐怕只有改革开放和房产商品化。

改革开放打破了"吃大锅饭"这种生产效率低下的生产方式，让部分敢想敢拼的人实现财富飞跃性的增长，也让整个社会财富插上了翅膀。从 1978 年改革开放至今，中国的 GDP 从 3645 亿元增长到 101 万亿元，增长了 280 倍，一跃成为全球 GDP 排名第二的经济大国。

碳中和财富大转移已经悄悄来临

根据 2020 年的特斯拉财报，特斯拉在 2020 年靠出售新能源车积分实现盈利 14 亿美元，首次实现全年盈利，在过去的五年里，特斯拉出售的新能源车积分为公司带来了 33 亿美元的收入。

有人会好奇，究竟是哪个冤大头会花这么大的价钱买这看不见摸不着的积分？答案是传统的燃油车企。目前在美国有 11 个州要求汽车制造商在销售车时，必须配备销售一定比例的新能源车。如果没有新能源车可销售，那么就得购买像特斯拉这样销售新能源车的积分以满足相关法律法规。直白点说，就是燃油车企得分出部分利润给新能源车企。车的生产和销售没有任何变化，财富却悄悄从燃油车企流向了新能源车企。

这只是碳中和背景下财富大转移的冰山一角，在我国提出碳达峰、碳中和目标以后，碳中和题材股一直是股市的热门投资，新能源车和新能源电力相关题材股在短期之内都翻了几倍。根据波士顿咨询公司的报告，中国实现碳中和需要在 2050 年前累计投入 90 万亿～100 万亿元。清华大学相关研究的预测为 138 万亿元，而渣打银行的预测更为激进——127 万亿～192 万亿元。在这样一个确定的投资预期下，闻风而动的资本自然会一头扎进这个长达四十年的长坡赛道里，投资相关概念股当然不在话下。

对于资本市场投资题材的转换，并不会对大多数人造成影响，但与碳中和相关的另一件事情可能会影响到我们每一个人，那就是碳市场。

2021 年 7 月，我国启动了全球最大的碳交易市场，首批两千余家电力行业企业将纳入这个市场中。根据《2019—2020 全国碳排放交易配额总量设定与分配实施方案（发电行业）》，这些企业每发一度电将获得 0.877～1.146kg 不等的配额。碳排放超过这个额度的高排放企业需要花钱去向配额富裕的低排放企业购买。财富就这样通过碳市场从高排放企业流向了低排放企业。

除电力行业外，钢铁、水泥、化工、有色金属等行业也会陆续纳入碳交易体系中，最终达到凡是能耗超过 1 万吨标煤的企业都将进入全国碳市场，总的企业数量将超过 1 万家。通过碳交易市场的运转，高排放企业的利润将通过碳排放权源源不断地向低排放企业转移，当碳价高到已经超过高排放企业的利润时，这些企业只能关停，实现落后产能的淘汰。

不光是这些纳入碳交易的企业，能够产生减排的企业也会参与到这个全球最大的碳交易市场中来。根据《全国碳排放权交易管理办法》，控排企业可以购买一定比例的 CCER（中国核证自愿减排量）来抵消自身的碳排放。而CCER 则主要来源于风电、光伏、造林、沼气回收等减排项目，拥有这些项目的企业就是碳减企业，是碳中和政策的绝对受益者。

在这场划时代的财富大转移中，将会涉及数万亿元的财富从高排放企业转移到低排放企业，从碳增企业转移到碳减企业。这些企业一定或多或少与你有一定关系：这些企业或许是你工作的地方，或许是你的供应商，或者是你的客户或家人工作的企业。它们在碳中和的大趋势下，或乘风而起，或黯然离场，但可以肯定的是，你我都不可能成为旁观者。在碳中和这场广泛而深刻的经济社会系统性变革之下，任何人都不可能置身事外。

本书的目的

本书总体来说是一本关于碳中和的科普书，笔者自认为碳中和领域的布道者和一线工作者，并不希望读者读完此书以后一句"哦"就抛之脑后，并没有留下任何对学习和工作有帮助的东西。在碳中和的大趋势下，各级政府、各个行业及企业，都将涉及碳中和相关的研究及具体的实操工作，学生在专业选择和就业时也可能希望找到一定参考。本书篇幅有限，不期望一定能为读者在具体业务操作上能有详细指导，但希望可以给读者在开展碳中和相关工作时把握大的方向。所以，希望无论是政府、企业、投资机构，或是想投身于碳中和事业的个人，在读完本书以后，都能知道下一步需要做什么。

本书共 7 章，前两章主要讲碳中和的历史背景和宏观政策，比较偏科普，故事性也比较强，适合所有对碳中和感兴趣的读者阅读。第 3 章和第 4 章分别从国家和企业层面介绍碳中和及其实施路径，第 5 章和第 6 章分别介绍碳中和时代新兴市场——碳交易市场和新兴的行业——碳管理行业的相关内容。第 7 章是从碳中和出发，给读者在衣食住行、投资理财及求学就业方面的一些建议，帮助读者在碳中和这场世纪财富大转移的过程中，找到属于自己的位置。

因为时间有限，书中内容难免有纰漏和考虑不周的地方。对于碳中和来说，万里长征现在才踏出第一步，现在还处于行业混沌期。我的创作将跟着碳中和一直持续下去，对于一些碳中和行业的最新进展，我会一直在我的公众号上持续发文。然后再定期对文章进行整理，并以此为基础，对此书进行完善和再版。在此过程中，也希望读者能够给予更多的意见和建议，我会在之后的版本中进行补充和完善。

汪军

2021 年 7 月

目录 | Contents

第 1 章 ｜ Chapter 1

碳中和的时代
已经到来

碳中和并不是一个新鲜的概念，早在 2003 年，美国著名演员莱昂纳多·迪卡普里奥就曾花钱在墨西哥植树，用于抵消他产生的二氧化碳，并宣称自己是美国第一个碳中和公民。美国前副总统戈尔在其指导的纪录片《难以忽视的真相》中也计入了碳中和成本。2006 年，《新牛津美国字典》将碳中和评为当年年度词汇，可见碳中和一词也曾经流行过，但当时只是一种个人或者小范围活动的碳中和。对于整个应对气候变化的进程，只能算是一个小小的点缀。

应对气候变化这个国际议题自 1992 年联合国层面成立专门组织以来，在数十年激烈的你来我往的国际谈判中，都从未出现过碳中和的身影。直到 2019 年年底欧盟首次提出碳中和目标后，全球主要国家和经济体才纷纷提出自己的碳中和目标，碳中和一词也迅速成为人类应对气候变化的主要目标。为了实现碳中和，全球将在 30～40 年的时间内将温室气体排放从现在的超过 500 亿吨降低为零。这一过程将对整个人类经济社会产生广泛而深远的影响，任何一个组织和个人都无法置身事外。而此时的碳中和，不再只是一个小小的点缀，而是标志着一个人类新时代的开始。

1.1 温室气体——工业文明的副产品

在人类文明发展的历史进程中，能源可以说是推动人类文明发展最核心的要素。人类文明从诞生到现在超过 5000 年，发展最为迅速的时期只有近二百多年人类开始利用化石能源的工业文明时代。其主要原因是，人类开始利用化石能源后，人均可支配的能源超过农耕时代的 20 倍。我们很难想象，假使没有化石能源，人类是否能够实现工业化，人类的科技能否达到现在的高度。所以，地球上存在化石能源这种东西是人类的幸运。但是，人类在向地球索取化石能源的同时，地球也给人类留下了一个大的考验：化石能源在使用过程中会产生危害地球环境和人类生存的温室气体，如何处理这些温室气体，以及人类文明的发展如何摆脱对化石能源的依赖，是摆在全人类面前的一大考题。

瓦特与雷德克，煤炭与石油的故事

1764 年，英国格拉斯哥大学一位名叫瓦特的年轻修理工接了一个修理的活儿。他修理的机器叫作纽可门机，是一种可以通过蒸汽来做功的机器，这个机器也就是最早的蒸汽机。因为纽可门机设计不合理、热效率低下，当时除了用来给矿井抽水，并没有其他的用处，所以人们不觉得用蒸汽来做功是一个什么了不起的发明，也不觉得煤炭那黑疙瘩能为他们的生产生活带来多大的便利。瓦特是个很聪明的小伙子，他在修理机器的时候，一直吐槽机器的设计不合理。然后，瓦特的脑袋里突然闪现了一个想法：既然这机器设计得这么不合理，为什么我不去把它改良一下呢？

谁也没有想到，就是他不经意的这个想法，直接拉开了工业革命的序幕，同时也打开了化石能源这个潘多拉魔盒。

蒸汽机经过瓦特长达 25 年的改良，不但效率大大提升，而且拓宽了应用渠道。它不再只是用于矿井当提升机用，还可以用于几乎所有重复性的机械运动的动力。把它装在车上就成了蒸汽机车，把它装在其他机械上就可以代替风车、水车或者手工。要知道，在瓦特改良蒸汽机之前，人类几乎所有的动力都来自大自然、动物或人力。交通基本靠马，磨坊基本靠驴或者风车水车，纺织和其他机械则基本靠人力。在瓦特改良蒸汽机之后，蒸汽机能提供的能量与人力和自然根本不是一个量级。所以，在所有机械的动力系统更换成蒸汽机以后，都犹如插上了翅膀，效率呈指数提升。而为蒸汽机提供燃料的煤炭，也从默默无闻一跃成了当时当之无愧的新能源，它让全球上千万的马匹不再沦为交通工具的动力，也解放了无数劳动人民的双手。

但随之而来的，就是人类对煤炭消费的疯狂增长，瓦特改良蒸汽机之前，英国的煤炭消费增长极其缓慢，但在之后就一飞冲天。根据历史数据，英国的煤炭产量在 18 世纪初期为 300 万吨左右，而在瓦特完成蒸汽机改良后，煤炭产量就迅速增长了 10 倍，到 1836 年，英国煤炭的产量就达到了 3000 万吨，并且一路飙升，直到 1913 年达到 3 亿吨的峰值才慢慢下降。后来英国经历了 1952 年的伦敦毒雾事件，该事件造成约 1.2 万人死亡、约 15 万人住院。

1859 年，当年轻气盛的美国人艾德温·德雷克第一次运用机械化手段在西宾夕法尼亚成功采集到石油时，他一定不会想到，多年以后，石油会成为人类文明发展最为重要的"新能源"。它让机械系统从蒸汽机升级到了更高效的内燃机，同时也解放了动物，只是他解放的不是作为交通能源的马力，而是作为照明能源的鲸脑油。

虽然煤炭已经被广泛用于各种工业，但是在提供照明方面一直无能为力，你可以想象一下拿一块煤炭放屋子里用于照明的画面。实际上，直到德雷克发现石油之前，欧洲的富裕阶层都青睐于一种用鲸脑油制作的蜡烛，这种蜡烛最明亮稳定而且无任何异味。但这种干净明亮的蜡烛造成了超过 400 万头鲸鱼被疯狂虐杀，捕杀这些鲸鱼的人大多是第一批到达美洲的英国人，这也是美国建国以来赚取的第一桶金。

马儿感谢煤炭，因为煤炭让马儿免于苦力。英国感谢煤炭，因为煤炭让英国成为第一个全球性霸主国家。鲸鱼感谢石油，因为石油让鲸鱼免于被屠杀，美国感谢石油，因为石油让美国成为第二个全球性霸主国家。其实，全人类都应该感谢煤炭和石油，因为正是煤炭和石油的发现，才使得人类科技技术突飞猛进，才能让我们现在变得衣食无忧。

但现在，我们不再感谢化石能源，因为我们发现，使用化石能源会产生一个对整个人类造成长期威胁的副产品——温室气体。

关于温室气体的一些数据

我们知道使用化石燃料产生的二氧化碳是导致气候变暖的罪魁祸首，但对于一个刚刚接触气候危机的人来说，我认为比起长篇阔论，列出一些简单直观的数字，可能更能够让人迅速了解应对气候危机的重要性以及碳中和的紧迫性。所以，在这一小节里，将列出几组简单的数据，让读者们感受一下我们为什么要实现碳中和。

零下 19℃和零上 14℃

首先，温室气体并不完全是人造的，大气中天然就存在温室气体，也正是这个原因，包括人类在内的地球生态系统才得以维系。因为如果一点温室气体都没有，全球的平均气温将是零下 19℃而非现在的零上 14℃。所以我们要消除的，是人为排放的温室气体而不是所有温室气体。那么人类到底向大气中排放了多少温室气体呢？

280ppm 和 416ppm

以最主要的温室气体二氧化碳为例，工业革命之前，大气中自然存在的二氧化碳浓度大约为 280ppm[①]，这部分的温室气体是我们不用减也不能减的部分。工业革命之后，人为造成的二氧化碳浓度又增加到了多少呢？根据美国 NASA 观测的数据，2021 年 4 月的二氧化碳浓度已经达到了 416ppm，如图 1-1 所示。

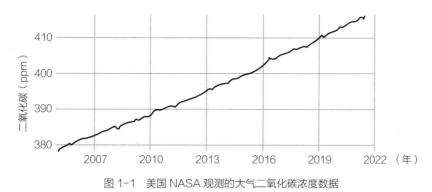

图 1-1　美国 NASA 观测的大气二氧化碳浓度数据

数据来源：NASA

---

① parts per million，浓度单位，百万分之一。

2℃、1.5℃和 1.1℃

关于气候变化的科学研究，有个最高研究组织叫作政府间气候变化专门委员会，简称 IPCC。这个机构是由联合国发起的跨国研究机构，主要目的就是研究气候变化对人类及地球生态的影响，全球关于应对气候变化的所有决策都基本以这个机构的研究报告为基础。

IPCC 通过研究得出的其中一个重要结论就是：如果人为排放的温室气体导致全球升温超过 2℃，那么将给地球生态系统造成不可逆的破坏。这就是人类应对气候变化的底线，所以早期的相关国家都是以将全球温度上升幅度控制在 2℃以内为目标。而 1.5℃正式登上政治舞台要推后到 2015 年《巴黎协定》的实施，在《巴黎协定》中对温室气体控制的目标描述是：将全球平均气温较前工业化时期上升幅度控制在 2℃以内，并努力将温度上升幅度限制在 1.5℃以内。在之后各国的政策行动中，都基本按照 1.5℃的目标在制定相关政策，1.5℃这个目标就慢慢变成了新的应对气候变化目标。需要特别注明的是，当前的温室气体浓度已经导致全球平均温度上升了 1.1℃，所以，留给我们可上升的温度空间并不多了。

500ppm 和 430ppm

控制温度的主要方法就是控制温室气体排放[①]，而温室气体浓度与全球温度之间究竟是一个什么样的关系呢？根据 IPCC 发布的《气候变化 2014 减缓气候变化决策者摘要和技术摘要》（AR5），如果要把温度上升控制在 2℃以内，就需要把二氧化碳浓度控制在 500ppm 以内，而如果要控制在 1.5℃以内，那么则需要把二氧化碳控制在 430ppm 以内。而我们上面已经提到，2021 年的二氧化碳浓度已经达到了 416ppm，430ppm 可以说是近在咫尺。温室气体浓度与温度上升的关系如图 1-2 所示。

---

① 控制温室气体排放并不是唯一控制温度的方法，凡是能降低大气辐射强迫的手段都可行，比如增加大气中的气溶胶和人为增加云层反射，但至少目前不是科学家及各国政府解决气候问题时的考虑手段。

2100年二氧化碳当量浓度（ppm）	子类别情景	累计二氧化碳排放（Gt）		2100年温度变化（℃）	温度变化（相对于 1850—1900 年）21 世纪保持低于温度水平的可能性			
		2011—2050 年	2011—2100 年		1.5℃	2℃	3℃	4℃
< 430		仅有少数个别模式研究式探索了低于 430ppm 二氧化碳当量的水平						
450（430~480）	总范围	550~1300	630~1180	1.5~1.7（1.0~2.8）	多半不可能	可能		可能
500（480~530）	从未出现超过 530ppm 的情景	860~1180	960~1430	1.7~1.9（1.2~2.9）		多半可能		
	出现超过 530ppm 的情景	1130~1530	990~1550	1.8~2.0（1.2~3.3）	不可能	或许可能		
550（530~580）	从未出现超过 580ppm 的情景	1070~1460	1240~2240	2.0~2.2（1.4~3.6）			可能	
	出现超过 580ppm 的情景	1420~1750	1170~2100	2.1~2.3（1.4~3.6）		多半不可能		
（580~650）	总范围	1260~1640	1870~2440	2.3~2.6（1.5~4.2）				
650~720	总范围	1310~1750	2570~3340	2.6~2.9（1.8~4.5）		不可能	多半可能	
720~1000	总范围	1570~1940	3620~4990	3.1~3.7（2.1~5.8）			多半不可能	
>1000	总范围	1840~2310	5350~7010	4.1~4.8（2.8~7.8）		不可能	不可能	多半不可能

图 1-2　温室气体浓度与温度上升的关系

数据来源：气候变化 2014 减缓气候变化决策者摘要和技术摘要，IPCC

420 亿吨、1.9 万亿吨和 2.9 万亿吨

根据 IPCC 第五次气候变化评估报告，人类到 2011 年已经累计排放了 1.9 万亿吨的二氧化碳。1.9 万亿吨是什么概念？当前全球每年向大气中排放的二氧化碳约为 420 亿吨，以这个速度，我们只需要 45 年就可以让工业革命以来的二氧化碳排放量再翻一番，当然这个场景在碳中和大背景下基本不会出现。

根据 IPCC 的报告，如果需要大概率将人类造成的温度升幅控制在 2℃ 以内，需要将人类二氧化碳的排放总量控制在 2.9 万亿吨之内。截至 2020 年，人类累计二氧化碳排放量已经超过 2.26 万亿吨。这代表人类总共可排放的二氧化碳空间只有 6400 亿吨。而如果想把温度控制在 1.5℃ 以内，这个空间还需要降低到 4200 亿吨。也就是说，按照当前的排放速度，10 年内就会把全球的排放额度用尽。控制温室气体排放的紧迫性不言而喻。

所以，光从数字的角度上看，人类即使到 2050 年完全实现了碳中和，届时人类累计的温室气体排放不但会远超 1.5℃ 的 2.6 万亿吨，也会超过 2℃ 以内的 2.9 万亿吨。好消息是，IPCC 对二氧化碳浓度的控制是以 2100 年为目标的。2050 年虽然会超过 430ppm，但我们还有 50 年的时间实施负排放，以最终达到 2100 年大气二氧化碳浓度控制在 430ppm 以内的目标。

气候危机并不只是温度上升

关于气候变暖带来的温度上升，我曾经看见过一幅漫画，印象深刻。漫画中描述的是大海上的一艘巨轮，出了事故正在沉入海底，在船完全沉入海底前有一部分反而会翘起来（图 1-3）。这时候，站在翘起来部分上的一个人说："不是说船要沉了

图 1-3　关于驳斥气候并未变暖的漫画

吗？怎么我反而升起来了呢？"

对于气候变暖，很多人都有类似船上那个人一样的常识性错误，一旦某一天或者某几天的气温低于往年，他们就会觉得明明是变冷了，为什么有气候变暖的说法呢？

关于气候变暖给全球生态系统带来的具体的影响和危害，可以从 IPCC 发布的报告详细了解。因为其内容非常的科学和严谨，所以读起来相对比较枯燥，我也不打算将相关内容引用在这本书里。所以，在这一小节，将通过打比喻的方式来解释全球变暖会对地球生态系统及人类带来多大的危害。

首先，特定某一天或者几天的温度低于往年并不能得出温度没有上升的结论，而我在前面提到的全球平均温度已经上升 1.1℃是全球各地观测站实际的监测数据，这是毋庸置疑的。

其次，气温上升 2℃对人的直观感受不过如此，此时正在看此书的你，想象一下，你周围的环境温度突然上升 2℃对你会有什么影响？我想大部分人的反应是：基本没啥影响，甚至觉得更加惬意，这确实是正常人的正常反应。

最后，我们再做个思想实验，此时正在看书的你，并不是环境温度上升了 2℃，而是你体温突然上升 2℃。这时你的反应肯定不会是觉得更加惬意了，而是头晕目眩、四肢无力、生气全无，如果不赶紧通过治疗将体温降至正常，后果将非常严重。

这就是关于气候变暖，我们以为的危害与实际危害的区别。我们在打比方的时候不应该考虑是周边环境温度增加 2℃对我们的危害，而要考虑体内温度增加 2℃对我们的危害。人类的身体是个很精密的系统，一点小小的温度变化都会导致多个器官的异常，如果人体温度长期超过正常体温，人类肯定会死于多器官衰竭，即使抢救及时也会对某些器官造成不可逆的损害。同样，地球的生态系统也和人类一样，是一个非常精密的系统，如果把全球生态系统比作一个人的话，气候变暖就相当于这个人的体温上升了 2℃。

所以气候变暖对人类的危害几乎不体现在环境温度上，而是对全球生态系统的破坏，并由此造成生态系统部分功能的失灵，然后带来整个气候系统的崩溃，就像人类的多器官失灵对人体带来的永久损害甚至死亡。

1.2 公地悲剧，应对气候变化的国际博弈

谈及应对气候变化的国际博弈时，我想先讲个关于公地悲剧的小故事：

在一个不为人知的地方，有一片一望无际的草原。这里溪水潺潺，小草青青，是放牧者的天堂。一户牧民发现了这里，很自然地，他们在这里安定了下来。饲养了很多的牛、羊和马。他们很小心地呵护着这片草地，在放牧时都尽量避免在同一处吃太多草，以利于草重新生长。当然，在这片一望无际的草原上，他们也不用担心没有合适的地方放牧。

又来了几户牧民，在这看似取之不尽、用之不竭的草原上，新来了一些朋友似乎并不是什么坏事。他们很友好地相处着，白天一起放牧打猎，晚上一起喝酒唱歌。相比之前，除了多了一些欢乐和喧嚣，这片草原上似乎并没有什么变化。

然而好景不长，一种隐隐的焦虑渐渐在牧民之间蔓延，首先，草地的尽头虽然望不到边，但这并不代表它是无穷尽的，这一点已经从几位喜欢远行的牧民得到了验证。其次，随着牲畜数量的增多，就近的草地已经有过度放牧的迹象，这可能导致草生长缓慢甚至死亡。

现在的牧民们，虽然表面和和气气，但是背地里都在担心本该属于自己的资源被别人掠走，渐渐地，这种担心变成了行动，那就是在别家的牛羊把草吃掉前先让自己的牛羊把草吃掉。

牧民们不再结伴放牧，在适合放牧的季节，他们都各自暗暗较劲，让自己的牛羊抢先占据最优质的草地，当然，这一招在以后也失去了作用，先来先得也并非神圣不可侵犯的铁律。

已经被吃过的草地也不再被呵护起来，因为在连草根一起被吃掉之前，还可以让很多的牛羊饱餐一顿。

当然，为了更快地抢占资源，所有牧民们都在尽自己的最大努力扩大自己的牲口数量——即使他们知道这将会对这边的草地带来灭顶之灾。

终于，牧民们坐在一起，商议解决问题的办法，然而在放牧权分配方面一直没有达成共识。先发现这片草地的牧民认为他们应该分得更多的资源，后来者则以"每户人获得的资源总量应对等"予以还击。人丁兴旺的牧民希望按人口分配资源，而牲口数量多的牧民自然就会要求按照牲口数量进行资源分配。这样的争论直到所有的草都被吃光都没有结束。

结果很明显，原本一望无际的青草地，因为过度放牧变成了不毛的荒地。在寻找到另一片草原之前，牧民们不得不杀掉他们的牲口，以保存通过杀鸡取卵获得的仅有果实。他们知道这是他们的最终下场，但是他们还是选择了这条路，因为在"你不拿走别人就拿走"的相互猜忌上，这是他们不得已的选择。

这是我根据英国学者哈丁（Garrit Hadin）发表的文章《公地的悲剧》为原型改编的故事。在哈丁发表这篇文章后，因滥用公共资源而导致的悲剧就叫公地悲剧。在人类的发展历程里，曾无数次上演公地悲剧的故事。

气候变暖问题是一个典型的公地悲剧问题，对于空气这个人人唾手可得的资源，人们曾经天真地认为，人类如此渺小，无论怎么折腾，都不会影响到空气。在发现气候变暖这个问题后，人们意识到，要想保持地球上的生态系统不被破坏，可以向大气中排放的温室气体原来是有限的。但对于大气这个谁都可以使用的公共资源，人们开始思考，怎样才能让所有人达成共识不要超排温室气体，又怎样才能将这有限的温室气体排放总量进行分配呢？

像上面的故事一样，人类也会聚在一起，讨论这个公共资源的分配问题，只是故事中的放牧权变成了应对气候变化的碳排放权。我们可以预想到，每个国家提出的分配方案都会从自己的利益出发。按照人均分配、按照国别分配、按照 GDP 分配、按照历史排放总量分配等，不一而足。无论采用哪种方式，都会造成对部分国家所谓的不公。但人类并没有另一片"草原"供其发展，所以如果不能达成共识，将对人类带来毁灭性灾难。即使分配方

案再不公平，也需要有个方案落地，为了落地这个分配方案，一场关乎生存权和发展权的全球大博弈就此拉开序幕。

联合国——人类应对气候变化的最高组织

对于公地悲剧，哈丁提出了两种解决办法，一是通过建立中心化的权力机构或者私有化，使资源不再变得谁都可免费使用。二是道德约束，将道德约束与非中心化的奖惩联系在一起。对于气候变化这种关乎生存的问题，第一种办法，需要全球出现超越国家主权的组织存在，虽然现在的联合国貌似担任着这一角色，但就目前联合国的权力，还不足以约束所有国家的碳排放。对于第二种办法，道德约束显然起不到任何作用。但可以通过多边协商，用多边协定与奖惩联系在一起，似乎是一个可行的办法，那么由谁来组织这个多边协商呢？联合国当仁不让地担起了这个责任。

1992年6月，联合国在巴西的里约热内卢举行了一次名为"联合国环境与发展大会"的会议，会议通过了《联合国气候变化框架公约》（UNFCCC[①]）（以下简称《公约》）这份应对气候变化的重要文件。《公约》相当于人类应对气候变化的最高法律框架，今后一系列关于应对气候变化的合作和斗争，包括现在的全球碳中和目标制定都是在这个框架下发生的。

UNFCCC里面有四条最为重要，也是今后各国争论的焦点：

（1）确立应对气候变化的最终目标。《公约》第2条规定："本公约以及缔约方会议可能通过的任何法律文书的最终目标是：将大气温室气体的浓度稳定在防止气候系统受到危险的人为干扰的水平上。这一水平应当在足以使生态系统能够可持续进行的时间范围内实现。"这个目标也就是我前面提到的2℃目标，后来在《巴黎协定》后调整到1.5℃。

（2）确立国际合作应对气候变化的基本原则，主要包括共同但有区别的责任原则、公平原则、各自能力原则和可持续发展原则等。这个是各国争论

---

① United Nations Framework Convention on Climate Change。

的焦点。"共同"，即应对气候变化应该是所有国家的责任；"有区别"，是指因为历史原因和各国发展阶段不同的原因，在承担这个责任的分量上，要体现区别。至于这个区别如何去量化，《公约》并不是说得很清楚，也说不清楚，从前面小故事里面的放牧权的分配就能体会到其中的困难。

（3）明确发达国家应承担率先减排和向发展中国家提供资金技术支持的义务。《公约》附件一国家缔约方（发达国家和经济转型国家）应率先减排。附件二国家（发达国家）应向发展中国家提供资金和技术，帮助发展中国家应对气候变化。简单点说就是要考虑经济和技术援助的问题。关于经济和技术援助，如果本身是慈善型的，其实并不可持续，后来，发达国家的经济援助一直都没有彻底兑现。

（4）承认发展中国家有消除贫困、发展经济的优先需要。《公约》承认发展中国家的人均排放仍相对较低，因此在全球排放中所占的份额将增加，经济和社会发展及消除贫困是发展中国家首要和压倒一切的优先任务。

最后一条在后来的国际博弈中并没有起到太大的作用，实际上却是决定了人类应对气候变化成功与否的关键。目前全球人口约 70 亿，有超过 13% 的人一天的生活开销在 1 美元以下，连饭都吃不饱，更别说用上其他现代化的设施了，所以几乎是零排放。他们有权利像其他人一样过上现代化生活。然而现代化生活就代表他们需要工业化，需要碳排放的大量增加。目前所有的全球减排方案中都没有考虑到这些贫困地区再走工业化道路带来的碳排放，这就是气候问题的不公平性。

幸运的是，随着技术的进步，新能源的成本正在不断接近甚至低于传统化石能源。贫困地区的人们可以不用走传统工业化的路子也能实现现代化。比尔·盖茨在他的新书《气候经济与人类未来》中提到，解决气候不公平就是开发远低于化石能源成本的清洁能源。所以我认为，如果人类实现碳中和，解决了气候问题，那么解决气候问题最核心的并不是 UNFCCC，也不是《巴黎协定》，而是远低于化石能源成本的清洁能源技术。

为了今后开展具体的工作，UNFCCC 设立了秘书处，名字就叫 UNFCCC，总部位于德国的波恩。我们可以理解其为人类应对气候变化的总指挥部。UNFCCC 设立之后，就开始为实现这个公约的目标开始行动，首先 UNFCCC 设定了每年召集所有国家开会讨论落实应对气候变化的总体目标，这就是从 1995 年开始，每年都会召开的联合国气候变化大会（简称 COP）。在气候变化大会上会讨论很多应对气候变化的议程，但核心就是分配各个国家的减排任务。这就像前面公地悲剧的故事中大家聚在一起分配放牧权一样，每个人都能找到符合自己利益的分配方法，最终很难达成统一。经过长达 25 年艰苦卓绝的谈判，才终于走到全球主要国家提出碳中和目标的地步，而提出碳中和目标，也只能算是万里长征走出了第一步。在这长达 25 年的博弈中，出现了两个里程碑式的协议：《京都议定书》（COP3）和《巴黎协定》（COP21）。

《京都议定书》——碳市场的兴起

COP 早期的两次会议主要是谈一些框架性的东西，直到在京都召开的第三次联合国气候变化大会才算有成果，这次会议通过了《京都议定书》。《京都议定书》是在共同但有区别的原则上，将各国的减排义务进行落地的一种方案。简单点说就是将全球分为发达国家和发展中国家两个阵营[①]，发达国家有强制的减排义务，发展中国家没有强制减排义务，但是需要协助发达国家减排。

根据《京都议定书》，发达国家需要在 2008—2012 年的承诺期内的温室气体排放量在 1990 年的基础上至少减少 5%。并且这个目标细化到每个国家的头上（见表 1-1）。

[①] 《京都议定书》中实际的分法为附件一国家和非附件一国家，并不是所有发达国家都在附件一内，为方便描述进行了简化。

表 1-1 《京都议定书》中各国的减排目标

国家	基于 1990 年的 排放目标（%）	国家	基于 1990 年的 排放目标（%）
澳大利亚	108	爱沙尼亚	92
奥地利	92	欧洲联盟	92
比利时	92	芬兰	92
保加利亚	92	法国	92
加拿大	94	德国	92
克罗地亚	95	希腊	92
捷克共和国	95	匈牙利	94
丹麦	92	冰岛	110
爱尔兰	92	日本	94
意大利	92	拉脱维亚	92
列支敦士登	92	立陶宛	92
卢森堡	92	摩洛哥	92
荷兰	92	新西兰	100
挪威	101	波兰	94
葡萄牙	92	罗马尼亚	92
俄罗斯联邦	100	斯洛伐克	92
斯洛文尼亚	92	西班牙	92
瑞典	92	瑞士	92
乌克兰	100	英国	92
美国	93		

　　根据《京都议定书》的规定：发达国家为了实现减排目标，一方面可以内部实施减排，另一方面可以通过帮助发展中国家减排，然后获取相应的减排权来实现减排目标。这就是京都议定书第十二条提到的清洁发展机制（CDM）。清洁发展机制的诞生使得碳减排从一个纯粹的行政行为变成可以产生经济效益的市场行为。一个庞大的市场——碳交易市场诞生了。

　　清洁发展机制诞生的原因很简单，发达国家普遍技术比较先进，化石能源利用的效率普遍比较高，在能效高的基础上再想通过提高能效来减排的成本是很高的，而发展中国家则是粗放式的、低效的化石能源利用方式。同样花 100 元钱，在发达国家投资减排项目可能只能减少 1 吨的排放，而如果投资在发展中国家，则可能减少 10 吨的排放。而碳排放的温室效应又是全球性的，在哪里减排都一样。所以大量的资金因为清洁发展机制从发达国家投向了发展中国家，碳市场也曾经一度成为比肩石油交易的市场。关于碳市场的历史及其带来的风险与机遇，将会在本书的第 5 章详细讲述。

《京都议定书》一路走来并不是一帆风顺，首先是美国在当时的新任总统小布什上台后不久就宣布退出，使得 1997 年就确定的《京都议定书》到了 2005 年才满足生效的条件[①]；然后又遭遇了 2008 年的金融危机，欧盟控排企业排放大幅下降导致配额超发，市场一度陷入混乱；最后是《京都议定书》的第二履约期[②]减排承诺极低，基本形同虚设。所以《京都议定书》在 2012 年第一履约期结束后，基本就名存实亡。从这一点来看，《京都议定书》真正有效的时间就只有 2005—2012 年短短 8 年。

即使如此，《京都议定书》仍是人类历史上一次非常成功的尝试，它不但证明了至少在不触及核心利益的情况下，人类对于解决公地问题还是有可能达成协议并执行下去的；而且它还证明了通过市场手段来解决环境问题的可行性。这为后来的碳市场遍地开花打下了坚实基础。

后京都时代，气候问题的全球博弈

所谓天下"分久必合，合久必分"，如果说京都机制是为了应对气候变化而形成的全球统一且在当时唯一的机制，那么在 2009 年的哥本哈根会议之后，就基本注定这个唯一性的机制将被打破。

在历年气候变化大会中，期望目标与实际结果落差最大的，要数 2009 年在丹麦哥本哈根召开的第 15 次联合国气候变化大会（COP15）。按照大会议程，本次会议必须就《京都议定书》延期的问题达成协议。所有人都信心满满地以为本次会议会有个圆满的结果。全球媒体聚焦哥本哈根，还有不少媒

---

① 《京都议定书》要求签约国家满足数量超过 55 个且占 1990 年总排放 55% 以上。

② 2013—2020 年。

体称本次会议为"拯救人类的最后一次机会"。与会国家也非常重视，包括当时的中国总理温家宝、美国总统奥巴马、英国首相布朗、法国总统萨科齐等85 个国家政府领导人亲自上阵。

而会议的结果却非常令人失望，哥本哈根气候峰会最终未能出台一份具有法律约束力的协议文本。留给人们的，只有混乱与困惑。可以这样说，哥本哈根会议的失败标志着在全球气候议题方面，各国立场开始分道扬镳，并掀起了长达数年的唇枪舌剑，各个利益集团分别站在自己的立场指责其他国家的减排不力。

一是以英国为首的欧盟集团，他们在碳减排行动上一直处于领先地位，对于制定应对气候变化规则、设立减排目标、实施减排行动一直非常积极。凭借其先进的清洁能源技术以及资金方面的优势，他们先后在欧盟内部建立了有强制减排目标的碳交易体系 EU-ETS。但他们那时设立的目标是到 2020年碳排放总量在 1990 年基础上减少 20%。这个目标对欧盟来说基本等于不用努力就可以实现，并不能体现欧盟的减排雄心，但他们表示如果其他国家有积极的减碳措施，他们将把目标提升至 30%，而欧盟所说的其他国家就是指中国和美国。

二是以美国为首的伞型集团。美国在世界上的影响力毋庸置疑，但是他们在碳减排的行动上一直十分消极，原因在于美国是世界上人均碳排放最多的国家，而且在清洁能源技术方面要落后于欧盟，要实施减碳将付出很大的代价。美国在哥本哈根会议之前提出过到 2020 年碳排放量相对 2005 年减少17% 的目标，这个目标相当于在 1990 年基础上减少 4%，相比欧盟的计划，这个目标的提出未免有点寒碜，这也是欧盟批评美国的原因。在中国的碳排放总量超过美国后，美国更是以此为借口大做文章，声称全球碳排放最多的国家都不积极努力减排，自己也没有必要。并坚持在减排方面与中国进行绑定，宣称如果中国提出更具雄心的减排目标，美国也会相应考虑提高减排目标，以此将矛盾转移到中国头上。

三是日本，作为一个岛国，他们很注重气候变化，因为他们可能是全球变暖的直接受害国之一。所以在减碳方面，他们曾经与欧盟一样非常积极，但是由于受国内经济发展倒退，以及对其他国家在减排行动上的失望，日本正渐渐改变其积极的态度。当时的日本首相鸠山由纪夫曾经提出过到 2020 年减排 25% 的目标，但是却遭到日本经济界及舆论的反对，所以日本减排 25% 一说也未能兑现。2011 年福岛核泄漏事故后，日本关停了所有的核电站，减排难度进一步提高，所以日本关于气候议题的态度变得更加悲观与消极。

四是以中国为首的新兴发展中国家，因为经济的快速发展带来了化石能源的大量使用及温室气体的大量排放，导致这些国家成为碳减排的重点关注对象。2005 年，中国的碳排放总量超过美国成为全球碳排放最高的国家，从此成为众矢之的。但中国据理力争，认为现有的温室气体主要是发达国家在过去排放的一个积累，它们理应对此负有最大的责任，而像中国这样的发展中国家，历史排放远远低于发达国家，即使现在的总排放高，但人均排放离发达国家也有很大的差距。而且中国作为世界工厂，很多产品都是出口发达国家的，而把排放留在了中国，理应"谁消费谁买单"。即使如此，中国也表示在不影响发展的情况下，积极表态应对气候变化，并首次向世界做出减排承诺：到 2020 年单位 GDP 二氧化碳排放相对 2005 年降低 40%～45%，最终超额完成了目标。

五是岛国集团，因为全球变暖导致海平面上升已经影响了他们的生存，所以他们很着急，很恼怒，他们希望所有的排放大国尽最大可能减少碳排放。他们也很无辜，他们没有排放多少温室气体，但他们却有可能是第一批气候难民。然而岛国集团人微言轻，在气候议题上基本不能听到他们的发声。当时的马尔代夫还召开了一场别开生面的水下内阁会议（见图 1-4），以引起全球关注气候变化对该国的冲击力。

六是欠发达国家集团，由于极度的贫困和落后，他们本身的防御和救治能力非常低下，一旦遭遇气候灾难和极端天气，就要付出更加惨痛的代价。但总体来说，比起减排，他们更急需的是用经济援助来消灭贫困，所以，他们将目标聚焦在争取更多的气候援助基金上。

图 1-4 马尔代夫水下内阁会议

虽然这几个利益集团各有诉求，但最终在谈判桌上真正有话语权的，只有欧盟、美国和中国，全球想要在应对气候变化上再次齐心协力，这三个经济体的意见必须首先达成一致。

《巴黎协定》——拯救人类的最后希望？

在后京都机制的这几年混沌期里，虽然有不少地方启动了自己的减排规划与碳市场建设，但对于气候危机这种公地问题，始终需要全局考虑，只要有一个国家不参与就有可能使其他国家的努力功亏一篑。当然，各国领导者也充分认识到这个问题，所以谈判还得继续。

随着中国的碳排放增长越来越快及美国在碳减排这个议题上始终强调要与中国挂钩，气候谈判是否有所突破，就要看中美两国的态度了。为了让气候谈判有实质性的进展，时任美国总统奥巴马亲自带队来访中国，2014 年 11 月 11 日，习近平主席邀请来访的美国总统奥巴马夜游瀛台。第二天，中美发表了《中美气候变化联合声明》，宣布了各自的减排目标，美国提出于 2025

年碳排放相对于 2005 年降低 26%～28%，中国首次提出了 2030 年碳达峰的目标。《中美气候变化联合声明》可以说是确定了第二年巴黎气候大会的基调，在中美两国就气候议题已经提前达成一致的情况下，巴黎气候大会注定就是一次成功的会议。

2015 年 11 月 30 日，巴黎气候大会如期召开，此次大会规格空前，超过 150 个国家的元首和政府首脑参加此次大会。在经过长达 12 天的谈判后，大会终于通过了《巴黎协定》,《巴黎协定》是继《京都议定书》后又一个应对气候变化方面全球达成的协定。

《巴黎协定》最重要的一点就是在尊重共同但有区别的原则上，让全球几乎所有国家都根据自己的情况提出减排目标，从某种意义上真正地做到了"万众一心、众志成城"。根据《巴黎协定》的要求，每个缔约方都需要提交国家自主贡献，即 NDC（National Determined Contributions），并且将建立统一的碳排放统计核算机制，每五年进行一次全球盘点。它不再像《京都议定书》那样，对全球的国家按照强制减排国和非强制减排国进行区分。至于减排目标的高低，可以根据国家的实际情况和多边的谈判结果来确定。

《巴黎协定》的另一个重要意义是提出了温度控制 1.5℃的目标，以往的科学研究和气候谈判都是将人为导致的温度上升幅度控制在 2℃以内，而《巴黎协定》是首个提出 1.5℃控制目标的气候协定。虽然《巴黎协定》中关于温度控制目标的内容描述原文为"把全球平均气温升幅控制在工业化前水平以上低于 2℃之内，并努力将气温升幅限制在工业化前水平以上 1.5℃之内。"属于非控制目标，但这为后来全球各国为实现 1.5℃的温控目标而纷纷提出碳中和提供了引子。可以说如果没有《巴黎协定》这个 1.5℃的目标，也就不会有各国的碳中和目标。

虽然说《巴黎协定》是人类应对气候变化史上具有里程碑意义的协定，但它并不是完美的，许多细节还需要完善。国家自主贡献可以说是《巴黎协定》中最为成功但也是问题最大的一项举措，虽然这一项举措可以让所有国家的诉求都能得到满足，但公地悲剧的隐患仍然存在，因为如果各国提出的减排目标总和达不到温度控制的要求，那么又有谁来承担这额外的减排目标呢？

在早期各国提交的 NDC 中，因为缺乏统一的自主贡献目标指南，各国减排目标的提出方式可谓五花八门，很难进行横向对比，根据国际能源署的一份报告，常见国家自主贡献的目标提出方式包括以下几种：

（1）到 2030 年[①]碳排放相对于基准年减少 ××%。这种减排目标只要知道基准年的碳排放，基本能算出 2030 年该国的排放上限。当然，为了突出国家做出的贡献大，基准年的选定一般都会选择各国历史排放的高值。比较常见的基准年是 1990 年和 2005 年，老牌发达国家常用 1990 年，而新兴经济体则倾向于使用 2005 年。日本在经历福岛核泄漏事故后将基准年从原来的 1990 年改到了 2013 年。

（2）到 2030 年碳排放相较于不做任何减排措施的情景（BAU）减排 ××%。这个目标就多少有点主观成分在里面，因为 BAU 排放是个预测值，采用这种自主贡献目标的国家可以自行预估个很高的值，然后可以把减排比例也提得很高，显示出很大的减排比例，实际可能并没有那么大的贡献。

（3）到 2030 年单位 GDP 排放相对于基准年减少 ××%，中国就是这种方式，这种方式需要根据每年的 GDP 来预测最终碳排放，所以不确定性很大，为了减少不确定性，中国额外补充了到 2030 年碳达峰的目标。

除此之外，还有提人均排放下降目标，或者不提总体减排目标只从某个方面如造林面积，新能源比例等来设定国家自主贡献目标等。这些减排目标虽然五花八门，但其共同点都是选择对自己最有利的路径提出减排目标。这也算是《巴黎协定》为了让全球所有国家达成一致而做出的让步。

另一项重要但是仍悬而未决的事情，就是《巴黎协定》中的第六条关于国际间在为实现 NDC 而实施合作项目时，如何互认减排量的问题。这个类似于《京都议定书》中的 CDM 项目，但与 CDM 不同的是，在每个国家都有国

---

① 《巴黎协定》的首次自主贡献目标以 2030 年为时间点。

家自主贡献目标的时候，合作双方对于合作的减排项目，存在其减排权益归谁所有的问题。

举个例子，假如 A、B 两国排放都为 200 吨，它们的国家自主贡献都是到 2030 年将排放降到 150 吨，假如 A 国在 B 国投资了一个减排项目，实现了 50 吨的减排量。如果这 50 吨全部归 A 所有，那么 A 国实现了自主贡献目标。B 国虽然国内减少了 50 吨排放，实际排放也只有 150 吨，但其减少的 50 吨已经用于 A 国的自主贡献目标。从避免双重计算的角度来看，B 国不应将此减排量算作自身自主贡献目标，这样的话，B 国就需要重新调整 NDC。但如果 B 国在合作中没有任何的利益，将会导致合作的不成立，这是《巴黎协定》所不希望的，所以关于《巴黎协定》第六条通过缔约方的合作来实现国家自主贡献的相关细节还有待落地。如果相关制度设计不当，那么国际间的"碳贸易"将不复存在，如果设计得当，则有望延续甚至超过《京都议定书》下 CDM 机制创造的碳交易市场。

美国为什么在气候协定上两进两出

在《巴黎协定》生效后不到一年，新上任的美国总统特朗普宣布退出《巴黎协定》，重演了当年美国退出《京都议定书》的一幕。

在应对气候变化方面，美国一直扮演着一个比较分裂的角色。《京都议定书》中关于碳市场的设计美国是主要参与者，可谓对应对气候变化贡献功不可没。早期在联合国推动建立 UNFCCC 以及全球谈判方面，美国都扮演着领导者角色，全球应对气候变暖最有里程碑意义的两个协议——《京都议定书》和《巴黎协定》，美国都是积极推动者。遗憾的是，在这两个最重要的协定上，美国两进两出，让人大跌眼镜。《京都议定书》虽然克林顿政府进行了签署，但后来小布什上台后，国会拒绝了《京都议定书》的批准，退出的理由是"不清楚气候变暖是不是真的，签署《京都议定书》会损害美国的利益"。同样，《巴黎协定》由奥巴马签署，但特朗普上台后不久也宣布退出，理由比小布什更加无厘头——气候变暖是中国创造出来的，其目的就是让美国制造业失去竞争力。

　　这里虽然有美国民主党和共和党在执政理念和核心利益上有差异的原因，但究其根本原因，还是美国作为灯塔国要领导全球的自负心与美国难以降下来的人均碳排放之间的矛盾（见图 1-5）。

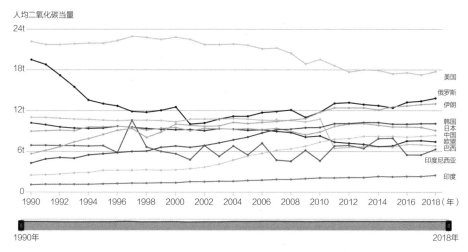

图 1-5　全球主要排放国家人均碳排放比较

数据来源：Climate Watch Data

　　作为自诩灯塔国的美国，在很长时间里，在推动国际议题、建立国际规则上基本都是充当领导者的角色。如推动联合国的创立、推动世贸组织的建立等。对于气候变暖这个全球最大的议题之一，也是当仁不让。但是，如果在气候议题上要想充当领导者角色，那么在减排方面也需要充当领导者带头减排。抛开减排影响美国制造业发展不说（因为这是所有国家都会面临的问题），就美国现在的生活方式，很难在碳排放上面能够减下来。

　　美国与欧洲小国不同，它国土面积足够大，所以从城市发展之初就是冲着怎么舒适怎么来设计的。美国的人均住房面积长期位居全球第一的位置且与第二名有明显差距，一般的美国中产阶层的住房都是带前庭后院的独栋，且大都建于 20 世纪，保温隔热性差。又因为居住较为分散，所以大众交通也很难发展起来，出门基本只有靠私家车，而且美国人对大排量私家车情有独钟。所以，美国也同时是私家车保有量最多的国家。这些问题都是不可能在短期内解决的。美国不可能短期内从大房子搬到小公寓里面去住，也不可能马上将人口聚在一起然后通过发展大众交通来减少排放。所谓"由俭入奢易，由奢入俭难"，就是这个道理。全球人均住房面积和千人拥车量如图 1-6 所示。

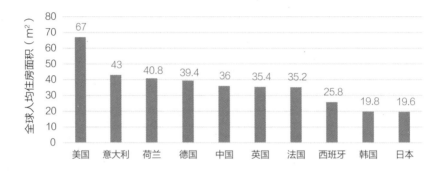

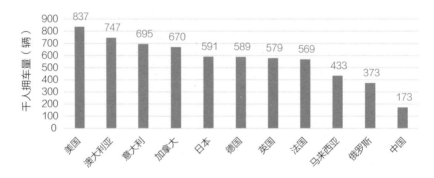

图 1-6　全球人均住房面积和千人拥车量

所以，美国一方面想在气候议题上仍然保持灯塔国的形象，引领规则制定；另一方面又发现遵守规则的代价太大，不想被规则束缚。最理想的方式就是"规则我来定，执行别找我"。可是天下哪有这样的好事？在气候议题上先是欧盟扛起了大旗，现在又将旗帜交到了中国的手上，在气候议题这个 21 世纪最重要的国际议题上，经过两进两出的美国，已经不可能成为扛大旗的领袖了。

1.3 碳中和——气候危机下的人类选择

前面我们提到《巴黎协定》里的国家自主贡献制度是非强制性的，各个国家可以根据自己的实际情况自主提出减排目标，也提到各国减排目标的总和可能达不到《巴黎协定》中"努力将气温升幅限制在工业化前水平以上1.5℃之内"的要求。而且实际上，毫无疑问，各国的减排目标之和与全球最终的减排目标是有差距的，这个差距有多大呢？ UNEP 发布了一份关于国家自主贡献与《巴黎协定》的减排目标之间差距的报告，根据该报告，各国提出的自主贡献的目标（以 2030 年为时间节点）与巴黎协定中人为温度上升2℃以内的差距分别为 120 亿吨（有条件目标[①]）和 150 亿吨（无条件目标），与巴黎协定中温度上升 1.5℃以内的差距分别为 290 亿吨（有条件目标）和320 亿吨（无条件目标）。如果你对数字不敏感，图 1-7 能够让你感受到两者之间的鸿沟。

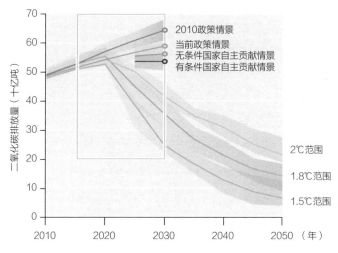

图 1-7 国家自主贡献减排量与《巴黎协定》总目标的差距

数据来源：The Emissions Gap Report 2020，UNEP

---

① 部分国家的自主减排目标会设定某个条件，如果满足该条件，则减排目标进行相应的调整。

从图 1-7 我们可以看出，即使所有附加条件都满足，所有国家自主贡献之和的碳排放趋势也不是在下降，反而是在上升，与《巴黎协定中》2℃及 1.5℃目标的排放趋势可谓南辕北辙。所以，如果按照《巴黎协定》签订的各国提出的首次国家自主贡献来实施，那么不但 1.5℃的目标不能达成，连 2℃的目标也是遥遥无期。

这一结果可以说是在情理之中，毫无意外。在没有强制目标的情况下，各个国家不得不从自己的利益出发，给自己将来的发展留出足够的空间，就像前面公地悲剧故事中的牧民。在无法衡量其他国家的目标是否公平的情况下，当然是以当前自己利益最大化为最佳策略——即使最终的结果为双输。《巴黎协定》并没有跳出公地悲剧的藩篱。

排放差距报告给了所有国家一个警醒：光有美好的愿景是不行的，没有拿出更积极的减排承诺，《巴黎协定》的美好愿景也只是镜中花、水中月。为此，新一轮的为达成《巴黎协定》温度控制目标的国家自主贡献目标呼之欲出。

碳中和目标的提出及意义

最先提出碳中和目标的国家仍然是减排急先锋欧盟，2019 年欧盟委员会发布《欧洲绿色协议》，正式提出在 2050 年前实现碳中和，成为首个宣布碳中和的国家级经济体，随后便开启了碳中和目标的竞赛。根据 Climate Watch 的数据，截至 2021 年 5 月，已经有超过 59 个国家承诺了碳中和目标并提交了 NDC，其中包括美国、中国等排放大国，而正在研究提出碳中和目标的国家则超过 120 个。全球提出碳中和的主要国家及碳中和年份如表 1-2 所示。

表 1-2 全球提出碳中和的主要国家及碳中和年份

实现碳中和的目标年份	国家和地区
已实现	不丹、苏里南
2050 年前	乌拉圭（2030）、芬兰（2035）、奥地利（2040）、冰岛（2040）、瑞典（2045）

续表

实现碳中和的目标年份	国家和地区
2050 年	欧盟、英国、法国、丹麦、新西兰、匈牙利、西班牙、智利、斐济、德国、瑞士、挪威、爱尔兰、葡萄牙、哥斯达黎加、斯洛文尼亚、马绍尔群岛、南非、加拿大、韩国、日本、美国、巴西
2050 年后	中国（2060）

数据来源：Climate Watch Data

我们从表 1-2 可以看出，绝大多数国家和地区提出的碳中和目标年份都在 2050 年左右，这并不是一个偶然。事实上，各个国家提出碳中和的目标主要是基于 2018 年 IPCC 发布的一个叫 *Special Report in 2018 on the Impacts of Global Warming of 1.5℃* 的特别报告。该报告预测了要想在 2100 年实现将温室气体上升幅度控制在 1.5℃以内，就需要在 2050 年前后实现全球净零排放（见图 1-8）。从目前来看，如果这些碳中和目标都能如期达成，那么实现温度控制在 1.5℃以内的目标就算迈出了一大步。

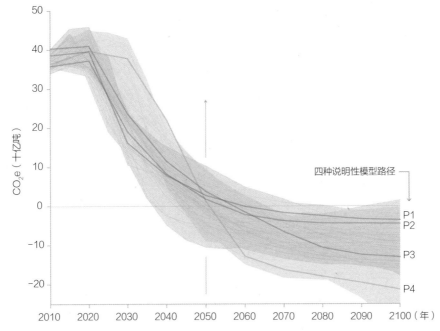

图 1-8　为实现 2100 年温度控制在 1.5℃下的二氧化碳排放趋势

数据来源：Special Report in 2018 on the Impacts of Global Warming of 1.5℃，IPCC

从人类应对气候变化的总体里程来看，提出全球碳中和目标是一个非常巧妙的选择。它最大的意义在于避免了公共资源分配的难题，假如我们通过总量分配的形式来控制温室气体排放，那么如何来分配排放指标将是一个永远也无法解决的问题。比如我们通过计算得出基于 1.5℃ 的全球温室气体排放空间是 8000 亿吨，那么如何将这 8000 亿吨分配下去，每一个国家都能想出一套对自己有利且合情合理的办法，最终结果一定是像以前的气候谈判一样无疾而终。

而碳中和目标则成了实现 1.5℃ 目标和分配排放配额的折中方案——各个国家先把自己的碳排放清零再说。这样，每个国家都把目光放在国内，且目标都一样，极大减少了相互指责谁多谁少而造成的内耗。而且时间也拉长到了 30 ~ 40 年以后，对于像中国这样的新兴发展中国家，碳排放也有一定的回旋余地。这样，无论是欧盟、美国、中国，还是其他国家，都能够心平气和地接受这一个目标设定。

但需要注意的是，碳中和目标并不等于温控 1.5℃ 目标，在 21 世纪中叶实现全球碳中和以后，还有大约 50 年的时间需要从大气中吸收温室气体，才能实现 2100 年将温度控制在 1.5℃ 以内的目标，就是所谓的负排放目标。如果全球碳中和目标进行得比较顺利，那么全球负排放目标应该会在 2040—2050 年讨论并确定。届时就不再有碳中和这种"折中"方案了，各国间的气候博弈将再次上演。

那些没有提出碳中和目标的国家

虽然全球各个国家纷纷提出碳中和目标，但也有例外，在全球碳排放前20 的国家中，目前仍有俄罗斯、印度、印度尼西亚、越南、澳大利亚、伊朗等国家没有提出碳中和目标。其中俄罗斯、澳大利亚和伊朗是化石燃料的输出国，全球碳中和对它们的化石燃料出口是重大打击，所以它们当然不希望实现碳中和，而且俄罗斯认为气候变暖从某种程度上还能增加其国土的耕地面积，属于利好行为，所以对待气候议题比较消极。

剩下的国家都是在工业化进程中艰难前进的国家，它们并不具备中国这样能源转型的技术储备及基础设施。所以实现碳中和对它们来说是一项几乎无法实现的事情。有报道称印度政府考虑制定 2050 年前实现碳中和的目标，但后来很快被印度政府否认，并公开反对设定具体碳中和时间表，成为目前全球唯一反对设定具体碳中和时间表的国家。

什么是碳中和

我们终于进入了本书的主题——碳中和。这个词的含义究竟是什么呢？相信很多人最早接触"中和"这个词都是在初中的物理课上。在物理课的电学部分有"中和"这个概念，它是指带正电荷的物体与带同等电量的负电荷物体相遇时相互抵消后都不带电的一个过程或状态。转化成数学语言就是等值的正数与负数之和。如果我们把这个概念引申到碳中和就不难理解：碳中和就是正排放和负排放之和为零的概念。这里的正排放就是指向大气中排放温室气体，而负排放就是指从大气中吸收温室气体，如我们熟知的植树造林可以从大气中吸收二氧化碳就是负排放。所以，碳中和就是指向大气中排放的温室气体与从大气中吸收的温室气体相等的状态；另一种叫作净零排放的说法也跟碳中和是同一个意思。

但区别于净零排放，零排放（少一个"净"字）的概念则跟碳中和有所出入。所谓零排放，就是没有温室气体向大气排放，也就是连"排放后再吸收同等的量"的情况都不允许有。这种情况从国家层面基本无法实现，因为就目前的人类技术，根本不能做到完全不向大气排放温室气体，即使到了2050 年全球实现了碳中和，在工业和农业领域仍然有部分较难控制的温室气体会向大气排放。所以，所有国家的目标都叫作碳中和或净零排放，而非零排放。

另一个需要讨论的问题是碳中和中的"碳"，是只包括二氧化碳还是包含所有的温室气体。在讨论这个问题之前，我觉得有必要简单介绍一下温室气体这个概念。

温室气体的科学定义是指大气中能吸收地面反射的长波辐射，并重新发射辐射的一些气体。用通俗的表述就是可以像温室一样反射阳光从而给地球加热的气体。我们大部分人都应该知道农地里的大棚，那就是我们所说的"温室"。它们一般都是用一层透光的薄薄的塑料膜组成。当太阳光照射进来时，这些薄膜会把一些本来要反射出去的阳光给挡住了，这样温室里就会获得太阳光的二次"照射"，从而给温室升温。温室气体就类似于这层薄膜一样，它们将整个地球包裹起来，把本来会反射回宇宙的部分能量给反射回地球，这样就导致了地球升温。

最常见的温室气体就是二氧化碳和水蒸气，当然并不是所有的温室气体都是需要管控的。根据我国的《碳排放权交易管理办法》，受管控的温室气体包括二氧化碳（CO_2）、甲烷（CH_4）、氧化亚氮（N_2O）、氢氟碳化物（HFCs）、全氟化碳（PFCs）、六氟化硫（SF_6）和三氟化氮（NF_3）。这些温室气体造成的温室气体效应是不同的，一般以二氧化碳为衡量单位，如一吨甲烷造成的温室效应是二氧化碳的 25 倍，则称甲烷的全球变暖潜势（GWP）[①]为 25，其他温室气体的 GWP 值都很高，我们统称为烈性温室气体，如六氟化硫的 GWP 值就高达 22800。

了解了温室气体后，我们还需要明确一下碳中和的定义。因为在碳管理领域，碳排放一般泛指所有温室气体排放，所以碳中和一般也泛指所有温室气体的中和。但在 IPCC 的 1.5℃特别报告中，对碳中和的定义为二氧化碳的中和。中国的碳达峰目标是明确只包含了二氧化碳，而对于碳中和，在 2021 年 7 月 24 日的"全球绿色复苏与 ESG 投资机遇"中，中国气候变化事务特使解振华首次公开明确了中国的碳中和目标包括所有温室气体的中和。因为两者包含内容不一样，所以在本书中也存在碳排放、二氧化碳排放和温室气体排放几个概念之间的来回切换。本书所指的碳排放就是指所有温室气体的

---

① Global Warming Potential，GWP 的值根据全球辐射强迫的状态会发生变化，一般以 IPCC 发布的相关报告为准。本书中的 GWP 值采用 IPCC 第四次报告（AR4）100 年尺度的变暖潜势数据。

排放，读者需要区分之间的区别。

如何实现碳中和

根据碳中和的定义，我们可以知道，想要实现碳中和，从大方向上看就是从两个方向着手，一是减少碳排放，二是增加碳吸收。虽然在本书第 3 章将详细讲述实现碳中和的技术路径，但在这一小节中，我打算从宏观角度，从大方向上介绍一下碳中和具体要做些什么，以方便那些对碳中和技术细节不感冒的读者快速了解碳中和。

首先我们要考虑的是碳排放都有多少，这些排放来自哪里。目前全球温室气体排放数据约为 500 亿吨，其中有约 80% 来自能源使用造成的排放，也就是我们所说的燃烧化石燃料产生的排放，剩下约 3% 是来自工业生产时因为一些化学反应而造成的温室气体排放，其中排放最多的要数水泥行业因煅烧石灰石产生的排放以及钢铁行业焦炭作为还原剂产生的排放，还有约 15% 是来自甲烷逸散的排放，甲烷逸散的排放又主要包括煤油气生产泄漏、反刍动物肠道发酵产生的排放以及农业活动产生的排放。剩下的部分就是一些烈性温室气体的排放，其中 N_2O 主要来自农业化肥的生产和使用，HFCs 主要来自制冷剂生产和使用产生的泄漏，PFCs 和 NF_3 一般用于半导体生产时所用的刻蚀气体，SF_6 主要用于高压开关的绝缘介质，这些温室气体在使用过程中或多或少都会产生一定的泄漏。

对于能源部分碳排放的中和，总体的实施路径是将所有耗能设备都改为用电，然后所有的电力都由可再生能源来提供。所以，首先我们需要淘汰所有的燃煤、燃油和燃气电厂，或者加装碳捕集和封存（CCS）设备，目前全球化石能源中有 30% 用来发电，做到这一点就差不多为全球减少了 30% 的排放，虽然这并不是一件容易的事情。

淘汰化石燃料电厂的同时，我们需要大力发展风电、光伏、水电、核电等几乎不产生碳排放的电力来进行替代。然后再一步一步将目前使用化石燃料的设备转化为用电。如将燃油车改为电动车、将燃煤锅炉改为电锅炉等，在不久的将来，我们家庭里的燃气炉具也可能改为电炉具，这可能是一般老百姓感受碳中和最为直接的场景。

当然，以目前的技术，并不是所有的能耗设备都能够转化为电力，工业大型窑炉如水泥窑目前通过电加热是很难实现的，需要未来的技术或者氢能来解决。另外，因为当前储能技术的能量密度还不够高，需要移动的大型设备如大货车、轮船和飞机等，采用电池会大大增加它们的自重，导致无法实现运输货物的功能。这些设备在未来可能需要绿氢，所谓绿氢就是通过可再生电力生产的氢气，但这种方式的能源实质还是电力，因为绿氢是由电力转化而来的，而绿氢在终端使用时，也是通过燃料电池技术将氢能转化为电力，绿氢在这个过程中扮演的角色只是一个比化学储能密度更高的电力储存介质而已。

总之，能源领域的脱碳路径很明确，就是全部转化为电力，然后采用可再生能源供电，不能电气化的就用绿氢。但并不代表这很容易，国际能源署就全球能源转型方便发布了一份报告，对全球能源领域脱碳制定了路线图，从建筑、交通、工业、电力和供热以及其他5个方面制定了以5年为一个节点的阶段目标（见图1-9）。

工业生产过程中的工艺排放我们只考虑最重要的两个领域：水泥和钢铁领域。其中水泥行业因煅烧石灰石而产生的排放除了采用CCS，目前并没有其他解决方法，或许今后会出现替代石灰石材料的水泥生产技术出现；钢铁领域现在已经找到了解决方案，就是采用绿氢代替焦炭。因为绿氢除了是很好的燃料，它也是不错的还原剂。用绿氢作为还原剂与铁矿石反应，产出的副产物是水，不产生任何排放。

甲烷的排放有个特点，就是特别分散，无论采用任何手段都不可能将其降低为零。煤、油、气开采产生的排放从长期来看会自然消失，因为后期不再使用化石燃料，煤、油、气的开采也就没了必要。短期来说就是需要加强甲烷泄漏的监控，防止泄漏，以及对于如煤矿乏风瓦斯这类一定要排空的气体，需要收集焚烧后再排空。

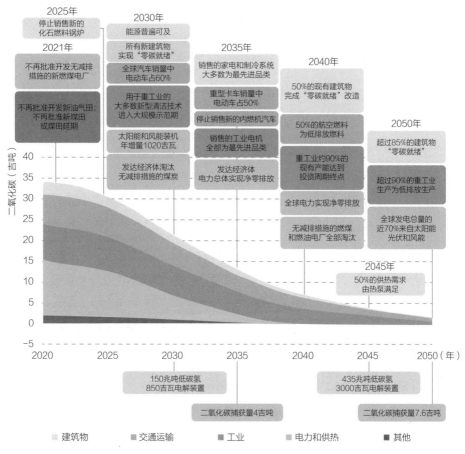

图 1-9　能源行业的脱碳路径

数据来源：能源部门实现 2050 净零排放路线图，IEA

　　畜牧类的甲烷减排是个棘手的问题，反刍类动物如牛和羊在消化食物时会产生大量甲烷，这些甲烷会通过打嗝和放屁排放到大气中去。全球大约15% 的温室气体排放来自牲畜，其中牛的排放又占所有牲畜排放的 65%。对于这种分散的个体，想要将这些甲烷收集并集中处理几乎不可能。目前的办法一种是通过在食物里添加特殊添加剂以减少这些动物消化时产生的甲烷，另一种方案是减少反刍类动物的饲养，相关的肉类通过鱼类或人造肉代替。

　　烈性温室气体的排放很大一部分来自工业生产过程中的副产物，这类排放处理起来相对容易，如 N_2O 的排放主要来自硝酸、己二酸和己内酰胺等化工产品生产时的副产物，我们只需要在生产过程中将副产物收集起来然后分解掉就可以解决。对于使用时产生的泄漏排放，则只能通过尽量减少使用和采用代替物来减少排放。如采用测土施肥能减少肥料使用，进而减少肥料生产和使用过程造成的 N_2O 排放。采用低 GWP 的冷媒为冰箱、空调等制冷剂制冷可以有效减少制冷剂泄漏产生的温室气体排放。

以上就是基于当前技术的全球碳中和总体路径。虽然看起来并不是特别复杂，但就当前技术来说，想要实现碳中和并不是一件容易的事情。国际能源署在其发布的报告《2050 年实现净零排放：全球能源行业的路线图》中指出：从现在起到 2030 年，在净零排放途径中，全球二氧化碳排放量的大部分减少都来自当今现成的技术，但到 2050 年，几乎一半的减排将来自目前仅处于示范或原型阶段的技术。不过我们也不必悲观，我们还有 30～40 年的时间，这足以让我们的低碳技术赶上我们的需求。光伏发电技术仅用了 10 年就将成本下降了 80% 以上，所以现在那些看起来成本高不可攀的低碳技术，在不久的将来也将变成人人皆可负担的技术。

实现全球的碳中和方向是明确的，但各个国家的实施路径会根据自身特点有所差异，目前欧盟、美国等主要国家都发布了碳中和路线图，我国的碳达峰、碳中和总体规划也在编制中。

欧盟的碳中和路径

2019 年欧盟委员会发布《欧洲绿色协议》，成为首个宣布碳中和的国家级经济体。根据《欧洲绿色协议》，欧盟将提供清洁、可持续及安全的能源，推动各产业向可循环模式发展，实现能源资源的有效利用等主题行动计划，以期到 2050 年让欧洲成为全球首个"碳中和"循环经济体，实现社会经济高质量可持续发展。《欧洲绿色协议》主要内容如表 1-3 所示。

表 1-3 《欧洲绿色协议》主要内容

编号	分类	主要内容
1	提高 2030 年和 2050 年气候目标	1. 提出《气候法案》； 2. 将 2030 年减排目标从 40% 提高至 50%～55%； 3. 修订《能源税指令》； 4. 设立边境调节税机制
2	提供清洁、可负担和安全的能源	1. 修订《能源与气候法案》，以满足《欧洲绿色协议》的要求； 2. 提出科学和经济可行的可再生能源并网集成解决方案； 3. 协助改善成员国能源基础设施，提出《能源基础设施法律框架》促进创新技术和基础设施的部署
3	推动各个行业向清洁循环经济模式发展	1. 提出《欧盟产业战略》和《循环经济行动计划》以促进产业的可持续化和数字化转型； 2. 出台政策鼓励消费者使用气候中性产品； 3. 推进《电池战略行动计划》及相关立法； 4. 支持关键行业优先发展清洁突破技术，如绿氢、燃料电池、CCUS 等； 5. 积极拥抱数字技术，并将其用于应对气候变化
4	发展高能效建筑	1. 积极推进公共和私人建筑的翻新工作； 2. 提出新的装修倡议，确保翻新和新建建筑的能效达标
5	加速向可持续智能交通转变	1. 提出《可持续智能交通战略》，推动交通部门的脱碳进程； 2. 大力发展新型多式联运，实现各种运输方式的合理分工和有机衔接； 3. 修订《联合运输指令》，为内燃机车制定更严格的空气污染物排放标准； 4. 构建智能交通系统
6	打造公平、健康和环保的食品系统	1. 提出《从农场到餐桌战略》，推动食品价值链绿色化发展； 2. 大幅减少化学农药的使用和风险，以及化肥和抗生素的使用； 3. 对《共同农业政策》提案建议，至少 40% 的共同农业政策总预算和至少 30% 的海上渔业经费用于应对气候变化
7	保护生态系统和生物多样性	1. 提出《欧盟生物多样性战略》和《森林战略》，开展可持续的植树造林和恢复退化的森林，以帮助增加二氧化碳的吸收捕集； 2. 支持无森林砍伐和打造退耕还林的价值链； 3. 发展"蓝色经济"，改善对水源和海洋资源的利用，减轻欧盟对陆地资源的依赖
8	构建零污染的无害环境	1. 制定《水、空气和土壤零污染行动计划》，更好地监控、报告、预防和补救来自空气、水、土壤的污染； 2. 审查欧盟针对大型工业设施污染采取的措施，研究如何使其与气候、能源和循环经济政策完全一致； 3. 制定《可持续发展的化学品战略》，以确保无毒环境

对于欧盟的减排目标，在 2020 年 9 月，欧盟委员会发布了《2030 年气候目标计划》，提出到 2030 年温室气体排放要比 1990 年减少至少 55%，相

较之前 40% 的减排目标有了大幅度提高，这一目标最终在 2021 年 5 月通过的《气候变化法》将其写进了法律。

《欧洲绿色协议》对我们影响最大的要数欧盟提出的边境调节机制（Carbon Border Adjustment Mechanism，CBAM），在 2021 年 3 月，欧盟的《碳边境调节机制》议案在欧洲议会通过了原则性决议，虽然离最终立法还有很长的路要走，但这个机制一旦得以实施，将对整个《巴黎协定》下的国家自主贡献产生深远影响。

根据该议案，欧盟计划从 2023 年向出口到欧洲的产品征收边境调节税。欧盟碳边境调节税可能有三种征收形式：一是按产业类别征收碳关税；二是向进口商出售温室气体排放配额；三是针对所有企业征收碳增值税。从当前来看，采取第一种方式的可能性比较高，而覆盖的范围早期可能局限于水泥、电力、化肥、钢铁和铝，但后期将覆盖欧盟纳入碳交易体系的所有行业，欧盟设置碳关税的目的就是防止"碳泄漏"，即由于欧盟执行严格的温室气体减排政策，会导致欧盟企业转移到减排政策更宽松的国家，或导致承担较低排放成本的进口产品冲击欧盟市场和产业。

为了达到这个目的，进口欧盟的产品碳成本需要与欧盟本地产品的碳成本保持一致。也就是说，如果出口国对于相关产品的制造不存在碳成本的话，欧盟将根据本地也就是 EU-ETS 的碳价征收碳税。反过来，如果出口国对于相关产品制造的碳成本存在并大于欧盟的话，欧盟就可能不征收相应的碳税。目前欧盟碳价普遍高于产品出口国家，所以要么出口国提高相应碳成本，要么缴纳等同于欧盟产品碳成本的碳税。

欧盟的碳关税政策相当于是对他国排放的长臂管辖政策，如果采用第二种形式，相当于将欧盟碳交易市场的覆盖范围扩大到了全球向欧盟出口相应产品的国家。这会引发一系列的问题，如排放数据计算原则以及《巴黎协定》下产生的减排量归属权等问题。

总体来说，欧盟已经为其 2030 年排放减半目标及 2050 年碳中和目标制定了详尽的实施框架，并且其减排目标也起到了其作为应对气候变化先锋的模范作用。作为最先完成工业化转型的经济体，其碳排放已经长期处于下降阶段，所以碳中和目标的实现也相对容易一些。虽然今后在低碳领域的创新技术和产业不一定能够保持领先，但欧盟应对气候变化的顶层设计和 EU-ETS 的运营经验还是值得我们学习借鉴的。

美国的碳中和路径

虽然美国在特朗普时期退出了《巴黎协定》，但在拜登总统上任后以最快的速度重返了《巴黎协定》，并且启动了"拜登气候计划"和"拜登清洁能源计划"，该两项计划预计产生 1.7 万亿美元的投资。同时，美国重新提交了国家自主贡献。根据美国提供的国家自主贡献，美国减排的短期目标是：到 2025 年实现温室气体排放相对于 2005 年下降 26%～28%；到 2030 年相对于 2005 年下降 50%～52%；长期的减排目标为到 2050 年实现净零排放。并从电力、交通、建筑、工业、农业和土地、非二氧化碳温室气体减排 6 个方面来阐述其具体的行动计划。

电力方面，美国可以说非常激进，它设定了到 2035 年实现 100% 清洁电力供应。为达成这一目标，美国计划制定相应的刺激政策和标准，以支持清洁电力的建设、传输及储存，同时对具有实现零碳电力的既有电厂进行改造，如对化石燃料电厂加装 CCS 装置。同时，美国将支持零碳电力相关的技术研发、开发、示范、商业化和部署。其中包括到 2030 年实现海上风电装机的翻倍。

交通方面，美国计划实现 100% 清洁能源车，但这一计划目前没有明确的实现时间，为此美国计划到 2030 年提供 10 万台零碳公用交通工具，2030 年国内生产的大巴全部为零排放，并且更换全国 50 万辆校车为零排放车辆。到 2035 年生产 30 万辆零排放卡车，以及新建 50 万个充电站。除此以外，美国还将提高尾气排放和效率标准；鼓励个人购买零排放车辆；为充电基础设施提供资金，以支持多单元住宅、公共充电和长途旅行；以及通过研究、开发、示范和部署工作，支持用于航空等应用的极低碳新一代可再生燃料和其他跨模式尖端运输技术的进步。

建筑方面主要目标是：到 2035 年实现建筑碳强度下降 50%，制定新的零碳建筑标准，在 4 年内改造 400 万栋既有商业建筑及 200 万栋家庭建筑。为实现这些目标，美国计划通过政府资助改造项目、更广泛地使用热泵和感应炉，以及推行新建筑的现代能源法规，持续支持建筑的能源效率和高效电加热及烹饪。除此之外，美国还将投资新技术，以减少与建筑相关的排放，包括高性能电气化建筑等。

在工业方面，美国政府将支持低碳和零碳工业过程和产品的研究、开发、示范、商业化和部署。例如，鼓励 CCS 和新氢能（由可再生能源、核能或有机废物产生）为工业设施提供动力。此外，美国政府将利用其采购能力，支持这些极低碳和零碳工业产品的早期市场。在工业领域美国目前没有明确的减排目标。

在农业和土地方面，美国将支持推广气候智慧农业实践、再造林、轮牧和营养管理实践。此外，美国将在森林保护和森林管理方面进行投资，并大力减少灾难性野火的范围和强度，恢复受火灾破坏的林地。除了这些努力，美国还将支持以自然为基础的沿海复原项目，包括灾前规划，以及通过追求"蓝碳"来增加水道和海洋固碳的努力。

在非二氧化碳温室气体减排方面，美国计划实施《美国创新与制造法》，逐步减少氢氟碳化物的使用。为了解决甲烷问题，美国将更新标准，要求投资堵漏油井和矿井以及整个天然气配送基础设施的泄漏。此外，美国还将提供方案和激励措施，通过减少农业甲烷和 N_2O 排放的做法和技术来提高农业生产力，例如，改进肥料管理和改进农田养分管理。

美国的碳中和路径虽然看起来比较全面，但除了能源和交通方面有比较清晰的目标和实现路径，其他领域还只是一个粗略的定性描述。此外，美国淡化了市场机制在实现碳中和方面的作用。目前美国并没有联邦层面的碳交易体制，从美国的碳中和规划来看，未来短时间内也不会出现。

中国的碳达峰路径

作为新兴的发展中国家，中国碳排放仍然处于上升期，所以中国的碳中和路径分为两个部分：碳达峰和碳中和。从当前中国发布的消息来看，目前中国正在紧锣密鼓地制订详细的碳达峰方案，碳中和相关详细方案并不是当前的工作重点。

在 2020 年年底的气候雄心峰会上，我国更新了国家自主贡献，新的自主贡献目标是："到 2030 年，单位国内生产总值二氧化碳排放比 2005 年下降 65% 以上，非化石能源占一次能源消费比重达到 25% 左右，森林蓄积量比 2005 年增加 60 亿立方米左右。风能、太阳能发电装机容量将达到 12 亿千瓦以上。"这几个目标基本确定了我国碳达峰的总体方案。

在 2021 年 4 月召开的领导人气候峰会上，我国又提出"将碳达峰、碳中和纳入生态文明建设整体布局，正在制订碳达峰行动计划，广泛深入开展碳达峰行动，支持有条件的地方和重点行业、重点企业率先达峰。中国将严控煤电项目，'十四五'时期严控煤炭消费增长、'十五五'时期逐步减少。此外，中国已决定接受《〈蒙特利尔议定书〉基加利修正案》，加强非二氧化碳温室气体管控，还将启动全国碳市场上线交易。"

除此之外，在我国发布的《中华人民共和国国民经济和社会发展第十四个五年规划和 2035 年远景目标纲要》中也对碳达峰、碳中和方面提出了相关目标。

在能源方面，提出到 2025 年风电、光伏发电量占全社会用电量约 16.5%。在工业方面，提出主要工业产品资源、能源利用率在 2035 年左右达到国际先进水平；钢铁和水泥等高能耗行业率先达峰，2025 年前钢铁行业排放达峰，2030 年较峰值降低 30%，水泥行业在 2023 年达峰。

在交通方面，提出新能源车新车销售量占新车销售总量的比例到 2025 年达 20%，2030 年达 40%，2035 年达 50% 以上；氢燃料汽车 2025 年约 10 万辆，2030 年约 100 万辆。

在建筑方面，提出 2022 年城镇新建建筑中绿色建筑面积占比达 70%；实施新能耗建筑标准和满足国家有关绿色制冷、绿色供暖等政策的要求。

在农林方面，提出 2025 年全国森林覆盖率达到 24.1%，森林蓄积量达到 190 亿立方米，草原综合植被盖度达到 57%，湿地保护率达到 55%，60% 可治理沙化土地得到治理，全面推进无废城市建设，减少食品浪费。

1.4　碳中和的世界是什么样的？

比尔·盖茨在他的《气候经济与人类未来》中引用了一个关于小鱼和水的故事，故事内容是这样的：

两条小鱼在水里游，碰巧遇到一条迎面而来的年老的鱼。那条年老的鱼朝它们点了点头，然后说道："小朋友们，早上好，水怎么样啊？"两条小鱼听后继续游了一会儿，其中一条忍不住问另一条："水到底是什么东西？"

这个故事告诉我们，对于我们习以为常的东西，我们常常忽略它们的存在。而碳排放就是这样一个东西，但并不是因为二氧化碳看不见摸不着，而是我们生活中用到的所有东西都会产生碳排放，而大部分人不自知，我们住的房子、开的车子、用的电脑，包括你正在看的这本书，它们在生产过程中都会产生碳排放。

那么问题来了，如果未来实现了碳中和，这些东西会不会消失？答案是否定的。总的来说，我们人类文明创造出的各类产品离不开的是能源，而非碳排放，我们只需要将这些能源需求从化石能源转为可再生能源就行。事实上，在实现碳中和的过程中，整个人类的能源使用量并不会下降，反而随着人口的增加和生活水平的提高而上升。

那么，实现碳中和后，我们的生活会像现在一样一成不变吗？也不是，人类的生活不会像现在一成不变，反而会变得比现在更加美好。按照现在的碳中和总体路径，人类未来的终端能源将几乎会实现 100% 电能，而电能是与数字化、信息化和智能化协同性最好的能源。相信感受过新能源车的朋友一定对此深有感触，电力是我们迈向未来万物互联的能源基础。所以，在碳中和的未来，还有很多我们现在感觉习以为常的东西会被彻底颠覆。

峰平谷电价的消失

峰平谷电价相信大家都不陌生，为了让电网的负荷更加平稳，我国推出了电力使用的分时电价制度，该制度将中国的电价分成三个阶段，分别为峰时电价、平时电价和谷时电价，峰时电价最高，平时电价次之，谷时电价最低。不难理解，通过简单的电价调节机制，可以让人们在用电高峰时期减少不必要的用电，将这些用电需求转移到用电低谷时期使用。这就是通过需求侧响应来调节电网负荷的一种方式。

但这种方式只能说是一种粗略的调节方式。峰、平、谷的时间段都是固定的，而电网负荷变化曲线并不是每天都按照峰平谷时间段来的。并不是每天峰时的负荷都一定高，谷时的负荷都一定低，也并不是峰时一过电网负荷就会瞬间下降，谷时一过电网负荷就会瞬间上升。

需求侧响应最好的方式就是电价与用电负荷实时联动，但是现在无论从技术上还是从制度上都无法实现。随着电力市场化的逐渐放开以及智能电网的建设。将来的峰平谷电价政策将会消失，取而代之的是基于用电负荷的实时电价变动。在 5G 和万物互联的加持下，我们的电器可以在不影响使用功能的情况下自动选择什么时候用电最经济，当然，最多的时候还是家里的储能设施和电动车在做选择。

乘用车将成为"永动机"

这里的"永动机"并不是指无限能源的那种永动机，而是指未来的电动车充电之便利，便利到你几乎会忘记车还需要充电这件事。未来的乘用车将是电动车的天下，这已经毋庸置疑，但很少有人去预测充电设施的发展。根据我的预测,未来的充电设施将会成为所有停车位的标配。我们可以设想一下,假如所有的停车位都有充电设施,就算电池技术没有任何发展,大多数人的里程焦虑都会消失。所以,现在的里程焦虑主要来源于充电设施的缺乏,而非续航不足。所有停车位都有充电设施就代表只要车处于驻车状态,就等同于就处于充电状态。除非出现不休息的长途跋涉这种极端情况,否则基本不存在里程焦虑。

当然,光是充电桩的充足还不能达到"永动机"的状态,因为我们在下车后还要随时记着插上充电头,否则车辆就不能恢复续航。所以,要实现车辆的无缝续航,还需要充电设施升级自动充电功能。根据我的设想,未来的充电桩可能不会再叫作充电桩,因为充电设施要实现自动充电。最有可能的发展方向就是通过地线与汽车底部的充电口进行有线或者无线的对接。只要车辆在停车位停好车,充电设施便会自动与汽车连接,并根据车主先前的设置进行充电或者放电操作。那时候,只要你不进行一天超过 500 千米的长途跋涉,那么几乎可以实现随时上车都是满电的体验,一段时间下来,除了每月的电费单能告诉你车辆在耗电,你平时几乎想不到车辆还需要充电这件事,所以你的车辆就成为某种意义上的"永动机"了。

充电桩与电动车将成为电网的"海绵"

我们都知道,电网在没有储能设施的情况下,发电端和用电端必须做到实时的电力平衡,也就是某一时段发了多少电就必须用掉多少电,否则电网就会出问题。然而整个电网的用电需求时时刻刻都在变化,为保证电网运行的安全,就得根据电网需求随时调整发电端的发电负荷。在发电端为火电为主的情况下,我们可能通过调整火电的出力来实时调整电网负荷,但在未来,发电端的主力将是风电、光伏等新能源发电设施,它们的负荷可不像火电那样好调节。所以,未来的电网为了调和发电端出力和用电端负荷的矛盾,需要增加储能设施。储能设施从哪里来,全部单独新建没有这个必要,我认为未来承担大部分电网储能任务的将是电动车。

前面我们说到，在未来，当你在停车位完成停车时，充电设施会自动与车辆进行连接，这样，车辆的电池就相当于成为整个电网的一个节点，在发电高峰时，电池可以储电，在用电高峰时，电池可以放电。当所有停驶的车辆都连接上电网时，这些车辆就会形成一块巨大的储能海绵，在电力充足时吸收电力，在电力不足时释放电力，让整个电网的供需达到实时平衡。

当然，如果我们的车辆不需要充电，免费贡献车辆电池的储能能力恐怕不会有人愿意，所以在未来，我们的车辆可能还能为我们提供额外的收入。这些收入可能来自峰谷电价差，也可能来自参与本地电网调度的出租费。

电源适配器将成为历史

如果我们要实现所有停车位都装上充电设施，那么我们居住的小区停车场一定是首先考虑的对象。这就出现了一个问题，一个充电桩的功率动不动就100kW 以上，如果全部都装上充电桩，那么小区既有的配电容量肯定无法满足。这就需要新增配电，新增的配电是采用交流呢还是直流呢？一方面因为充电桩充的电是直流电，而且要实现快充，必须采用直流供电；另一方面直流电的特性更适合未来的微电网和能源互联网的需求。所以，未来小区的增量电网将很有可能采用直流电网，这样就省去了充电时交流变直流的能量损失。

既然直流电网都进小区了，那么走进家庭也是自然而然的事情。我们家里的主要电器如电脑、手机、电视、LED 灯等，其实在工作的时候都是用的直流电。但目前的电网都是交流电，所以这些电器在接入电网前都需要通过电源适配器将交流电转化为直流电，这个电源适配器就是你电脑、手机等电器充电线凸出来的那一块，这样不但额外增加了生产成本，还会在电流转化过程中产生电能损失。在未来直流电网入户后，大部分电器将不再需要适配器。

未来将用电炒锅炒菜

如果你是一名对炒菜有追求的大厨，那么可能看到这个预言以后难免有些沮丧。目前一般家庭煮饭用的是电饭锅，但炒菜用的基本都是天然气，也就是化石能源。我国目前每年城市燃气用量 1000 亿立方米左右，产生碳排放为 2 亿吨，约占全国总排放的 2%。对于这种较为容易减少的排放，肯定是要减掉的。目前可以替代的方案是氢气和电。但采用氢气，当前的城市管网需要全部改造，成本较高，而且氢气爆炸范围很宽，较为危险，前景并不看好。而电力则是已经非常成熟的技术，许多城市的公共食堂都已经采用了电炒锅。

事实上，现在的电炒锅火力已经可以完全媲美天然气，我们不能把它想象成早期在电磁炉上炒菜的那种锅。可能一些大厨们在炒菜时因为看不着明火而少了些兴致，但炒出来的菜，其味道与天然气炒出来的味道是一模一样的。这对于吃菜的人并是没有什么影响。

家庭用电可选择购买绿电，并为此额外付费

现在我们家庭用电都来自电网供电，但我们并不清楚我们用的电来自哪个电厂。在未来电力市场化交易完全放开以后，我们将可能根据自己的喜好选择想要的电力类型。比如我是一个低碳消费主义者，我希望尽量减少自己生活中产生的碳排放，那么我可以选择购买风电或者光伏电力给自己家供电，当然这可能会付出一些额外的费用。在欧洲、美国的一些地区，家庭用户是可以自由选择所想要的电力的，即使选择可再生能源电力需要付出一些额外的费用，也有不少的消费者愿意选择可再生能源电力。当然，在中国，纯粹的处于个人对低碳的追求可能不会有太多人买账，但如果购买新能源电力可以产生碳资产，那就是另一番景象了，或许在未来，购买新能源电力是个人获取碳资产最容易的渠道。

碳资产将成为个人投资的主流资产配置

在本书的开头我提到过，在 21 世纪前 20 年，绝大多数人的资产配置都在房产上，房子早已脱离了商品的本身，成了一个保值增值的工具。但随着

房地产政策的层层加码，房地产大涨已经不再可能。那么个人的理财需要另外的渠道来实现，而新兴的碳交易市场可能提供这个机会。随着碳市场的启动以及双碳目标相关政策的逐渐落地，无论现在的碳价怎么波动，从长远来看，一定处于上涨趋势，这符合资产保值增值的需求。而且碳资产的投资门槛很低，灵活性强，相对于股票市场，对长期的收益更有预期。所以在房地产失去资产保值增值的功能后，碳资产可能代替房产的位置，成为下一个国民级的理财工具。

低碳消费将成为下一个消费升级的风口

如果你曾经减过肥或者健过身，那你一定在超市购买食品时反复确认过各种食品的卡路里是多少。那你也就不难想象，在未来，我们购买所有商品时，可能会反复确认该商品的碳足迹是多少。也就是说，在未来，商品的碳排放信息可能会像食品的营养成分表一样强制公开在商品的醒目地方。在双碳目标下，低碳消费将成为一种新时尚，甚至是另一种形式的消费升级。很多人认为低碳生活就是节约，就是低消费。其实不然，国家不会将低碳生活导向低消费或者是不消费方向。相反，在所有产品都打上碳足迹标签的时候，国家会倡导民众购买低碳产品，以此反向刺激产品生产商生产更为低碳的产品、淘汰不愿意生产低碳产品的商家。

有些人可能会将低碳产品与低端产品联系在一起，其实未来真正的低碳产品，可能反而是高端产品的一个必备要元素，无论从外观、功能和价格上都要高于一般产品，最典型莫过于新能源车。所以，下一波的消费升级很有可能是以低碳产品为基本要素的、所有产品的更新换代。而且，在未来，低碳消费还可能成为我们获取碳资产的一种渠道。

新能源电力将不再具有碳资产属性

我们所说的新能源电力能够产生减排量，一是因为在当前以火电为主的电力结构下，新能源发电能够间接减少火力发电量，从而减少碳排放。二是在当前的减排量计算规则下，新能源电力必须具有额外性才能产生减排量。所谓额外性就是指新能源电力本身经济性不如传统火电，需要碳资产的支持才能推动项目的建设。在风电光伏等新能源电力成本大幅降低的情况下，新能源电力的额外性正在慢慢消失。即使部分项目存在额外性，因为整个电网总体新能源电力的比例越来越高，其产生的减排量也会逐渐降低，直至归零。在将来，虽然新能源电力会高速发展，但其碳资产的属性会逐渐消失。

　　未来的碳资产主要来自哪里呢？除了政府向控排企业发放的配额以外，碳资产的主要来源可能来自造林、甲烷回收和未来的 CCS 及各种负碳技术。所以如果关注项目长期的碳资产属性，新能源电力可能不是一个好的选择。

第 2 章 │ Chapter 2

中国的碳中和雄心

在人类历史上，三十年并不算长，然而就在这样短暂的时间里，中国从一个典型农业国家，成为世界上经济体量仅次于美国的第二大经济体，成功实现了从经济弱国向经济强国的伟大历史转变，彻底改变了 19 世纪中叶鸦片战争以来积贫积弱的局面。2019 年，中国人均 GDP 已经超过 1 万美元，跨入中等收入国家行列。不仅如此，中国还建立了世界上最完整的现代工业体系，并向最先进工业体系迈进，农业连年增产，用占世界 7% 的耕地解决了世界近 20% 人口吃饭的问题。

在此过程中，资源、环境和生态问题也逐渐凸显，中国政府对环境也越来越重视。

在我们还在为消除贫困而努力的时候，我们积极参与国际气候谈判，并全力协助发达国家实现其减排目标；在面对西方国家在气候问题对中国进行道德绑架时，我们不卑不亢，坚持共同但有区别的原则，坚持走符合中国国情的应对气候变化道路；在全球气候谈判陷入僵局的时候，我们主动站出来，通过多方沟通，促成全球应对气候变化目标的达成，充分展现作为一个负责任大国的风范。

不仅如此，我们还将气候议题作为中华民族伟大复兴的一个历史机遇，在未来很长的时间里，在气候治理领域，中国都将作为一个全球领导者的角色，引领全球实现碳中和目标，并且凭借中国在新能源方面的技术优势、产业优势和规模优势，向全球输出清洁能源，从实际行动上推动全球实现碳中和目标。

2.1　中国应对气候变化的战略

京都时代，积极参与气候议题

可以这样说，在气候议题方面，从 1992 年联合国气候变化框架公约到整个京都机制的运行，中国都一直扮演一个积极参与者的角色。在具有实质性的减排机制——京都机制生效后，中国是最为积极响应的国家之一。

为配合有减排义务的发达国家到中国开发清洁发展机制项目，中国从国家层面成立了清洁发展机制平台，同时在所有省市建立地方清洁发展机制中心，并且以清华大学为依托，积极研究和推广清洁发展机制的相关规则和项目开发指南。中国也是首个从国家层面开发电网基准线排放因子[①]的国家，大大降低了清洁发展机制项目的开发难度。在京都机制实施期间，中国为发达国家贡献了最多的 CER[②]，为发达国家实现《京都议定书》下的减排目标做出了巨大贡献。

后京都时代，从激烈博弈到自我转变

当中国的碳排放在 2005 年超过美国并以惊人的速度上涨的时候，气候谈判的风向就开始有了变化，以美国为首的西方国家将共同但有区别的责任原则抛之脑后，开始指责中国碳排放过多，应当担负减排的义务。

当时中国处于经济的快速上升期，经济发展和消除贫困才是中国的首要任务。我国在 2009 年哥本哈根气候大会上提出了到 2020 年单位 GDP 二氧化碳排放相对于 2005 年降低 40% ~ 45% 的目标，但此目标被西方国家认为是"数字游戏"，并不是实质性的减排目标。从此中国与发达国家就谁应该为全球变暖承担更多责任展开了长达数年的激烈辩论，甚至有时的辩论变成了毫无意义的争吵。

---

① 用于计算新能源电力项目减排量的系数。
② 核证减排量，可用于发达国家履约的碳信用。

在这些争论中，以美国和中国之间的冲突最为激烈。在之后的气候谈判中，美国一直以中国的碳排放已经超过美国为借口，声称如果中国不做出强有力的气候承诺，美国也不会在气候问题上有所行动。中美碳排放比较如图 2-1 所示。

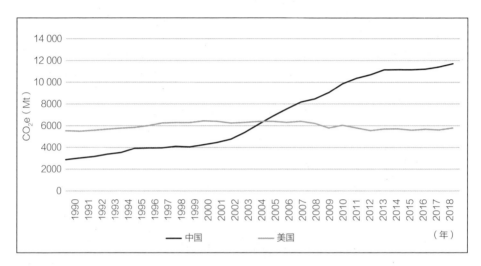

图 2-1　中美碳排放比较

数据来源：Climate Watch Data

当时的国际形势是，作为应对气候变化的先行者欧盟和日本持续给美国和中国施压，要求做出实质性的减排承诺，并表示如果中美承诺减排，它们将实施更加积极的减排政策。而美国则坚持要与中国绑定在一起，表示只有中国承诺实质性的减排，美国才跟进减排政策。最终，所有的目光都聚焦在中国身上，此时的中国承受着前所未有的压力。

当时中国的经济发展仍然处于最快速发展期，而且仍处于粗放式发展，风电光伏等低碳相关技术还不成熟，其他的大部分低碳技术都在西方国家手里，如果中国承诺更加激进减排，那么中国的经济将遭受重大打击。在巨大压力下，中国据理力争，坚持应对气候变化框架公约下共同但有区别的责任原则，坚定自己的减排目标，并特别强调中国的减排目标不与任何国家挂钩。

如果说在后京都时代的气候政治博弈时，中国顶住各方压力坚持自己的减排路线是为自己争取发展的空间，那么后来的碳达峰、碳中和目标则是为了中国未来实现永续发展主动提出的国家级战略。从 2011 年开始，"雾霾"一词就一直成为公众最关心的热点话题。2013 年，中国遭遇了史上最严重的雾霾天气，整个一年雾霾发生频率之高、波及面之广、污染程度之严重前所未有。PM 2.5 指数爆表，白天能见度不足几十米，中小学停课，航班停飞，高速公路封闭，公交线路暂停营运，创下历年之最。人们逐渐认识到，单纯的经济发展并不能代表美好的生活，中国要从高速度的发展走向高质量的发展。中国的能源消耗要从粗放式转变为集约式，并严控环境污染和碳排放。同时中国国内的新能源技术正进行技术与规模的快速提升，更清洁和可持续的经济发展模式已经出现端倪。

在此期间，中国应对气候变化的态度也开始变得积极，并将应对气候变化作为实现发展方式转变的重大机遇。2014 年 9 月，中国发布了《国家应对气候变化规划（2014—2020 年）》，提出了中国应对气候变化工作的指导思想、目标要求、政策导向、重点任务及保障措施，从"十二五"开始，碳排放下降指标就作为约束性指标列入每个五年规划纲要中。不仅如此，在国际气候谈判上，中国还主动与美国沟通，并于 2014 年年底最终促成《中美气候变化联合声明》，为 2015 年《巴黎协定》的谈成奠定基础，充分体现在气候领域的大国担当。

巴黎协定，中国展现全球领导力

前面我们介绍了巴黎气候大会对全球制定碳中和目标起了决定性作用，但巴黎气候大会的成功并非一蹴而就，中国在促成巴黎气候大会的成功举办以及巴黎协定的生效过程中扮演了最重要的推动者角色。巴黎协定取得成功后，联合国秘书长潘基文曾激动地表示，中国为《巴黎协定》的达成、巴黎气候大会的成功举办做出了"历史性的贡献、基础的贡献、重要的贡献、关键的贡献"。中国对巴黎协定达成的贡献由此可见一斑。

中国先是认识到在之前的气候谈判中，美国一直以中国在应对气候变化方面没有明确的目标为由消极参与气候谈判，中国和美国作为世界上碳排放最多的两个国家，如果在意见上不能达成一致，那么气候谈判就永远无法有好的结果。所以在巴黎协定之前，中国主动邀请美国总统奥巴马到中国参与国事访问，并共同发表了中美气候变化联合申明。在这份申明中，中国首次提出碳达峰的远景目标，同时美国也相应提出了自己的减排目标。这份申明表明中美这两个世界最大的碳排放国在应对气候变化的态度和目标已经获得对方的认可，气候谈判中最大的不确定性已经变得确定，一项为拯救人类的伟大协定呼之欲出。

此后，我国又邀请巴黎气候大会的东道国法国进行国事访问，其间发表了《中法元首气候变化联合声明》，进一步为巴黎气候大会的成功扫清障碍。在巴黎气候大会上，中国国家主席习近平发表了题为《携手构建合作共赢、公平合理的气候变化治理机制》的重要讲话，强调各方要展现诚意、坚定信心、齐心协力，推动建立公平有效的全球应对气候变化机制，实现更高水平全球可持续发展，构建合作共赢的国际关系。获得了各国广泛的肯定和赞同。经过 12 天艰苦谈判，来自 196 个国家的谈判代表终于通过了历史性的《巴黎协议》，成为继 1997 年《京都议定书》之后国际社会在全球应对气候变化方面达成的最重要的国际协议。中国为此付出的努力终于有了圆满的结果。

除此之外，中国对《巴黎协定》的批准和生效进程也做出了重要贡献。根据《巴黎协定》的生效条件，需要至少 55 个缔约方批准并且覆盖全球 55% 以上的温室气体排放量。《京都议定书》在确定协议内容的 8 年后才生效，就是因为迟迟不能满足生效条件。而《巴黎协定》开放签署后，在 2016 年中国举办的 G20 峰会[①] 上，在中国的组织之下，中美两国举行了签字仪式，并先后向时任联合国秘书长潘基文交存了《巴黎协定》批准文书。同时，中国作为 G20 主席国，发表了关于气候变化问题的主席声明，推动各成员国落实《巴黎协定》，尽快签署并根据各自国内程序加入协定，以推动《巴黎协定》

---

① 指"二十国集团"（Group of 20）的最高领导人会议。2016 年的 G20 会议在中国杭州举办。

尽快生效。最终巴黎协定于 2016 年 11 月 4 日正式生效，离开放签署仅不到 5 个月。中国的行动使得《巴黎协定》加快了批准生效进程，获得了全球的广泛赞誉。

在《巴黎协定》达成的整个过程中，中国都扮演着积极主动的领导者和推动者的角色，可以说，没有中国前期的多方沟通、在巴黎气候大会上的明确表态，以及后期协议签订的表率与呼吁，《巴黎协定》就不会得到圆满的落地。

碳中和，人类命运共同体的最佳实践

2020 年 9 月 22 日，在 75 届联合国大会一般性辩论中，我国庄严地向世界宣布了中国 2030 年前二氧化碳排放达峰目标和 2060 年前碳中和愿景，消息一出，震惊世界，占据了全球所有主流媒体的头版头条。作为当前全球碳排放最高、经济体量第二并且仍在快速上升的世界大国，宣布碳中和目标可以说等同于确定了全球实现碳中和的总基调。

中国碳中和目标的提出有许多的考虑因素，但首先还是契合了我国自身发展的需求，那就是要走绿色发展的道路。中共十八大以来一直强调生态文明建设，解振华、潘家华在其著作《中国的绿色发展之路》中提到，生态文明是基于对工业文明的反思、改造和提升，是与工业文明有着根本区别的发展范式和社会形态。在理论上，生态文明尊重自然、顺应自然、保护自然。在社会关系上，生态文明崇尚互利共赢、和谐共生；在发展目标上，生态文明追寻可持续发展的生态繁荣；在生产方式上，生态文明要求采用循环再生、低碳高效；在消费模式上，生态文明推行绿色、低碳、健康和品质的生活。中国的碳中和目标与生态文明建设目标有着高度的契合。

其次，中国的碳中和目标还是中国践行"人类命运共同体"倡议的最佳实践。中国在中共十八大会议中明确提出"要倡导人类命运共同体意识，在追求本国利益时兼顾他国合理关切"。所谓人类命运共同体，就是在追求本国利益时兼顾他国合理关切，在谋求本国发展中促进各国共同发展。人类只有

一个地球，各国共处一个世界。气候危机是全人类共同面临的问题，没有任何一个组织和个人能够独善其身。面对气候危机，全人类自然而然就成了一个共同体，所以作为人类命运共同体的倡导者，我们理应作为应对气候危机的领导者与推动者。

最后，我们已经做好了实现碳中和的准备。实现碳中和是一场漫长而艰难的长途跋涉，而我们现在才刚刚踏出第一步，为了实现这个目标，我们无疑需要坚定的信念和过硬的实力。幸运的是，这两点我们中国都具备，我国的制度优势决定了我们的执行力是任何一个其他国家都无法企及的。我们只要认定一个目标，就能够坚持几年、几十年一如既往地干下去。我国拥有全球 70% 以上的光伏产能和 40% 以上的风电产能，我们占据了新能源车产能的半壁江山。这不但能够保障国内的能源转型，还能支援全球的能源转型，充分体现大国的担当。

2.2　碳中和与大国崛起

多年以后，如果我们实现了中华民族的伟大复兴，再回顾这段历史，我们可能会发现，选择碳中和之路，是实现中华民族伟大复兴的最佳路径。

历史上，我们曾经有过相对他国压倒性的经济优势和综合国力，但我们从未对其他国家实施过侵略。工业革命以后，西方国家军事实力反超了我们，便用坚船利炮打开了中国的大门，对中国实施了侵略。美国成为经济和军事实力最强国家之后，更是利用石油强制美元结算的机制，在全球实施金融霸权。在我们通过自己的努力，将千疮百孔的国家在几十年时间里建设成世界第二经济强国的过程中，我们逐渐认识到，即使中国历史上从来没有，而且将来也不会推行霸权主义，霸权主义国家也会因害怕中国的崛起而千方百计地阻挠中国发展。所以，要想消灭霸权，只有实现中华民族的伟大复兴，让国家更加强大。

大国崛起的重要窗口

自我国成为世界第二大经济体后，外界一直对中国经济总量超越美国抱有期待，美国 2020 年 GDP 达 20.6 万亿美元，中国 GDP 则为 15.6 万亿美元，双方差距为 5 万亿美元。而在 2019 年，美国 GDP 为 21.43 万亿美元，中国 GDP 是 14.363 万亿美元，双方差距接近 7 万亿美元。显而易见，中美两国的 GDP 总量差距正在逐年缩小。

虽然中国的经济发展全世界有目共睹，但经济强并不代表能成为领袖，回顾历史，美国在 1894 年其工业总产值就跃居世界首位，1918 年甚至超过整个欧洲，成为超级经济大国，但美国在世界上的政治地位并没有因此得到相应的提高。这一点在 1919 年"一战"后的巴黎和会上就得到了充分体现。在巴黎和会上，美国提出"十四点和平原则"并主张建立国际联盟，想借此主导世界秩序。结果被欧洲各国联合抵制，最终皆无法实施。

美国真正成为全球领袖是等到 1944 年布雷顿森林体系的建立之后。为什么美国很早经济就世界第一了而在国际上没有太多的话语权呢？因为那时的美国还没有真正能够影响全球所有国家的东西，这个东西在 1944 年的布雷顿森林体系后终于出现，那就是美元成为世界货币。

历史上真正算得上全球霸主的国家只有英国和美国。我们分析这两个国家崛起的过程就知道，两者除了经济，都有一个全球都需要且只有它们才能绝对支配的东西。

我们都知道英国是工业革命的发起者，但并不一定知道工业革命是如何帮助英国成为全球霸主。工业革命对人类社会最大的变化就是生产效率相对于传统手工作的碾压。拿最有代表的纺织行业来说，在英国发明了飞梭和和珍妮纺纱机后，其生产效率是传统手工的几十倍，质量还比传统手工织布好，还处于传统手工作坊时代的国家自然成为其倾销对象。这些国家想要快速提高生活水平，要搭乘工业革命的便车，唯一的路径就是购买英国的产品和技术，所以英国将其贸易体系推向全球，并通过向全球倾销产品，然后再从全球回收资源的方式成为全球霸主。

美国是第二次工业革命也就是"电气时代"的引领者，但第二次工业革命并不像第一次工业革命一样一家独大，欧洲的英国、法国、德国等国家也占有相当大的份额，想要通过技术和产品的全球倾销掌控世界话语权已不再可能。所以美国选择了另一条路，就是将美元打造成世界货币来成为全球霸主。在经济全球化的今天，没有任何一个国家的发展可以脱离国际贸易，想要开展国际贸易，用本国的钱去买别国的货自然是不行的，这就需要一个世界公认的货币进行结算，美元充当了这个角色，于是美国自然而然就掌控了各国的经济，进而成为最有话语权的国家。

毫无疑问，中国的经济体量赶超美国是迟早的事，中国要想走向世界舞台的中心，还需要在全球都必须解决的世界性议题上成为解决这个议题的领导者。纵观全球，没有任何一个议题能够像气候议题一样关乎每个国家和每个人的切身利益。而美国在这个议题上是否要成为引领者犹豫不决，在全球制定的最重要的两份关于应对气候变化的协议中两进两出，已经完全失去了信任，这正是中国展现全球领导力的绝佳时机。

未来的全球气候治理将带来大范围的产业重构和财富重新分配，这些变化都将以碳信用这个工具来进行价值衡量。中国主导气候议题后，顺理成章地会成为全球减排规则的主要制定者和执行者。而且在通过碳中和目标将石油踢出国家发展的必需品以后，美元的国际地位就变得没有了依附。碳中和下的国际货币将会是什么样的？它会以什么东西为锚定物？对于中国来说充满了想象空间。

中国一定会在气候议题上开足马力，不但在国内要将相关减排工作做到位，还会积极主动地在国际上发声，推动其他国家实施减排，提高中国在气候议题上的地位。

摆脱石油依赖于人民币国际化

如果问当今世界最重要的生产资料是什么，那毫无疑问是石油。石油不但是我们主要交通工具的能源，它还是绝大多数化工产品的原料，更重要的是，石油也是飞机、坦克等军备的动力，如果没有石油，就算拥有再先进的装备也只能是个摆设。所以，石油安全不只是工业发展的保障，还是国家安全的保障。但随着中国的快速发展，国内的石油产量已经远远满足不了需求。2019 年，我国原油产量 1.91 亿吨，而石油进口量高达 5.06 亿吨，是本地产量的 2.5 倍。中国对外石油依存率超过 70%。一旦国际形势变化，中国石油进口受阻，中国的经济将受到重创，国家安全将受到威胁。所以，无论是从经济的持续发展，还是从国家长治久安的角度上，我们都需要摆脱对石油的依赖。

如何摆脱对石油的依赖，我们现在已经有了答案，那就是向清洁能源转型。我国的乘用车每年对石油的消耗约为 5 亿吨，基本与石油的进口量持平，如果将这部分的能源需求全部转化为清洁的电能，那么我们就不再需要进口石油。幸运的是，新能源电力和新能源车的主要产能都在中国，而且从装备到产品的核心技术都牢牢掌握在自己手里。目前新能源车在性能和价格方面都能够与传统的燃油车进行正面竞争。所以，在碳中和的大背景下，新能源车代替燃油车，彻底摆脱石油依赖只是时间问题。

摆脱石油依赖除了保障国家的能源安全，更重要的目的是为人民币的国际化扫清障碍。此部分的缘由还得从美国的美元霸权开始讲起。

1944 年 7 月美国为了建立自己在世界的霸主地位，由罗斯福总统推动了三个世界体系，一个是政治体系，即后来的联合国；另一个是贸易体系，即后来的世界贸易组织（WTO）；还有一个是货币金融体系，也就是以美元为世界货币的布雷顿森林体系。

想要全球的贸易结算统统采用一个主权国家的货币相当于是将本国的铸币权交由他国，其他国家基本不可能同意。但美国当时拥有超过全球 80% 的黄金储备，为了确立美元霸权，美国向世界承诺，美元与黄金进行锚定，每 35 美元可以兑换 1 盎司黄金。这样，美国就不可能通过滥发货币去掠夺它国财富。国际贸易通过美元结算就等同于黄金结算。因为国际贸易本来就需要一个公允的世界货币，所以在美国承诺与黄金锚定的前提下，世界各国开始承认美元作为国际货币的地位。

但好景不长，随着国际贸易的增长对美元需求的增加，以及美国卷入朝鲜战争和越南战争损耗太大，美国需要印发更多的货币来支撑自己的发展，但是没有那么多黄金怎么办？于是在 1971 年，时任美国总统尼克松宣布美元与黄金脱钩，然后开始印钞，公开掠夺全世界。在金一南等所著的《大国战略》一书中，提到 20 世纪最重要的事件不是别的，不是第一次世界大战、第二次世界大战，也不是苏联的解体，而是 1971 年 8 月 15 日美元与黄金的脱钩，因为它标志着美国成为不费一兵一卒就可以实现全球掠夺的金融霸权国家。

美国的这种做法固然是公开耍流氓，然而其他国家却并不能拿美国怎么样，虽然美元与黄金脱钩，但国际贸易还得继续，短期内很难出现美元替代品。相较于两国互换货币，即使没有黄金的锚定，美元仍然是最好的结算货币。而且在美元与黄金脱钩后，美元又迅速与现代文明最重要的必需品——石油挂上了钩。

1973 年，在美国的迫使下，石油输出国组织（欧佩克）宣布全球的石油交易必须用美元结算。因为没有任何一个现代化国家不会用石油，那么自然而然，也就不会有任何一个国家敢不用美元了。这样，美元既摆脱了黄金等传统锚定物对美元数量的限制，又可以让美元成为全球所有国家的必需品。不得不说，从国家战略角度上来讲，美国的这一步战略可谓神来之笔。

如果美元成为全球货币后，就通过无节制地滥发货币来收割全世界，那么美元的全球货币地位也撑不到现在。美国通过美元收割全世界为真，但并不是通过滥发货币，而是通过"美元周期"来收割全世界。

所谓"美元周期"，就是指周期性地增加和减少美元的供应，美元通过扩表[1]和减息，使大量资本涌入某个地区，造成当地经济繁荣，当经济发展到美国认为可以"剪羊毛"时，便突然缩表加息让美元回笼，这样，正处于经济

---

① 扩表：扩大央行的资产债务表，可以简单理解为增加货币供应，缩表则是减少货币供应。

高速发展期的地方因为突然资金链断裂造成资产价格断崖式下跌，等资产下跌到一定程度后又回去抄底，让当地积累的财富全部再回到美国手里。美国曾在拉美、日本、东南亚等地区通过美元周期来"剪羊毛"，屡试不爽，但最后在中国没有取得成功。

不过美国也不是严格按照"美元周期"进行有节制地收割全球。比如2020 年的疫情让美国经济遭受重创，为了维持美国经济，美国在一年之内扩表超过 50%，印了近 10 万亿美元。相当于这 10 万亿美元的购买力都被所有持有美元的国家给平摊了，从这一点可以看出，美国通过美元绑架了全球经济，如果美国哪天经济崩溃，它可以通过无限制印美元拉全世界来垫背。

美国能够这样为所欲为，就是因为美元与石油的强制绑定。如今，全球大部分国家都定下了碳中和的目标，在不久的将来，石油将不再成为国家发展的必需品。美元的世界货币地位将被大大削弱。为了防止再次被美元掠夺，世界需要另一个代替美元的世界货币出现，这就为人民币的国际化创造了空间。

当然，人民币国际化绝不是为了成为另一个美元，人民币国际化的目的不是为了收取铸币税，或者是在国际贸易中占有优势地位，更不是为了剥削其他国家，而是为了避免美元对中国和其他国家的经济掠夺。不过，虽然在碳中和背景下脱离了石油需求的美元在国际上的地位将逐渐下降，但人民币的国际化仍需考虑一个问题：如何才能让使用人民币的国家，相信中国不是下一个通过"人民币周期"或者滥发货币来掠夺世界的国家？这个问题在未来或许可以通过碳信用来解决。

全球产业链的重构与中国的绿色输出

曾经有一种说法："全球在海上漂着的货船，有一半都是运输石油和天然气的。"虽然这句话有一定的夸张成分，但化石能源在全球贸易中的比重由此可见一斑。根据联合国商品贸易统计数据库数据，近十年来，石油一直稳居全球贸易额最大商品，天然气和煤炭分别位列第 6 和第 39（2015 年数据）。

2019 年《财富》全球 500 强中排名前十的公司中（见表 2-1），与化石燃料产业链相关的公司高达六家，与传统汽车制造相关的企业两家，整个排名前十的企业中，除了沃尔玛，其他的企业全部都与化石能源相关。很显然，在碳中和的趋势下，在不久的将来，这一切都将改写。

表 2-1　2019 年《财富》全球 500 强前十名

排名	公司名称	营业收入（百万美元）	国家
1	沃尔玛	514 405	美国
2	中国石油化工集团	414 649	中国
3	荷兰皇家壳牌石油公司	396 556	荷兰
4	中国石油天然气集团公司	392 976	中国
5	国家电网公司	387 056	中国
6	沙特阿美公司	355 905	沙特阿拉伯
7	英国石油公司	303 783	英国
8	埃克森美孚	290 212	美国
9	大众公司	278 341	德国
10	丰田汽车公司	272 612	日本

在碳中和背景下，能源的生产方式已经从资源开采转变成工业制造。在未来，即使这些化石能源企业成功转型，在面对它们不熟悉的新能源领域，也将不复往日的风采，《财富》500 强前十名的位置也终将被其他公司替代。那些经营化石能源的公司或许会被新能源电力公司所替代，那些经营传统燃油车的公司则将被新能源车公司所替代。

中国作为制造大国，拥有全球门类最全的工业体系，能源生产方式从资源开采转化为工业制造对中国来说自然是重大利好。化石能源时代，中国是最大的石油和天然气进口国，每年要消耗上千亿美元购买化石能源。而在碳中和时代，中国将完全扭转这一局面，不但不会进口，而且会成为最大的出口国，为全球持续输出绿色能源。

新能源领域最主要的两大板块分别为新能源电力和新能源车，其中新能源电力主要包括光伏组件、风机和储能设施及相关产业链，新能源车主要包括整车制造、动力电池和智能系统及相关产业链。放眼全球，这六大领域的产业链没有一个国家能出中国之右，而且所有领域的核心技术全部由中国自主掌握。这些领域分别催生了隆基、远景、宁德时代等全球新能源龙头。

在新能源整车方面，虽然中国没有像特斯拉那样的行业巨头，但已经形成蔚来、理想、小鹏等造车新势力先行，比亚迪、五菱汽车、北京汽车等传统车企紧随其后，华为、百度、滴滴、小米、字节跳动等互联网科技公司纷纷入局的百家争鸣局面。国外传统车企多年以来积累的发动机和变速器的技术优势已不复存在。未来全球汽车行业的产业版图也将彻底改写。

所以，在碳中和背景下，全球贸易占比最大的两个行业能源和汽车及其相关产业链将彻底洗牌和重组，中国将从当前的能源和汽车最大进口国一举扭转为最大出口国。借助强大的工业体系和产业链的提前布局，中国将成为这次产业链重构的最大赢家。

碳中和目标的大国担当

可以毫不夸张地说，中国实现碳中和的难度远高于欧美，中国从 2005 年开始就成为世界上排放最大的国家（见图 2-2）。根据 CAIT 的数据，2018 年中国的碳排放为达 100 亿吨，占全球的 26%，是美国的两倍、欧盟的四倍左右。而且中国目前仍保持强劲的经济增长，这些增长会带来相应的能源需求。相对于美国和欧盟，中国能源结构中化石能源的占比最高，中国消耗了全球一半以上的煤炭、14% 的石油和 8% 的天然气，其减排压力可见一斑。

虽然中国提出 2060 年碳中和的目标相对发达国家晚十年左右，但欧美等发达国家从碳达峰到碳中和普遍有 50～70 年的过渡期，而中国从碳达峰到碳中和的过渡时间只有 30 年，不仅如此，发达国家达到碳达峰时的人均 GDP 普遍在 2 万美元以上，而中国目前人均 GDP 才刚过 1 万美元。如何在不影响人民生活水平的情况下实现 2030 年碳达峰，并且在碳达峰时将人均 GDP 提升到 2 万美元以上，对中国来说是一个巨大挑战。

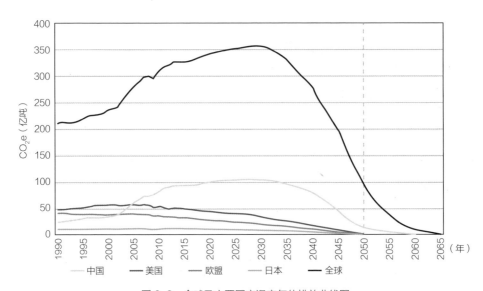

图 2-2　全球及主要国家温室气体排放曲线图

数据来源：中国低碳发展战略与转型路径研究，清华大学气候变化与可持续发展研究院

　　总结来说，相对于发达国家的碳中和，中国实现碳中和面临着排放总量最大、碳中和时间最短、提出碳中和时的人均经济水平最低等困难。即便如此，我们仍然坚定地提出了 2030 年二氧化碳达峰、2060 年碳中和的宏伟目标，并且在国内已经形成从上至下一致的认同感和使命感。

2.3　碳达峰和碳中和的关系

　　中国几乎是所有提出碳中和目标的国家中，唯一一个同时提出碳达峰的国家。一方面，发达国家早已达峰，不需要提出碳达峰目标，另一方面，作为全球碳排放最高且仍在增长的国家，中国什么时候达峰才是近期内国际社会最为关注的焦点，所以，中国早在 2014 年《中美应对气候变化联合申明》中就提出了 2030 年碳达峰的目标。可以说碳达峰、碳中和的"双碳"目标是具有中国特色的碳目标，它代表中国在应对气候变化方面近期与远期的目标，两者相辅相成，缺一不可。

为什么要提 2030 年碳达峰

在我国提出碳达峰、碳中和目标后，有不少人认为我国设置十年的碳达峰期限是让碳排放先冲一个高点，好让今后在减少碳排放的时候有更多的回旋余地。于是很多地方天真地认为这十年得大干快上一些高排放项目。当然这股风气已经被高层领导和"十四五"规划给否定了。生态环境部应对气候变化司长李高曾在多个场合表示：碳达峰不是攀高峰，而是高质量的达峰。那么如果不是为了冲高留减排余地，我们完全可以直接提碳中和目标，又为什么要给出 10 年时间来达峰呢？

首先，毫无疑问，我们的碳排放目前仍然是在增长的。根据清华大学相关研究，我国二氧化碳的排放 2005 年为 60.6 亿吨，2010 年为 81.3 亿吨，2015 年为 93.7 亿吨，2020 年为 100.3 亿吨，2030 年达峰时有望控制在 105 亿吨以下。我们可以看出，我国的二氧化碳排放增速是逐渐减少直至不再增长。

从图 2-3 看出，我国的二氧化碳排放从上升到达峰是一个斜率越来越小的平滑曲线，这是符合事物发展规律的、对社会经济影响最小的情景。因为任何事物都有惯性，如果踩急刹车，那就很容易翻车。如果我们不尊重这种规律，从现在开始，二氧化碳的排放直接掉头向下，那么一定会对中国的经济造成很大冲击。

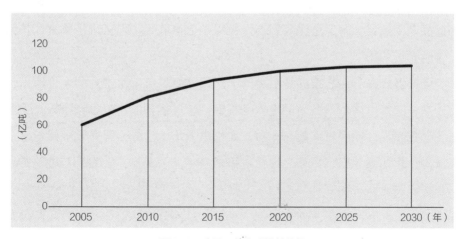

图 2-3　我国二氧化碳排放趋势

以电力供需为例，假如明天电力供应马上降低 10%，那么电力需求就必须跟着降 10%，这 10% 的需求短时间该往哪里降呢？是让工厂停产还是让家庭不用电呢？这都不现实。所以说，我们留出 10 年时间碳达峰并不是为了冲一个高点好留出更多的下降空间，而是我们的二氧化碳排放从上升到持平本身就需要一个缓冲时间，所以我们设置了 2030 年达峰。这个峰值绝对不会太高，基本就是 2005 年到 2020 年二氧化碳排放曲线的一个自然延伸，基本在 105 亿吨左右，理论上不会超过 110 亿吨。

碳达峰与碳中和并不是两条路

除了碳达峰是"碳冲锋"的误解，另一个更为严重的误解可能会让我国的碳中和走一些弯路。虽然我国提的是碳达峰、碳中和的"双碳目标"。但碳达峰只是碳中和路上的一个里程碑，而不是另一条路。两者的区别在于，当前采取的减排策略要考虑是否最终符合碳中和的策略，因为我们有些策略可以实现短期的减排以满足碳达峰要求，但不符合碳中和目标要求；而有些技术短期内减排效果甚微，但其技术路径符合未来的碳中和要求。两者差异最为典型的代表就是天然气和电能之间的取舍。

许多工业行业都需要蒸汽，如纺织、造纸、化工等。在以前，这些行业大部分通过燃煤锅炉供蒸汽。当然，为了提高能源利用效率，大多都是热电联产。在双碳目标下，毫无疑问，燃煤锅炉会被取代。那么选择哪种锅炉比较合适呢？

选择燃气锅炉，碳排放马上下降一半，立竿见影，对于企业来说成本也低一些；选择电锅炉，在当前电网结构下，碳排放只能达到小幅下降，而且对于企业来说，使用成本要高一些。如果只考虑碳达峰，选择燃气锅炉是最佳选择；但如果考虑碳中和，那么电锅炉是唯一的选择，因为只有电锅炉在未来可以实现零排放。

实际情况是什么样子的呢？据我了解，目前有很多企业在地方政府的推动下，正在进行锅炉的燃气改造，但并没有选择电锅炉。诚然，从当前的成本来说，可能企业更倾向于燃气锅炉。但我可以肯定它们是按照燃气锅炉的使用寿命在 20 年以上来计算成本的，并没有考虑碳中和趋势下化石燃料资产的搁浅成本。

美国经济学家杰里米·里夫金在他的著作《零碳社会》中提到，碳中和将为全世界带来超过 100 万亿美元的 "化石燃料搁浅资产"，这些资产指的是与化石燃料文明紧密结合的管道、海洋平台、储存设施、锅炉、发电厂、石化加工厂等。这些资产在碳中和趋势下，大多都不会熬到使用寿命到期就会匆匆退出历史舞台。他甚至预言随着新能源成本的持续下降。整个化石燃料工业文明的崩溃，很可能发生在 2023 年至 2030 年。所以，如果现在还选择燃气锅炉，就相当于在这 100 万亿美元上再加了一点砝码，成为又一个即将搁浅的化石燃料资产。所以，碳达峰和碳中和并不是两条路，我们在选择碳达峰路径时，应当同时考虑这条路径是否符合碳中和的要求。否则容易出现实现了碳达峰后，发现偏离了碳中和路线，又要走回头路或者走弯路的情况。

2.4 碳中和与社会经济发展的关系

过去几年，全球经济增速明显放缓，主要原因在于没有新的划时代技术突破，进而无法出现大量的新增消费需求，整个市场进入存量竞争时代。2020 年因为疫情原因，更是出现了经济萎缩。根据《世界经济形势与展望》报告，2020 年，全球发达经济体萎缩 5.6%，发展中国家萎缩 2.5%。

人们认识到，继续在存量市场中相互厮杀绝不能走出困境，需要寻找更大的经济增量市场，而碳中和恰好能够带来天量的投资和新的消费需求，是当前走出经济困境的最优选择。所以在疫情之后的经济复苏计划中，大部分国家都提出了以实现碳中和为目标的绿色复苏计划。也就是将新的经济增长点放在了以碳中和为主的产业上。

不可否认，在碳中和实施过程中，传统化石能源向新能源的转型会经历一段较长时间的阵痛期。期间会产生大量的资产搁浅以及员工的失业，但同时新能源的崛起也会带来天量新增投资与就业。本小节将分析碳中和在我国社会经济发展过程中，与社会经济的主要要素之间的关系。

碳中和与就业

在美国，很多政府机构和民间人士反对美国的净零排放承诺，其中一个很重要的原因就是会影响就业。诚然，化石能源的大规模减产会导致从事这些行业的部分从业人员失业，我国也面临同样的问题。但碳中和极大地刺激了新能源及配套产业相关的人员需求，如电网建设、新能源发电装置、电动汽车及节能方面。同时因为新能源电力设施普遍比较分散，对从业人员的数量要求更多，所以从宏观角度上讲，碳中和不但不会影响就业，反而会刺激就业。根据国际能源署的报告，在碳中和情景下清洁能源领域的就业人数到2050 年将达到 3000 万，如图 2-4 所示。

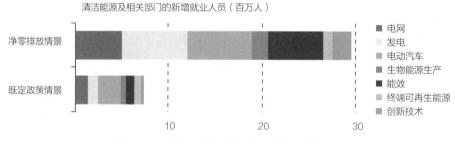

图 2-4　在碳中和情境下能源行业就业人数的预测

当然，如果我们将目光聚焦到具体的每一个岗位上，可能会出现从事特定岗位人员的短期失业，如煤矿工人、锅炉机修以及汽车发动机和变速箱的技术人员等，但从历年能源历史的变革中可以看出，这些工人大部分会被分流到新兴行业中去，新的岗位甚至比现有行业工作环境更好，薪酬水平更高。

在石油还未挖掘出来，鲸脑油还是主要照明工具的年代，捕鲸及提炼鲸脑油是当时最大的产业，工人们要乘船出海，忍受着与世隔绝的孤独和随时沉没的风险，经过几个月甚至长达一年的漂荡才能捕获足够的鲸鱼，然后需要工人们敲开鲸鱼的头颅，忍着恶臭跳进去挖空鲸鱼头颅里的鲸脑油，然后在船上一遍又一遍地烧制提炼。而在鲸脑油制造业逐渐落寞、石油开采业逐渐兴起后，大部分工人转行去到了石油行业。很显然，从事石油开采和炼化行业要比捕鲸和鲸脑油的炼化要更干净和赚钱。而今后的新能源行业毫无疑问将比化石能源行业更加干净，也能获得更多的报酬。

按照国际能源署的预测，到 2050 年，虽然因为煤炭使用量的持续下降导致大量煤炭工人失业，但从采矿业整体来讲，因为新能源对其他关键矿产资源如铜、锂、镍、钴等金属矿的需求增加，对矿业的投资金额将与煤矿持平，煤炭工人可以相应地参与其他矿产资源的开发。

所以，总体来说，碳中和将为社会带来更多的工作岗位，对于从事传统能源工作的人来说，只要愿意学习，或将获得更高的薪酬和更好的工作环境。

碳中和与新基建

新基建在 2020 年 3 月的中共中央政治局常务委员会召开的会议中首次提出，重点强调要加快 5G 网络、数据中心等新型基础设施建设进度。后来扩大到 5G 基站建设、特高压、城际高速铁路和城市轨道交通、新能源汽车充电桩、大数据中心、人工智能、工业互联网七大领域。被认为是未来通过投资拉动经济增长的重要抓手。

新基建是与传统基础设施建设相对的一个概念，传统基础设施指的是铁路、公路、机场、港口、水利设施等项目，俗称"铁公基"。单从单位投资的碳排放强度角度来看，新基建的投资碳排放强度要远远低于传统基建。所以从投资拉动经济增长的角度来看，新基建是与碳中和目标相一致的。

我们再来看看这几大领域与碳中和的具体关系。其中特高压、新能源汽车和充电桩是实现碳中和必须建设的硬件设施，可以说与碳中和目标完全一致；人工智能与工业互联网可以大幅提高工厂的生产效率，降低能耗水平，协同降低工业领域的碳排放；大数据中心是未来能耗增长最迅速的行业之一，如果不处理好数据中心的建设与碳排放关系，将来必将制约大数据中心产业的发展。幸运的是，数据计算对需求侧和计算侧的距离要求不高，所以我国提出了"东数西算"的国家级工程。所谓"东数西算"，就是将东部地区的数据计算需求放在西部的数据中心计算。我国的西部地区可再生能源丰富，气候适宜，是良好的数据中心安置点，所以大数据中心在"东数西算"的规划下不会对碳排放造成较大的影响。城际高速铁路和城市轨道交通需要用到大量的钢铁和水泥，但建成后可以有效降低航空排放和私家车出行造成的排放，从长远来看，有利于我国实现碳中和目标。

碳中和与扶贫

扶贫旨在帮扶改善贫困户生活生存条件和扶助贫困地区发展生产，改变穷困面貌。我国贫困地区人口普遍在交通不发达的山区地带，这些地区普遍有较好的光伏和风力资源，碳中和的实施无疑对带动当地的投资与就业有莫大帮助，不少地区都提出了光伏扶贫、碳汇扶贫的概念，图 2-5 是位于四川省凉山彝族自治州喜德县的通威牧光一体光伏电站。一方面，当地的农民可以通过土地租赁获得一定收益，另一方面，光伏电站、风电场的运行和造林项目也可以带动当地就业。

图 2-5　位于四川省凉山彝族自治州喜德县的通威牧光一体光伏电站

在偏远山区因为交通不便，除了这些碳中和相关项目基本不会有其他产业，所以没有用工需求。所以在之前，这些偏远山区的居民除了种点果树放点牛羊，基本没有其他生活来源。而碳中和催生了大量的风电、光伏和造林项目，这些项目不仅能够带动当地就业，还基本不影响他们自己的种植和放牧。我曾经考察过四川省凉山彝族自治州贫困山区的农光互补项目，当地农民被招募来管理光伏电站，同时在电站区域放牧，两头都不耽误，为当地增加了不少收入。全国有许多类似的农光互补、渔光互补、林光互补等项目。所以说，碳中和对于贫困山区的扶贫能够起到很好的推动作用，甚至可以说实施碳中和是扶贫最好的方式之一。

碳中和与城市化

城市化是中国持续发展的动力，它将对建筑行业的脱碳战略产生重要影响。根据联合国环境署 2019 年的报告，中国预计将持续快速的城市化进程，从目前的 61% 的城市化率增长到 2050 年的 80%。持续的城市化进程将缩小城乡居民之间的服务需求差距，并可能导致更高的建筑能耗。

城市建设需要用到大量钢铁、水泥、玻璃、塑料等材料，它们无一不是来自高排放行业，从全生命周期角度看，建筑行业碳排放占我国总排放 50% 以上。我们目前的城市化进程还有很长的一段路要走，所以从大方向看，城市化与碳中和目标有一定冲突。但提高人民的居住水平和生活环境是我国实现现代化和美丽中国的基本要求。所以，城市化进程即使在进入碳中和时代也不会停止。既然不会停止，那我们就需要寻求两者可以相互协同的领域，让中国在城市化进程中，也能助力碳中和。

城市化进程从大方向讲包括城市的新建与老城区的更新，在碳中和时代的新建建筑方面，我们可能会更多地考虑如何实现建筑的低碳甚至零碳运营，所以从设计之初可能就会考虑光伏建筑一体化、自然采光、电能厨卫、直流微网等面向碳中和的建筑形态。

而对于老城区的改造，今后可能会更多地考虑如何在提高老城区居民生活质量的情况下，降低老旧建筑的使用能耗，如保温改造，厨卫设备电气化改造等。如何增加老城区和建筑使用寿命、降低我国的拆迁率，也是需要考虑的问题。因为延长建筑的使用寿命，可以大大减少建筑物建设时所用材料在生产时产生的碳排放。

除此之外，小区作为距离居民最近的管理单位，在影响居民低碳生活和低碳消费方面大有可为，在碳中和时代的小区建设中，应当考虑如何从小区规划、软硬件建设、宣传推广和制度引导等方面促进居民更加低碳的生活方式。如小区停车场预设充电桩以提高小区乘用车电气化率；落实垃圾分类制度、设置固定二手物品交易场所以提高产品使用寿命和再生资源利用率，同时降低垃圾的产生量；引入家庭碳减排激励机制以促进家庭节能；定期组织与碳中和有关活动，树立居民低碳意识等。通过体系化、规模化、商业化的运作，让小区管理者成为城市和社区碳中和进程中引导居民低碳生活的重要角色。

中国的碳中和路径

中国现在是全球碳排放最高的国家，如何在短短 40 年的时间内实现碳中和是各界的焦点，因为中国的碳中和路径将会直接影响未来全球的产业布局和投资方向。目前中国从国家层面还没有正式提出碳中和路线图，而各路研究机构的路径分析已经层出不穷，因为碳排放是一个非常复杂而庞大的系统，各研究机构统计口径和分析路径的差异可能会导致排放数据差异较大、同一领域的碳排放覆盖范围不一的情况。以建筑领域为例，如果仅仅考虑建筑用能产生的碳排放，其排放总量不到总排放的 10%。但如果考虑建筑建造及建筑材料的排放，那么建筑领域的排放将超过总排放的 50%。在参考了大量的中国碳中和路径报告后，为保证碳排放的分类方法和碳中和实施路径最大程度与《巴黎协定》目标保持一致，本章将以中国向联合国提供的国家信息通报为基础进行碳中和路径分析。

3.1 中国的碳中和总体框架

根据《联合国气候变化框架公约》（UNFCCC）的相关规定，每一个缔约方都有义务提交本国的国家信息通报。所谓国家信息通报，是指每个国家根据 IPCC 发布的《国家温室气体清单指南》而编写的关于该国碳排放情况的报告。该报告中的碳排放数据可以说是一个国家最为官方的排放数据。也是今后在《巴黎协定》下考核各国的减排目标是否达成的最终判定依据。

根据《国家温室气体清单指南》，每个国家在报告温室气体排放情况时主要从能源活动、工业生产过程、农业活动、土地利用、土地利用变化和林业（LULUCF）、废弃物处理几个领域报告二氧化碳、甲烷、氧化亚氮、氢氟碳化物、全氟化碳和六氟化硫的排放。总结起来就是五大领域和六大温室气体。

中国作为 UNFCCC 缔约方之一，为积极履行应尽的国际义务和责任，已分别于 2004 年、2012 年、2017 年和 2018 年提交了 4 次国家信息通报，分别报告了 1994 年、2005 年、2012 年和 2014 年的国家温室气体排放情况。本章的碳中和分析路径则主要以中国 2014 年的排放情况为基础进行分析，虽然数据相对滞后，但中国总体的碳排放结构基本没有变化，所以并不影响减排路径分析。

中国的碳排放组成

在介绍基于国家温室气体清单的中国碳排放组成之前，需要简单了解一下国家温室气体清单中关于温室气体排放的五大领域是怎么对温室气体排放进行分类的。

国家温室气体清单将碳排放分为五个领域，分别为：能源活动、工业生产过程、农业活动、废弃物处理和 LULUCF。

能源活动是指所有领域以获取能源为目的的温室气体排放，比如说燃煤发电产生的排放属于这个领域，工业领域用化石燃料来产热或者产蒸汽等能源产生的排放也属于这个领域，家庭的用电用气也属于这个领域。

工业生产过程的碳排放仅指因生产工艺而产生的温室气体。比如水泥生产过程中，因为需要煅烧石灰石，其过程会将碳酸钙分解为氧化钙和二氧化碳，这个二氧化碳的排放就属于工业生产过程的排放。以化石能源作为原料的部分，如煤制氢、天然气制氢等也属于这个领域。

农业活动的碳排放主要是农作物种植和畜牧养殖等过程中产生的甲烷和氧化亚氮的排放[1]。废弃物处理主要是在处理过程中因生物发酵而产生的甲烷和氧化亚氮的排放，以及少部分垃圾焚烧过程中非生物碳，如塑料、橡胶等被焚烧而产生的二氧化碳排放。

土地利用、土地利用变化和林业（LULUCF）则是因土地管理和林地变

---

① 根据《国家温室气体清单指南》，所有生物产生的二氧化碳排放都不计入国家排放总量。

化造成的整个国家固碳量的变化。这部分的排放可能为正，也可能为负。总的来说，如果林地增加，则属于从大气中吸收二氧化碳，其排放就为负；如果林地减少，则属于向大气中释放二氧化碳，其排放就为正。

根据我国 2014 年的国家温室气体清单数据，2014 年中国温室气体排放总量为 111.86 亿吨 CO_2e（二氧化碳当量）[1]，如果按温室气体种类来分，其中二氧化碳排放为 91.24 亿吨 CO_2e、甲烷排放为 11.61 亿吨 CO_2e、氧化亚氮排放为 6.1 亿吨 CO_2e、氢氟碳化物排放为 2.14 亿吨 CO_2e、全氟化碳排放为 0.16 亿吨 CO_2e、六氟化硫排放为 0.61 亿吨 CO_2e。各温室气体排放占总排放比例依次为 81.6%、10.4%、5.4%、1.9%、0.1% 和 0.6%。其中温室气体排放占比超过 1% 以上的温室气体有二氧化碳、甲烷、氧化亚氮和氢氟碳化物，这是我们重点分析的领域。

如果按照排放领域来分，2014 年我国能源活动排放总量为 95.59 亿吨 CO_2e、工业生产活动排放总量为 17.18 亿吨 CO_2e、农业活动排放为 8.3 亿吨 CO_2e、废弃物处理排放为 1.95 亿吨 CO_2e、LULUCF 领域排放为 -11.15 亿吨 CO_2e，如表 3-1 所示。

表 3-1 2014 年中国温室气体排放构成（亿吨 CO_2e）

	二氧化碳	甲烷	氧化亚氮	氢氟碳化物	全氟化碳	六氟化硫	合计
1. 能源活动	89.25	5.20	1.14	N/A	N/A	N/A	95.59
2. 工业生产过程	13.30	0.00	0.96	2.14	0.16	0.61	17.18
3. 农业活动	N/A	4.67	3.63	N/A	N/A	N/A	8.30
4. 废弃物处理	0.20	1.38	0.37	N/A	N/A	N/A	1.95
5. 土地利用、土地利用变化和林业	-11.51	0.36	0.00	N/A	N/A	N/A	-11.15
总量（不包括 LULUCF）	102.75	11.25	6.10	2.14	0.16	0.61	123.02
总量（包括 LULUCF）	91.24	11.61	6.10	2.14	0.16	0.61	111.87

数据来源：中华人民共和国气候变化第二次两年更新报告

---

[1] 二氧化碳当量，即所有温室气体的二氧化碳温室效应等效值。

3.2　能源领域碳中和路径

我们从表 3-1 可以看出，能源活动是中国温室气体的主要排放源。其排放量占温室气体总排放量[①]的 77.7%。其中能源活动中超过 95% 的排放都来自 CO_2 排放，剩下少部分的 CH_4 和 N_2O 排放，这部分排放主要来自化石燃料燃烧时的不完全燃烧和开采时的泄漏排放。根据 2014 年国家温室气体清单，能源领域类的排放主要分为能源工业、制造业和建筑业、交通运输业和其他行业的排放。能源活动各领域的碳排放情况如图 3-1 所示。

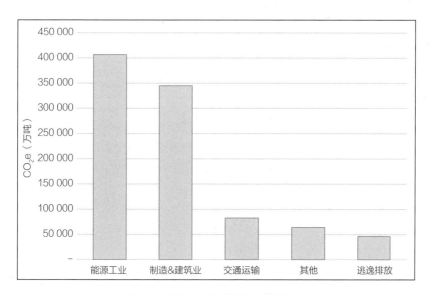

图 3-1　能源活动各领域的碳排放情况

数据来源：中华人民共和国气候变化第二次两年更新报告

电力行业

能源工业碳排放主要是指为生产电力而产生的碳排放，根据 2014 年国家温室气体清单，能源工业产生的碳排放约为 40 亿吨，占总温室气体排放的 32.5%，是我国碳排放最高的领域。实现电力行业的碳中和主要从以下三个

---

① 不包括 LULUCF，本章除温室气体汇总会考虑 LULUCF 以外，其他部分均不考虑 LULUCF。

方面考虑，一是逐步退出煤电；二是发展零排放电力，即风能、水能、太阳能、核能、生物质能等不排放温室气体的电力技术；三是在部分既有化石燃料电厂加装 CCS 装置，将二氧化碳排放进行捕集后封存在地下。从当前各个研究报告对未来电力结构的预测来看，电力行业的碳中和路径将以可再生电力为主，核电和煤电 CCS 为辅。

中国是世界上电力生产和需求最大的国家，截至 2017 年，全国的总装机容量超过 1900GW，总发电量约为 7000TW·h。目前中国的电力需求仍然在快速增长，钢铁、化工和铝等能源密集型产业一直是中国电力需求快速增长的主要推动力。随着人们生活水平的提高，居民消费以及潜在的交通运输用电将会成为未来用电增长的主要部分。根据清华大学的相关研究，到 2050 年，中国的发电量预计将达到 14300TW·h，美国能源基金会对此数据的预测则为 15000~18000TW·h，其中非化石能源电力将占总电量的 90% 以上。

煤电的退出

中国是个多煤少油的国家，这也注定了中国的能源结构是以煤炭为主、其他能源为辅的形态，根据《BP 世界能源统计年鉴》，中国的煤炭需求占全球的 50% 以上，而石油和天然气分别只占 14% 和 8%。

在电力领域，中国的发电自然以煤电为主，2018 年，有超过 1000 座运营中的燃煤电厂，如包含企业的自备电厂，这一数据将超过 2000 家，煤电的发电总量超过总电量的 65% 以上。现有的电厂大部分是在 2005 年安装的，中国如果要在 2060 年实现碳中和，那么现有的大部分电厂都将在其设备寿命到期前关停。这无疑会造成大量资产的搁浅，也是中国从化石能源时代走向碳中和时代必须付出的代价。

为保证煤电的有序退出和将煤电资产搁浅的损失降到最低，首先需要不再新上任何形式的燃煤电厂，同时逐步淘汰效率低下的老旧燃煤电厂。等新能源电力的占比达到一定程度时，部分电厂可能通过作为调峰电厂来延长其使用寿命。在煤电退出后期，可能会有约 150GW 符合 CCS（碳捕集与封存）

技术引入的煤电厂在加装 CCS 技术后继续使用。

风电和光伏发电

毫无疑问，风电和光伏是实现电力转型，甚至是实现整个碳中和最重要的技术。过去十年，风电和光伏的成本分别下降了 82% 和 40%，并且还有很大的下降空间。在中国部分资源丰富的地区，风电和光伏发电成本已经低于燃煤电厂，按照比尔·盖茨关于绿色溢价的说法，风电和光伏发电已经实现了负的绿色溢价，即采用低碳技术成本反而低于高碳技术。

大部分的研究报告都显示，在中国达到碳中和的时候，风电和光伏的发电比例将占中国总发电量的 60% 以上，基本取代现有煤电的比例。而 2020 年这一数据不到 10%，要达成这一目标并不容易。

因为风电和光伏发电属于间歇性发电，当前的电网结构不能适应如此大的电力负荷变动，所以在未来以风电和光伏发电为主的供电情况下，整个电网还需要进行很大的改造，包括新增电网输送能力、增加储能设施、电网的源网荷储一体化改造等。

其他零碳电力

除了风电和光伏，还有水电、生物质发电和核电也将会成为未来零碳电力的重要组成部分。

水电是技术成熟、运行灵活的清洁低碳可再生能源，也一直是我国电力结构的重要组成部分。2020 年，我国水电发电量超过 1300TW·h，占总发电量的 15% 以上，但因环保压力、移民安置、弃水严重等原因，水电的开发速度已经明显降低，未来的新增开发空间并不是很大。根据清华大学的相关预测，到 2050 年我国水电发电量预计在 1500TW·h 左右，基本与现在持平。

生物质发电主要利用农林废弃物、畜禽粪便、城市生活垃圾等废弃生物质作为能源进行发电的技术。因生物质产生的二氧化碳排放不计入国家总排放，所以也属于零碳电力。如果生物质电站再进行 CCS 改造，将产生的二氧化碳封存于地下，则成为负排放技术，这将是未来我国实现碳中和的重要深度脱碳技术。

生物质发电从 2012 年至今，一直保持良好的上升趋势，2020 年底，我国生物质发电累计装机容量达 26.17GW，累计发电量超过 100TW·h。其中垃圾发电占 58.8%，农林生物质发电占 38.7%，沼气发电占 2.82%。预计到 2050 年，我国生物发电量有望达到 600TW·h 左右。2012—2020 年中国生物质发电运行情况如图 3-2 所示。

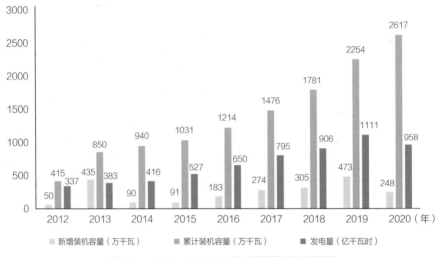

图 3-2　2012—2020 年中国生物质发电运行情况

制约生物质发电的主要因素在于燃料的成本控制，因为农林生物质燃料非常分散，收集运输的难度和成本居高不下，导致在风电、光伏等可再生能源成本大幅下降的情况下，生物质发电的成本不降反升。目前在没有政府补贴的情况下，生物质发电很难实现自身盈利。随着我国碳中和目标的提出以及碳市场的投入运行，生物质发电有望在将来通过碳交易收入来实现自我造血。特别是 BECCS（生物质能碳捕集与封存），作为为数不多的负碳技术之一，BECCS 对于实现我国的碳中和将起到关键性的作用。

核电虽然不产生温室气体排放，但其主要燃料放射性元素并非可再生资源，所以不属于可再生电力。核电因其单个电站装机容量大、运行率高等特点，被认为是电网基荷供电的重要组成部分。核电的缺点也一样突出，就是核电的安全问题。目前所有的核电站都是基于核裂变释放能量来发电的，而产生核裂变的放射性元素如铀，在被使用后仍然会持续产生放射性长达数万年，所以核废料的处理一直是世界难题，一旦处理不好或者产生核泄漏，将对环境造成巨大伤害。在苏联的切尔诺贝利事故和日本福岛核电事故之后，一些国家如德国、瑞士、意大利等宣布逐步退出核电。

中国对于核电的态度从目前来看并未明确退出或者降低相关投资，属于有序、稳健地发展局面。截至 2020 年年底，我国在运营核电机组 48 台，总装机容量约为 50GW，位居全球第三；在建核电机组 14 台，总装机容量 15.5GW，位居全球第一。预计到 2050 年，我国的核电装机容量将超过 300GW，总发电量超过 2000TW·h。

天然气发电作为相对低碳的化石能源，其在碳中和目标下的定位具有一定的争议性。一方面，发展天然气电力可以在不影响电力供应的情况下迅速降低供电碳排放；另一方面，天然气仍然属于化石能源，每度电产生的碳排放仍然在燃煤电厂的 50% 左右。这一点注定燃气发电不可能成为未来碳中和场景下的主要电力输出。

燃气发电能够在碳中和时代占有一席之地的另一个因素是其启停迅速的特点。可以让燃气发电充当电网调峰的角色，这一功能要优于燃煤电厂，但燃气发电尾气的二氧化碳浓度偏低，碳捕集的成本要高于燃煤电厂，所以两者孰优孰劣当下并不好判断。截至 2019 年年底，我国的燃气发电装机容量超过 90GW，预计到 2050 年，这一数字将达到 200GW。燃气发电在未来电力结构中的占比主要取决于 CCS 煤电的成本及储能技术的发展。

综上所述，我国电力系统的深度脱碳，不仅是要发电系统的脱碳，而且要建设以可再生能源为主体的安全、可靠性的能源体系。除此之外，还要解决在大比例间歇性可再生能源上网的情况下，电网调峰、储能和跨季节能源调配等问题。为解决这一问题，在当下的技术条件下，需要考虑保留部分的煤电及燃气发电机组，同时加装 CCS 装置。为保证我国碳中和目标的达成，这些燃煤电厂的 CCS 改造预计将在 2030 年左右规模性启动，到 2050 年达到 6 亿吨左右的捕集规模。同时，BECCS 作为为数不多的负碳技术，为覆盖其他难以实现深度减排行业的碳排放，电力行业还需要实现负排放。预计我国将在 2040 年开始规模使用 BECCS 技术，到碳中和时实现年捕集量 3 亿~6 亿吨二氧化碳，实现电力行业负排放。2050 年我国各类型的发电量构成如图 3-3 所示。

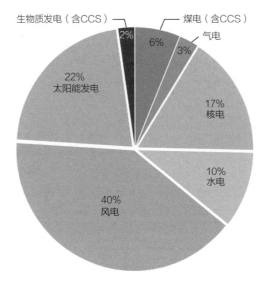

图 3-3　2050 年我国各类型的发电量构成

数据来源：中国长期低碳发展战略与转型路径研究，清华大学气候变化与可持续发展研究院

制造业

我国作为制造业大国，工业领域碳排放一直占据很大比重，我国电力的 70% 也用于工业领域。2018 年，中国生产了全球一半以上的水泥、粗钢、电解铝以及其他工业产品的很大部分。按终端能源使用来算，工业部门能源消费占全国终端能耗的 65% 以上。相对于电力领域，我国工业领域的碳中和将面临更多的困难。中国的工业产出增长相对于发达国家，仍属于粗放式增长，其单位工业增加值能耗是发达国家的 5~8 倍，产能过剩是我国工业行业面临的另一个现实的问题。工业领域的碳中和路径主要包括淘汰落后产能、

调整产业结构、提高能源效率、提高电气化水平及采用 CCS 技术等。

我国的钢材、水泥、平板玻璃、原铝等行业既是高排放行业，又是产能严重过剩的行业。在碳中和背景下，这些高排放产业的落后产能毫无疑问是应当最先退出的产业。当然，这一举措将影响到相关企业的地方就业和税收等问题。但从长远来看，随着我国城市化进程放缓、地方能耗双控政策的加码和碳交易市场覆盖范围的扩大，这些落后产能在未来基本没有生存空间，尽快关停并寻求新的经济增长点才是解决当地就业和税收的唯一出路。

节能增效从"十一五"以来一直是我国工业部门对企业重点考核的部分。经过十多年的努力，我国单位 GDP 能耗持续下降，但距离发达国家的水平还有一定距离。其主要原因是我国仍处于经济高速增长期，在企业利润可观的情况下，内部的节能增效将不会是企业家们首要考虑的问题。即使在一些非常成熟的节能领域，如电机变频改造、低温余热利用等技术，在中国的工业领域仍有较大的施展空间。尽管我国在小部分工业领域如电解铝、光伏制造领域，其能耗水平处于世界领先，但诸如钢铁、水泥、平板玻璃等行业的能耗仍高出国际先进水平 10%～30%。

节能增效涉及大量投资，目前国内大部分企业在考虑是否投资节能项目时，普遍将投资回收期设定为三年，高于三年则不考虑投资。而国内的另一种由节能服务公司进行项目投资的合作模式合同能源管理，因业主频繁违约等原因，在中国的应用也不是很成功。相关投资和保障机制的缺乏也是我国工业领域能效水平达不到国际先进水平的原因之一。

在未来，工业领域将从局部节能、个体节能向过程节能、系统节能转变。我国的工业正从自动化迈向智能化，基于数字孪生、5G、大数据、工业互联网等现代信息技术的工业体系将使整个工业领域的能效提高 15% 以上。

电气化在工业领域的应用主要体现在工业企业对热能的需求，蒸汽作为良好的热能载体，广泛应用于造纸、纺织、食品、化工等行业。目前蒸汽的生产方式大部分是以化石能源为主的燃煤和燃气锅炉，极少部分锅炉以生物质颗粒为燃料，其中燃煤蒸汽锅炉的煤耗占我国煤炭消耗的 25% 左右，是近期需要重点淘汰和改造的对象。锅炉的电气化将是实现工业领域供热脱碳的主要手段,在碳中和趋势下,工业部门的电气化率预计将从 2015 年的 23% 上升到 2050 年的 70% 左右,电气化比例将与氢能和生物质能的发展有较大关系。预计到 2050 年,氢能将占工业领域能源消耗的 3%~18%,生物质能占 5% 左右。

对于工业领域需要高温煅烧的行业如钢铁、水泥、有色金属冶炼等,其所需的能量在当前技术下难以实现电气化,属于较难实现脱碳的领域之一。当前可行的脱碳方式为氢能和 CCS,但目前氢能和 CCS 均处于早期研究阶段,未来是否可行以及是否有更适合的脱碳技术出现还有待观察。

建筑业

过去二十年,房地产一直是我国经济增长的主要推动力量,也带动了整个建筑产业链如钢铁、水泥、玻璃等高排放行业的飞速发展。虽然上游建材领域的碳排放归属于工业领域,但从建设本身运营角度来看,大量的新建建筑业也带来了建筑运行能耗方面的飞速发展,2005 年至 2018 年,中国建筑的终端能耗每年增长 2.3%,到 2018 年建筑部门的能耗约占终端能耗的 20%。随着建筑总量的持续增加和人民生活水平的提高,建筑能耗总量占全国终端能耗比例将呈增加趋势。

建筑领域的碳排放主要来自用电、供暖/供冷、供热水和炊事,其中北方区域供暖主要来自当地的燃煤热电联产供热,绝大部分城市居民热水和炊事采用天然气,农村居民采用农林生物质废弃物和散煤。根据世界资源研究所相关报告,2017 年,中国北方城市住宅、农村住宅、商业建筑和区域供暖分别占建筑领域总能耗的 17%、38%、20% 和 25%。在电气化方面,不同地区的电气化率差异也比较大。城市住宅的电气化率约为 47%,商业建筑的电气化率为 59%,农村住宅的电气化率则仅为 9.7%。

建筑行业的碳中和实现的技术路径相对简单,主要是通过提高建筑保温水平、提高照明、制热、制冷设备的能源效率，以及供热和炊事的电气化改造等，但实施起来还要考虑居民的用能习惯，如改变居民多年用天然气炒菜的习惯，这可能是一个比技术更难解决的问题。

关于建筑的保温水平对能效的影响，我深有体会。2020 年，我家孩子开始上小学，为了让他上学更近，我们举家搬到了离学校只有一墙之隔的小区里，这个小区很新，2018 年才建成。我们租了一套刚装修好的房子入住，地板为瓷砖，没有地暖，而我们之前住的房子是木地板带地暖。我住在成都，成都的冬天如果没有地暖的话，会比较冷，所以在搬家之前，我时常担心在搬过去后，家里的老人和孩子是否能适应。结果我的担心是多余的。我搬过去后，发现新的小区在冬天即使在没有暖气的情况下，屋内的温度也没有很低，根本不需要地暖。我才知道，一栋建筑的保温做得好与否，会大大影响建筑的能耗与碳排放。这一点尤其是在我国没有暖气、冬天又较冷的长江流域非常明显，这一地区的冬天属于湿冷天气，人的体感温度要低于实际温度，有些小区的保温效果很差，经常出现屋内比屋外还冷的情况。因为没有区域供暖，许多家庭都自建地暖或者以电暖气的形式进行取暖，这会产生大量的能耗和碳排放。如果建筑物有良好的保温能力，那么大部分取暖用能耗都是不必要的。所以，对于建筑节能方面，良好的建筑保温水平会大幅度降低建筑能耗和碳排放。

对于北方的区域供暖，在碳中和背景下，小型的燃煤热电联产供暖必然是行不通的，较为可行的方案包括燃气化改造后让电站同时具备区域供暖和电网调峰功能，对于机组效率高且当地具备二氧化碳封存条件的燃煤热电厂，也可以考虑加装 CCS 设施继续运行。另一种方案是改用电热泵进行区域供暖。

关于家用电器，我国推出了家用电器和燃气具能效等级标识制度，该制度很好地引导了居民在选择家用电器方面有效选择更加节能的电器。但一般情况下，高能效等级的电器价格普遍要高于低能效等级电器的价格。在碳中和背景下，政府可以适当加强等效等级制度对于家庭节能的引导，如提高电器的市场准入等级，对高能效电器予以更多的补贴政策等。

在家庭热水和炊事方面，需要大幅提高电气化比例，预计到 2050 年，我国建筑领域的电气化率需要达到 75% 以上，其中城市的热水用能除了电气化，对于光照条件好的地区，可以大力发展太阳能热水器；炊事用能的电气化需考虑居民的接受程度，可替代的技术除了电气化，天然气与绿氢混合也可以有效降低总体的碳排放，但无法实现零排放。农村在考虑电气化的同时，还可以考虑就地生物质资源的综合利用，开发生物质供热、供气和供电领域的商业化利用等。

最后还需要考虑的是，通过合理规划和控制建筑总规模来降低建筑领域全生命周期的排放，2018 年，我国的建筑总规模在 600 亿平方米左右。根据清华大学的相关报告，我国到 2050 年应当将建筑总规模控制在 740 亿平方米以内。另外，我国建筑的平均寿命约为 25～30 年，远低于使用寿命。目前中国建筑的拆迁率约为 2.5%，许多的拆迁都是不必要的拆迁，如果能够将拆迁率降到 1% 以下，那么碳排放将减少包括建材在内的整个建筑领域碳排放的 11%。

交通运输

当前交通部门的能源消费占全国总能耗的 10%～12%，主要消耗为液体化石燃料。据统计，我国交通领域的二氧化碳排放已从 2005 年的 4 亿吨上升到 2018 年的 11 亿吨左右，占二氧化碳总排放量的 11%。其中，道路运输占交通运输总排放的 77%，轨道运输、民航和水路运输分别占交通运输总排放的 4%、10% 和 9%，如图 3-4 所示。实现交通运输部门的碳中和主要路径为运输工具的电气化和氢能替代。

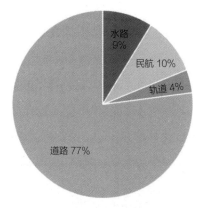

图 3-4　各种运输形式的碳排放占比

数据来源：Synthesis Report 2020 on China's Carbon Neutrality，Energy Foundation

公路运输

随着新能源汽车和电池技术的不断发展，新能源汽车已经在不需要任何政策补贴的情况下与传统燃油汽车正面竞争，并具有一定优势。目前新能源汽车主要分为电动汽车和氢燃料电池汽车两种，其中氢燃料电池汽车目前在中国仍处于起步阶段。而对于电动汽车，中国已具有全球最具成本优势和技术优势的电动汽车产业链，吸引了宝马、特斯拉等公司将电动汽车生产基地放在中国。2020 年全球生产的所有电动汽车中，有 40% 来自中国。

同时，因为中国小汽车的千人保有量不足 200 辆，远低于发达国家水平，未来的市场规模将超过百万亿元，在汽车领域有望通过电气化实现弯道超车的情况下，新能源汽车及上下游产业链将成为社会投资的焦点。国内大量民间资本和高科技公司如华为、百度、小米纷纷宣布加入电动车制造领域，在可预见的未来，我国的电动车将呈现爆发式增长。除此之外，我国正讨论传统燃油车的禁售时间，海南省已经率先宣布到 2030 年禁售燃油车。预计其他地区的禁售时间在 2035—2045 年。在技术、资本和政策层层加码下，新能源汽车的市场占有率有望在 2030 年与燃油车持平，2035—2040 年新能源汽车保有率超过传统燃油车，到 2050 年新能源汽车保有率有望超过 70%，如图 3-5 所示。

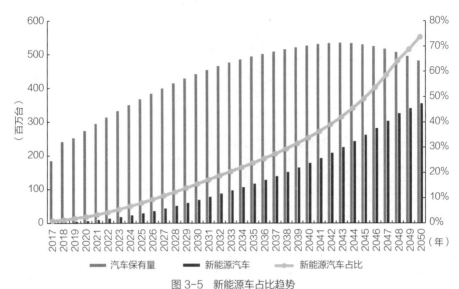

图 3-5　新能源车占比趋势

数据来源：Synthesis Report 2020 on China's Carbon Neutrality，Energy Foundation

　　因为当前储能技术的能量密度还不够高，对于需要跑长途的大型货车，如果采用储能，会使货车的自重变得无法承受，所以当前电池技术无法满足它们的用能需求。这些设备的零碳解决方案是氢能燃料电池，因为氢能的能量密度远远大于当前的锂电池。目前国内氢能货车还处于研发中，尚未有厂家商业化生产，所以大型货车的脱碳也属于较为困难的领域，还有待电池技术和氢能技术的突破。

　　与新能源汽车配套的是充电桩的发展。新能源汽车虽然在某些方面优于传统燃油车，但是续航仍然是新能源汽车的短板。要解决这个短板，一是提高电池的能量密度，这个需要等待相应技术的突破；二是增加充电桩的数量，截至 2021 年 3 月，全国新能源汽车保有量达 551 万辆，而充电桩保有数量不到 200 万台，远未达到车桩比 1∶1 的目标。充电桩保有量会极大影响新能源汽车的使用体验，所以，加快充电桩建设速度，甚至进行适当的超前建设可以有效增加新能源汽车的销量，形成新能源汽车与充电桩的良性互动。

其他交通领域的脱碳

我国的轨道交通除了少部分支线列车，大部分轨道交通都已经实现电气化。根据《中国交通的可持续发展》报告，截至 2020 年，全国铁路电气化比例已经达到 71.9%。预计在不久的将来，轨道交通的电气化率将达到 80% 以上。对于难以电气化的铁路，可以使用氢燃料电池技术。对于船舶，目前主要燃料仍以柴油和残渣燃料为主。船舶燃料的脱碳化可以参考道路运输，即小型船舶采用化学电池，大型船舶采用氢燃料电池技术。航空领域因为对载重要求较高，所以当前能量密度的化学电池作为航空动力存在困难，可以考虑氢能动力和生物燃油代替航空煤油。对于生物燃油代替航空煤油的方案，不需要对飞机进行改造，是较为经济可行的替代技术，目前已经有部分飞机成功实现了生物燃油对航空煤油的部分替代。

预计到 2050 年，电力、氢能和生物燃料等零碳能源将占所有车辆的 80% 以上、所有船舶的 50% 以上以及民航的 90% 以上。

能源互联网背景下电动车的重新定位

很多人对未来电动车的定位为"智能网联化终端"，即除了当交通工具，电动车还是物联网的数据交互中心，如自动寻路、自动驾驶、打电话、叫外卖、遥控家中的智能终端，甚至可以在你开车无聊的时候陪你聊天。对于这些功能我认为都能实现。但这些功能都是智能电动车相对于传统车优势的一个小小的点缀，它更强大的功能在于：它在未来会成为能源互联网的终端。

简单来说，能源互联网就是能源能像互联网数据一样可以随心所欲地上传、下载或者定点传输给某个人。举个例子，你家里有电动车，你可以充电（下载），也可以卖电（上传），还可以把车里的电定点送给隔壁用户（点对点传输）。这是未来很有可能出现的场景。

我们再假设几个在碳中和背景下，未来一定会出现的场景。

（1）中国的电动车保有量突破 5 亿辆。前面我提到美国千人车辆保有量超过了 800，按照中国 13 亿人口算，车辆保有量得超过 10 亿辆，电动车保有量为 5 亿辆，肯定没问题。

（2）中国实现所有停车位标配充电桩，并且配备自动充电装置。随着新能源车比例提升，这只是时间问题。

（3）电动车的车均储电能力达到 100kW·h，这个问题我觉得也不大，现在已经有不少高端车能达到这个级别。

（4）风、光发电装机达总装机容量的 80% 以上，这是多个碳中和研究报告的预测结果。如果中国如期实现碳中和，这个也没问题。

在以上几个预测下，我们来看看会发生什么样的变化。

首先，只要是没在路上跑的电动车，必然与电网连接。这会起到什么作用？假如你是电动车车主，你有没有想过，你车里的电池 90% 的时间是闲置的。你的储能资源能与需要储能的公司共享。

我们先来算算电动车的调峰能力。按照电动车动态平均停驶车辆比例为总保有量的 60% 来算，就有接近 3 亿辆车长期与电网保持连接。那么它将为电网提供 30000GW·h 的动态储能能力。根据清华大学的相关报告，中国即使在 1.5℃情景下对储能的需求也才不过 1400GW·h，不到电动车储能极限的 5%，如图 3-6 所示。即使考虑到一些人不愿意拿自己的车调峰，也有充分的冗余解决电网调峰的问题。

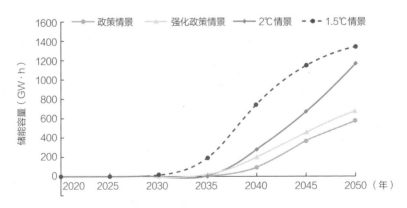

图 3-6　中国不同情景下储能容量需求

数据来源：中国长期低碳发展战略与转型路径研究，清华大学气候变化与可持续发展研究院不但如此，新能源车的储能是分布式的，可以实现就近供电，极大提高了电网的柔性和灵活性。它就像给电网装上了一个超级大海绵，再奇怪的电力输出曲线都能够完全接住，并且平稳地向用户端输出。

那么这对于个人来说会有什么变化呢？首先，你的车连上电网后，即使你没有充电，也可能通过共享储电能力获得一些收益。其次，可能没有峰、平、谷电价了，在新能源为主的电网下，夜间发电也少，所以电动车夜间充电并不一定便宜，反而可能是白天充电、夜晚卖电。再次，就是电力交易的个人化和碎片化，每个人几乎每天都会用电，以前大家根本不考虑自己用了多少电，只有每月电费单来了才会知道，这间接造成了用电的浪费。在未来能源互联网场景中，可能我们每天都会考虑什么时候买什么样的电便宜，然后存储在车里，然后在电贵的时候卖出去，或者自己把它用掉。你可以想象一下，未来你每天在办公楼里吹着空调、开着计算机用的电，可能是你在昨天因为天气太好光伏发电太猛而导致电力大甩卖时抢购的便宜电；而你回家开着电视、吃着冰箱里的冰激凌用的电可能是隔壁用户送给你的。而你使用的所有的电的调度中心，便是你家的电动车。

当然这只是对未来的一个设想，要实现这些场景还有很多技术难题要突破，如楼宇的输配电扩建、直流微电网建设、5 亿个充电桩的建设、3 亿辆电动车的电力调度、去中心化的电力结算、充电桩无线充电、电池的使用寿命等。但这些技术难题正是未来的市场增量空间，也是碳中和主题的主要投资方向和未来的万亿蓝海市场。

化石能源开采逃逸排放

在能源领域的排放中，还有一种特殊的排放，就是能源开采中的逃逸排放，这主要为煤炭和油气开采中的甲烷排放。虽然这部分的排放会随着化石能源使用量的降低而降低，但化石能源的退出是一个漫长的过程，而此部分的排放较大，所以需要考虑在化石能源退出之前进行治理。

根据国家温室气体清单数据，2014 年我国化石能源开采中的逃逸排放为

4.6 亿吨 CO_2e，约占我国总温室气体排放的 3.7%。其中燃煤开采逃逸排放 4.4 亿吨 CO_2e，油气系统逃逸排放 0.2 亿吨 CO_2e。

所有煤炭在开采过程中会伴生煤层气。煤层气俗称瓦斯，它在煤的形成过程中一起形成，吸附在煤基质颗粒表面、游离于煤孔隙之中，主要成分为甲烷。煤层气在煤炭开采前、中、后都会持续产生。一般煤矿在开采前会将高浓度的煤层气先抽出，这部分的煤层气都得到了资源化利用。而对于浓度低于 10% 的煤层气，常规做法是直接排空。在煤炭开采的过程中，为保证矿井的安全，需要将井下空气持续抽出，此部分空气虽然甲烷含量极低，但总量非常大。根据《2020—2024 年中国煤层气行业竞争格局与主要竞争对手分析报告》，2018 年，我国煤层气总产量为 180 亿立方米，煤层气利用量为 100 亿立方米，大约有 80 亿立方米的直接排空，既造成了大量的资源浪费，又产生了大量的温室气体排放。

对于低浓度的煤层气的减排，目前比较成熟的办法是收集起来进行压缩、氧化后排空，产生的热量可以用来生产低品位蒸汽和热水。如果附近有需求方，则具有一定的经济效益，但一般煤矿地处偏远地区，附近需求量小，所以普遍不具备经济性。在没有新的技术出现之前，此部分的排放可以通过政策强制煤矿企业进行氧化后再排空来实现减排，或者通过碳交易鼓励煤矿主或民间资本投资相关的减排项目。

3.3 其他领域碳中和路径

虽然能源领域排放占我国温室气体排放的 77.7%，但其碳中和路径相对比较明确，基本路径就是，能实现电气化就进行电气化改造后使用新能源电力，不能实现电气化则使用绿氢。而对于剩余的 22.3% 的温室气体排放，大部分为非二氧化碳温室气体，其特点为排放类型复杂、排放源分散，减排难度普遍较高，绿色溢价远超传统技术，甚至部分领域目前根本没有可行的减排技术，属于深度减排领域。虽然这些领域的减排大部分不是当前的重点考虑对象，但需要从现在就着手技术研发，以便在碳中和进程的后期形成技术优势，保证碳中和目标的顺利达成。在当前技术水平下非二氧化碳温室气体减排成本如图 3-7 所示。

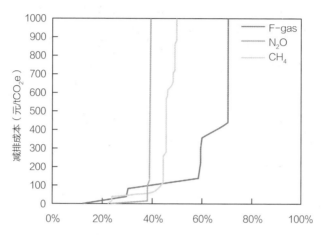

图 3-7　在当前技术水平下非二氧化碳温室气体减排成本
数据来源：中国长期低碳发展战略与转型路径研究，清华大学气候变化与可持续发展研究院

　　根据我国 2014 年国家温室气体清单数据，我国 2014 年除了能源领域的排放，工业生产过程的排放约为 17 亿吨 CO_2e，主要包括非金属矿物制品、化学工业、金属冶炼、卤烃和六氟化硫生产、卤烃和六氟化硫消费的排放；农业活动产生的排放为 8.3 亿吨 CO_2e，主要包括动物肠道发酵、动物粪便管理、水稻种植和农业土壤的排放；土地利用、土地利用变化和林业的排放为 -11.1 亿吨 CO_2e，主要包括林地、农地、草地和林产品的碳汇；废弃物处理排放为 1.9 亿吨 CO_2e，主要包括固体废弃物处理和废水处理的排放。

工业过程

　　工业过程的排放，主要是指在工业生产过程中以非获取能源为目的的化学反应产生的温室气体排放。举个例子，水泥生产过程中的主要化学反应就是将石灰石中的碳酸钙通过高温煅烧后分解为氧化钙和二氧化碳，此部分的二氧化碳并非因为燃烧化石能源而产生，所以属于工业过程的碳排放。

国家温室气体清单指南中将工业过程的碳排放分为非金属矿物制品、化学工业、金属冶炼、卤烃和六氟化硫生产、卤烃和六氟化硫消费五大类。2014 年我国工业过程温室气体排放总量为 17 亿吨 CO_2e，其中，非金属矿物制品排放约为 9.1 亿吨，化学工业排放约为 2.3 亿吨，金属冶炼排放约为 2.7 亿吨，卤烃和六氟化硫生产排放约为 1.5 亿吨，卤烃和六氟化硫消费排放约为 1.3 亿吨，如图 3-8 所示。

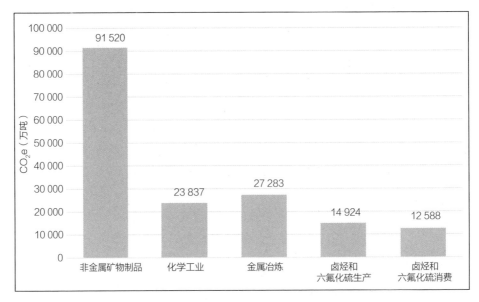

图 3-8　工业过程排放分类

数据来源：中华人民共和国气候变化第二次两年更新报告

非金属矿物制品

非金属矿物制品主要是指水泥和平板玻璃等在生产过程因煅烧碳酸盐而产生的排放，此部分的排放高达 9.1 亿吨 CO_2e，但目前除了通过 CCS 进行地下封存，并无其他可行的技术。电石渣、高炉矿渣、粉煤灰、钢渣等可以替代部分石灰石原料来实现减排，但本身资源较少，总体对于水泥工业过程的减排贡献不大。

化学工业

化学工业生产过程的排放虽然只有 2.3 亿吨 CO_2e，却属于排放种类最为复杂的领域，基本煤化工和石油化工领域都多少会产生工业过程排放。根据《IPCC 国家温室气体清单指南》，除氟化工，化学工业生产过程排放主要分为 8 个行业，如表 3-2 所示。

表 3-2 化学工业生产过程中排放的主要行业

编号	行业	主要排放的温室气体
1	氨气生产	CO_2
2	硝酸生产	N_2O
3	己二酸生产	N_2O
4	己内酰胺、乙二醛和乙醛酸生产	N_2O
5	电石生产	CO_2
6	二氧化钛生产	CO_2
7	纯碱生产	CO_2
8	石油化工和炭黑生产	CO_2

化工行业的减排可以根据排放温室气体种类和行业性质制定相应的减排措施，对于氨气生产的二氧化碳排放，因为其本身浓度足够高，所以可以考虑将其收集提纯并作为副产品销售。而在石油化工中，部分工艺本身需要使用二氧化碳，所以可以考虑将二氧化碳收集起来就地消化。

N_2O 的排放主要来自硝酸和己二酸等产品生产过程中的副产物，2014 年 N_2O 的排放高达 9600 万吨 CO_2e，接近整个化工过程排放的一半。所以需要重点关注，目前通过在氧化炉内添加催化剂进行减排的技术已经相对成熟，但需要额外付出成本，在没有政策或者碳市场支持的情况下，很难实现减排。其他化工行业较为分散的过程排放除了采用 CCS 技术，目前没有较好的减排措施。

金属冶炼

金属冶炼的主要原理为将金属矿物中的金属氧化物，通过与焦炭进行还原反应来得到纯金属，在此反应过程中焦炭将被氧化生成二氧化碳。2014 年我国金属冶炼产生的排放为 2.7 亿吨 CO_2e，绝大部分排放来自钢铁的冶炼。对于金属冶炼产生的过程排放，主要减排方向为采用绿氢作为还原剂进行冶炼，目前部分示范项目已经启动。在未来氢气成本大幅降低的情况下，钢铁的氢冶炼成本有望与焦炭冶炼持平。减少炼钢过程排放的另一个可行方式是改用短流程炼钢，即不通过铁矿石炼钢，而是通过废铁和废钢进行炼钢，这种方式无还原过程，所以基本不产生过程排放，属于资源的综合利用范畴。

卤烃和六氟化硫的生产和消费

卤烃和六氟化硫的生产和消费在 2014 年的总排放约为 2.7 亿吨。其中 HFC-23 排放 1.4 亿吨 CO_2e、HFC-134a 排放 0.53 亿吨 CO_2e、SF_6 排放 0.62 亿吨 CO_2e，三者的排放占总排放的 95% 左右，是减排的重点考虑对象。HFC-23 是生产常规制冷剂 R22 的副产物，主要减排方式是将该副产物收集后进行高温裂解。因为生产 R22 的企业数量较少，可以集中通过政府补贴的形式进行定点支持。HFC-134a 属于较为常规的制冷剂之一，家用及商用空调和冰箱都能看到它的身影。HFC-134a 的排放主要来自制冷设备的泄漏排放，因为排放源非常分散，通过管控来减少泄漏排放基本不可行，目前可行的方案是采用更低 GWP 的制冷剂进行替代。我国已经在 2021 年 4 月宣布接受《〈蒙特利尔议定书〉基加利修正案》（以下简称《修正案》），该修正案的目的就是削减氢氟碳化物。HFC-23 和 HFC-134a 就属于其中的受控气体。根据《修正案》，中国需要在 2024 年后不再增加相应排放并逐渐减少。除此之外，《修正案》还要求所有产生 HFC-23 的设施都安装 HFC-23 的销毁装置，并按照要求对 HFC-23 进行销毁，所以 HFC-23 排放有望在短期内大幅降低。

SF_6 主要用于高压开关的绝缘气体，作为高压绝缘气体，SF_6 在稍微含有一点杂质时就有击穿风险，所以需要更换气体。SF_6 的泄漏主要在更换过程和再次提纯的过程中产生，这些过程的泄漏排放在所难免。所以在没有更好的替代产品之前，这部分的排放属于无法减排的部分。

农业活动

农业活动产生的碳排放主要来自动物肠道发酵、动物粪便管理、水稻种植、农业土壤的排放等。2014 年，我国农业活动产生的排放约为 8.3 亿吨 CO_2e。其中动物肠道发酵产生的排放为 2 亿吨，动物粪便管理产生的排放为 1.3 亿吨，水稻种植产生的排放为 1.8 亿吨，农业土壤产生的排放为 2.8 亿吨，农业废弃物田间焚烧排放不到 1000 万吨，可以忽略不计。农业活动主要领域的排放源所占比例如图 3-9 所示。

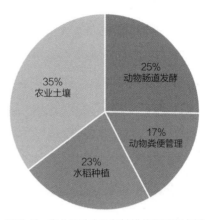

图 3-9　农业活动主要领域排放源所占比例
数据来源：中华人民共和国气候变化第二次两年更新报告

动物肠道发酵的通俗说法就是反刍类动物打嗝和放屁产生的碳排放。反刍类动物是指进食经过一段时间以后将在胃中半消化的食物返回嘴里再次咀嚼的动物，我们常见的牛和羊都属于此类动物。此类动物的食物一般为草类，在胃里消化时通常会产生大量甲烷，这些甲烷会通过打嗝和放屁释放到大气中。动物肠道发酵产生的排放超过 2 亿吨，占我国总排放的 1.6% 左右。

因为排放源过于分散且随时都在移动，通过甲烷收集设施进行收集处理并不现实。目前可行的方法一是添加特殊的饲料添加剂，这种添加剂可以减少动物消化时甲烷的产生；二是减少牛羊等反刍类动物的饲养，相应的肉类蛋白质通过更低排放的鸡肉或者鱼虾类代替；三是研发植物基或者细胞培养牛肉，目前已经有初创公司开发出了相应产品，其口感与普通牛肉相似，但价格约为普通牛肉的 2 倍以上，绿色溢价较高。若要让大家普遍接受，除了口感，还需要进一步降低成本。

动物粪便管理主要是家畜粪便在露天环境中的甲烷排放。2014 年这部分的排放为 1.3 亿吨，约占全国总排放的 1%。目前我国大型家畜养殖场基本实现了粪便的集中处理和甲烷的回收利用。小型养殖场和农村家畜的散养不具备甲烷回收的条件，在过去 20 年，我国大力推广了户用沼气的建设，但因维护成本过高等因素部分户用沼气池被废弃。动物粪便管理排放主要来自小型养殖场和农村家畜的散养。减少此部分的碳排放主要是通过支持规模化养殖，以及加强户用沼气的建设和维护来实现。

水稻种植产生的碳排放为 1.8 亿吨，这部分排放主要因为水稻被淹灌部分产生的甲烷排放，减少排放的方法是大力推广水稻旱种技术，既能节水又能减少碳排放。

农业土壤排放在整个农业领域的排放最多，高达 2.8 亿吨。主要来自化肥及其他有机肥的 N_2O 释放。这里很大一部分排放都是因为过度施肥造成的，目前国内大部分农民包括一些规模化种植户，基本依靠自己的经验进行施肥，这种靠经验施肥的方式普遍会导致过度施肥，不但产生大量碳排放，而且会导致土壤营养不均衡，矿物比例和酸碱失调。有关数据显示，中国一直是全球化肥用量的重要贡献者，平均每公顷年均施用氮肥 305 千克，是世界平均水平的 4 倍以上。要解决这个问题，需要大力推广测土配方施肥。我国虽然对测土配方施肥推行了很多年，但因为农户知识水平不高，而且因为要花额外成本，导致普遍接受度低。要提高测土配方施肥的普及率需要通过加强科普教育，对采用测土施肥进行一定政府补贴等多种形式，确保测土配方施肥的落地和普及。

对于农业活动的排放，还有很重要的一点就是要倡导健康饮食和节约粮食。同等能量的肉类食品碳排放要普遍高于素食，反刍类动物肉如牛肉和羊肉碳排放更是在素食的 10 倍以上。根据联合国粮农组织统计，全球有 1/3 的食物被浪费，节约粮食可以有效降低农业活动的碳排放。

总体来说，农业领域属于排放源最为分散且最难实施深度减排的领域。在碳中和目标驱使下，农业领域可能会强化某些减排措施，以起到减排作用。即使未来有更先进的技术，也很难在当前的基础上再减排 50%，且无法通过 CCS 等技术对温室气体进行捕集和封存，只能通过其他负排放技术和林业碳汇对此部分排放进行抵消。

废弃物处理

2014 年，我国废弃物处理产生的排放总量为 1.9 亿吨 CO_2e。废弃物处理主要来自城市垃圾焚烧、垃圾填埋和污水处理相关排放，其中垃圾焚烧和垃圾填埋的排放量为 1 亿吨 CO_2e，废水处理产生的排放为 0.9 亿吨 CO_2e。减少垃圾处理产生的排放，最好的处理方式是垃圾的减量化。即倡导垃圾分类、减少不必要的购买行为、延长物品使用寿命等。对于垃圾填埋和污水处理产生的甲烷排放，可以投入甲烷回收装置进行焚烧后再排空，在规模允许的情况下可以投入发电设施进行发电。根据相关资料，我国垃圾填埋气回收利用率极低，覆盖率不足 12%。

此外，固废资源化利用不但能够减少废弃物处理产生的排放，还能减少这些物品生产时产生的排放，我国当前固体废弃物资源化利用普遍偏低，从上游的垃圾分类，到中游的垃圾转运和分拣，以及下游的垃圾资源化利用的整个产业链都比较薄弱。对于钢铁、水泥、有色金属和塑料等可再生资源的回收利用还有很大的增长空间。在相关政策和产业配套齐全的情况下，固废的资源化利用不但不会产生额外减排成本，而且会产生一定的收益，属于近期应大力发展的减排领域。

土地利用、土地利用变化和林业

2014 年，我国土地利用、土地利用变化和林业（LULUCF）领域实现了 11.1 亿吨的净碳汇也就是碳吸收，主要归功于我国长期以来大力推进植树造林和退耕还草的效果。在这 11.1 亿吨的碳汇中，有 8.3 亿吨碳汇来自林地、0.5 亿吨来自农地、1 亿吨来自草地、1.1 亿吨来自林产品。对于 LULUCF 领域，并不是所有国家都能够产生碳汇。从全球范围来看，每年的森林面积其实是在减少而非增加，这些减少的森林通过焚烧的方式将储存在树木中的碳重新以二氧化碳的方式释放到大气当中，大约每年向大气中排放 17 亿吨的二

氧化碳。所以中国在 LULUCF 领域实现了 11.1 亿吨的碳汇是一件很了不起的事情。即使如此，我国在第二次提交国家自主贡献的过程中将 2030 年的森林蓄积量从 40 亿立方米提高到 60 亿立方米，足以体现我国在增加林业碳汇方面的重视程度。

3.4 《巴黎协定》第六条与中国的全球布局

目前在全球所有国家提出的碳中和路径中，都没有提到通过与他国合作项目获取减排量来实现本国减排的方案。而事实上，《巴黎协定》第六条预留了这种可能性。该条的目的就是允许缔约方之间可以通过项目合作的方式来实现国家自主贡献目标，特别是在《巴黎协定》的 6.4 条，提出了一种类似于《京都议定书》第十二条清洁发展机制（CDM）的一种机制，我们暂且称其为可持续发展机制（Sustainable Development Mechanism，SDM）。这一机制目前还只是概念，需要在今后的气候谈判中落实。但其总的体制机制设计有望延续 CDM 机制。

根据 CDM 机制，发达国家可以通过到发展中国家投资减排项目，或者直接通过购买减排量的形式来完成自己的减排目标。SDM 与 CDM 最大的不同在于，在 CDM 机制中，发展中国家没有减排义务，所以项目产生的减排量可以全数用于发达国家减排。而《巴黎协定》下的 SDM 不再区分发达国家和发展中国家，所有国家都有国家自主贡献目标。《巴黎协定》第六条明确规定，如果减排量被另一缔约方用作其国家自主贡献，则不应再被用作东道国自主贡献。所以在 SDM 机制下，可能涉及国家之间项目合作的碳信用分配问题，但这并不影响中国通过去它国实施减排项目来实现国家自主贡献的可能。举个例子，中国可以去非洲国家种树，产生碳信用的 80% 可能用于实现中国的国家自主贡献，剩下的 20% 作为合作的报酬用于东道国的国家自主贡献。

更重要的是，通过 SDM 机制，中国可以凭借强大的新能源电力设备的产能，让光伏面板和风力发电机遍布全球，为全球带来清洁电力的同时，也为中国带来大量的碳信用。这些碳信用将是国家未来的战略储备，它既可以用于实现国家自主贡献，又可以作为中国气候外交的输出工具，甚至可以作为人民币国际化的价值锚定，为人民币的国际化扫清障碍。同时还能巩固中国在气候议题方面的全球领导地位。

3.5　实现碳中和后的碳排放构成

其实在全球科技高速发展的背景下，按照当前的技术水平预测三十年后的排放占比具有很大的不确定性，即便如此，仍有不少机构尝试预测了中国实现近零排放时各个领域的排放情况。其中清华大学在其《中国长期低碳发展战略与转型路径研究》报告中，对中国 2050 年的排放预测最为详细，从工业、建筑、交通、电力、其他部门、工业过程 CO_2 排放、非 CO_2、碳汇和 CCS 共 8 个方面预测了在《巴黎协定》1.5℃场景下各领域 2050 年的排放情况，如图 3-10 所示。

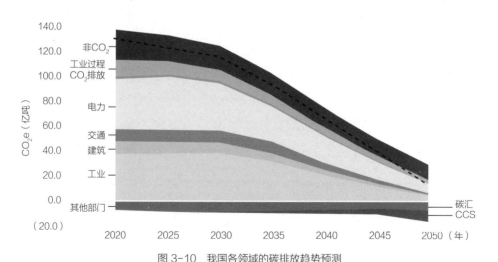

图 3-10　我国各领域的碳排放趋势预测

数据来源：中国长期低碳发展战略与转型路径研究，清华大学气候变化与可持续发展研究院

在这些领域中，工业部门二氧化碳排放将从 2020 年的 21.8 亿吨下降至 2050 年的 4.6 亿吨，降幅为 78.9%；建筑部门二氧化碳排放将从 2020 年的 7.75 亿吨下降到 2050 年的 0.81 亿吨，降幅为 90.5%；工业过程的二氧化碳排放将从 2020 年的 13.2 亿吨下降到 2050 年的 2.5 亿吨，降幅为 81.1%；交通部门二氧化碳排放将从 2020 年的 5.14 亿吨下降到 2050 年的 1.72 亿吨，降幅为 66.6%；电力部门在包含 CCS 和 BECCS 的情况下，碳排放将从 2020 年的约 41 亿吨下降到 2050 年的负排放 2.8 亿吨左右，成为除碳汇以外的另一个负排放领域。

非二氧化碳温室气体排放将从 2020 年的 24.42 亿吨下降到 2050 年的 12.71 亿吨，降幅为 48%，属于温室气体排放降幅最低的领域。农林业和土地利用及土地利用变化碳汇净增量基本与 2020 年持平，约 7.8 亿吨。最终总温室气体排放预计从 2020 年的 130.7 亿吨下降到 2050 年的 13.3 亿吨，降幅为 90% 左右，其中包含 CCS/BECCS 技术约 8.8 亿吨的埋存量。剩下的排放预计将在 2050—2060 年通过 DACCS、BECCS 等负排放技术或者《巴黎协定》第 6.4 条中提到的 SDM 机制实现。

需要特别说明的是，我国目前并没有从国家层面公布碳中和的具体实施路径，所以即使是最权威的研究结果，也可能与国家最终公布的实施路径有一定出入。目前国家的工作重点仍然以实现碳达峰为主，碳中和规划尚未提上日程，我们需要随时跟踪国家层面的碳中和实施路径，因为最终各行业的碳排放比例将对相关技术，特别是新能源电力、氢能和 CCS 技术的投资强度有非常大的影响。

实现碳中和需要多少投资？

对于大多数人来说，比起中国碳中和时各领域的排放情况，他们可能更加关注各个领域因碳中和将带来多大的投资量，各研究机构对此也做了相应预测。部分机构对我国实现碳中和所需投资预测如表 3-3 所示。

表 3-3　部分机构对我国实现碳中和所需投资预测

编号	机构	总投资规模（万亿元）
1	中金研究院	156
2	高盛	104
3	清华大学气候变化与可持续发展研究院	174
4	渣打银行	127～192
5	波士顿咨询公司	90～100
6	Wenji Zhou, et al.	144

总体来看，各机构对我国实现碳中和所需要的投资预测在 100 万亿元到 200 万亿元，其中最低预测的为波士顿咨询公司，预测下限为 90 万亿元，最高预测为渣打银行，预测上限为 192 万亿元。当然，各机构因预测路径和时间范围有所不同，所以相互之间并没有可比性。从各个细分领域的角度来看，所需投资最高的领域毫无疑问是能源和交通领域。但各部门对于其他细分领域投资预测的差异较大。波士顿咨询公司预测交通部门所需投资最大，主要包括交通工具的电气化及航空燃料的清洁转型，能源领域次之。清华大学则预测，在碳中和相关投资中，将有 79% 的资金用于能源领域，其次为交通、建筑和工业领域的减排，如图 3-11 所示。

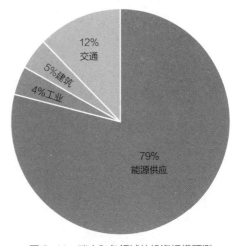

图 3-11　碳中和各领域的投资规模预测

3.6　实现碳中和的一些关键技术

前面我们详细介绍了中国各个领域的排放情况以及中和路径，但没有减排技术的支持，一切都是无源之水、无本之木。我在介绍前面的碳中和路径的同时，也提到很多技术，有些技术适用范围宽，减排量大，可适用于多个部门的减排，属于实现碳中和的关键技术领域。在本节中，我将对实现碳中和的几个关键技术的发展现状、发展趋势及相互之间的关系进行简单介绍。

太阳能发电，能源中的神话

著名的环境学教授瓦茨拉夫·斯米尔（Vaclav Smil）在其著作《能源神话与现实》中，认为太阳能和风力发电能够成为主力电力设施是那些狂热分子鼓吹出来的、永远不可能实现的神话故事。他这样说的主要依据是 2000—2009 年光伏系统的成本价仅仅下降了不到 10%，离实现平价上网遥遥无期。然而，他没有料到的是，光伏行业的技术发展从 2010 年开始就一路狂奔，成本以肉眼可见的速度迅速下降。通威集团董事局主席刘汉元在其著作《重构大格局》中提到，过去十年，光伏发电系统的成本下降了 90% 以上，2020年平均上网电价已降至 0.35 元 / 千瓦时，预计"十四五"期间还将降低到0.25 元 / 千瓦时以下，届时光伏发电成本将低于绝大部分煤电。

而现实比刘汉元的预测还要激进，在 2021 年 6 月，国家电力投资集团在四川甘孜州中标项的一个光伏项目的上网电价已经低至 0.1476 元 / 千瓦时，不到当地脱硫电价的一半。同年 4 月，位于沙特的某项目最终上网电价更是低到难以置信的 0.068 元 / 千瓦时，几乎等于白给。这是连科幻小说都不敢写的逆转剧情，却真真切切地出现了，光伏的能源神话已然变成了现实。

为什么光伏发电的成本能够以难以置信的速度下降，这与光伏发电自身的特点有关。通威集团主席刘汉元曾在某次采访中提道："太阳能是我们目前可使用的能源中一次性转化效率最高，并且使用最简单、最可靠、最经济的新兴能源，具备十分独特的优势，是未来新能源发展的必然选择。"光伏发电是所有发电技术中唯一不需要通过机械能转化就可以发电的技术，这就表明了它的能源转化效率更高、成本下降空间更大。

太阳能发电的发展空间有多大？根据 Carbon Tracker 的报告《天空的极限》显示，太阳通过辐射照射到地球的总功率约为 173 000TW，而人类从技术上可通过光伏发电实现每年最高5500PW·h①的发电量，超过当前全球总能源需求的80倍，这看起来非常乐观，即使我们只开发其中的2%，也能完全满足当前的能源需求。全球风电和光伏的理论极限发电量如图3-12所示。

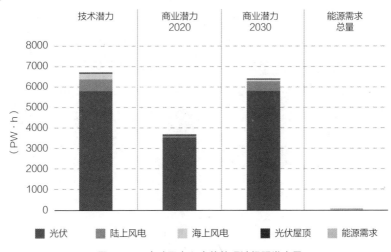

图 3-12　全球风电和光伏的理论极限发电量

数据来源：The Sky's the Limit，Carbon Tracker

　　光伏发电的原理是利用半导体的光生伏特效应，即只需要将太阳光照到薄薄的半导体上就能形成电流，我们将一张张半导体做成的电池片组装成电池组件，就能让电流规模化持续地流动，形成光伏电站。我国最大的光伏电站规划装机容量已经超过了2.2GW。

　　光伏发电主要包括纯晶硅发电和薄膜发电两种技术，纯晶硅发电是由高纯晶硅切成非常薄的薄片，通过刻蚀成电路后再经过相互连接组成电池组件，这些组件再进一步排列形成更大的光伏阵列，以产生较大的电量。纯晶硅发电又分为单晶硅和多晶硅两种，单晶硅发电效率高，对温度的耐受力高，弱光性略好于多晶硅，但制造成本高；多晶硅发电效率低，对温度耐受力低，但胜在成本低。目前规模化生产的单晶硅电池太阳能转化率已达到23%，多晶硅为19.4%，随着单晶硅生产成本的下降，多晶硅正逐渐被市场淘

① 　1PW·h=1000TW·h。

汰。因为高纯晶硅非常薄而脆弱，所以必须安装在坚硬的框架上。晶硅光伏产业链构成如图 3-13 所示。

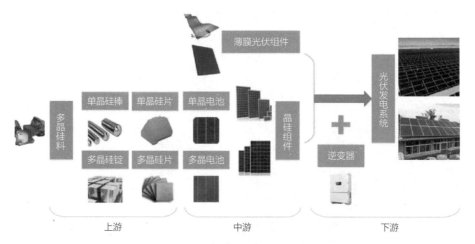

图 3-13 晶硅光伏产业链构成

数据来源：中国光伏产业发展路线图 2020，中国光伏行业协会

目前还有很多人仍然认为光伏材料的生产是高污染、高排放行业，光伏发电是"伪新能源"。诚然，在十多年前，因为相关技术不成熟，光伏系统特别是上游多晶硅生产过程中消耗了大量能源，能量回收期长达十年，还会排放四氯化硅等高污染废水。而如今的多晶硅生产早已实现零废弃物排放，所有资源实现循环再利用，能耗也下降到不到以前的 1/10。以一个 350W 的光伏组件为例，其全生命周期生产过程中大约耗电 150kW·h，而该组件投用后不到 4 个月就能回收所消耗的电能，剩下的 25~30 年都是净输出的电能，可以说是名副其实的清洁能源。

薄膜发电的材料则属于一种柔性材料，它不存在刚性的晶体结构，所以可以将半导体材料的微小晶粒沉积在任何基材上。薄膜光伏电池可以根据需要制造得有柔韧度。未来，喷涂光伏薄膜甚至可以应用到布料上，让我们的衣服在阳光下产生电能。相对于晶硅发电，薄膜发电技术的转化率普遍较低，而且成本偏高，但优势是可以制造成任何的形状，未来有望在光伏建筑一体化（BIPV）上广泛应用。

薄膜发电技术的发电材料比较广泛，目前主要的薄膜太阳能电池材料研究方向包括非晶硅、碲化镉、铜铟硒，铜铟镓硒、砷化镓、铜锌锡硫和钙钛矿等，其中碲化镉和铜铟镓硒是目前薄膜电池最为流行的材料。钙钛矿仍处于实验室阶段，还有许多难题需要攻克，但因为其成本非常低且无毒性，所以一旦实现技术突破，将战胜其他所有对手，成为主流薄膜发电技术。

除太阳能光伏发电以外，另一个以太阳能为能源的发电技术是太阳能光热发电。

太阳能光热发电，是将比较集中的太阳光能通过传递介质转化为热能，然后再转化为电能的技术。太阳能光热发电通过大量的光学反射装置将阳光聚焦在一个接收器上，将接收器内的导热介质温度加热到 350～1000℃，然后这些导热介质通过热交换产生蒸汽，蒸汽再推动汽轮机实现发电。我们可以看出太阳能光热发电的原理与传统的火力发电相同，只是制造蒸汽的热量来自太阳能而已。图 3-14 是中控太阳能德令哈光热发电项目全景图。

图 3-14　中控太阳能德令哈光热发电项目全景图

目前太阳能光热发电整体效率在 20%～34%，略高于光伏发电，但因为要经过一系列的能源转化过程，其建造成本和运行成本都远远大于光伏发电。目前光热发电的成本高于 1 元 /kW·h，随着技术的成熟及产业的规模化，预计到 2030 年可以下降到 0.4 元 /kW·h。

因为光热发电中的导热介质自带储能功能，可以实现 24 小时不间断发电，而且启停响应速度远高于传统的火电，所以是最好的调峰电源。在考虑储能和碳价成本的情况下，太阳能光热发电或将成为基荷和调峰电站的主力。

储能技术，两大新能源的重要支撑

虽然储能技术并不是直接减少碳排放的技术，但在减碳的两大新能源领域：新能源电力和新能源车的发展，都严重依赖储能技术。所以储能技术当之无愧是实现碳中和的关键技术之一。

在新能源电力领域，因为电力具有供需实时平衡以及难以大规模存储的特点。大规模可再生能源发电并网将加剧电力系统供需两侧的波动性与不确定性。根据《中国氢能产业发展报告 2020》，当全国非水可再生能源装机达到 1500～2000GW 以上时，传统的电力系统调节和优化手段将遭遇天花板，在极端情况下，即使全部煤电机组用于可再生能源发电调峰，也难以满足电力系统安全可靠运行的要求。此外太阳能的季节性也很强，冬季的太阳能发电效率将大幅降低，所以还存在跨季节储能的需求。因此，随着可再生能源装机规模的扩大，储能设施的建设也得必须跟上才能保证电网的安全运行。根据落基山研究所相关研究，我国实现碳中和时，预计储能设施的装机规模将达到 800GW 以上。

储能技术类型可谓五花八门，总体来看，现有的储能技术主要分为五类：机械储能、电气储能、电化学储能、热储能和化学储能。各种储能技术的典型参数对比如表 3-4 所示。目前世界占比最高的是抽水蓄能，其总装机容量规模达到了 127GW，占总储能容量的 99%，其次是压缩空气储能，总装机容量为 440MW，排名第三的是钠硫电池，总容量规模为 316MW。从规模

表 3-4　各种储能技术的典型参数对比

属性与性能	季节性储能			短期储能
	储气	储热/冷	储电	
储能形式	天然气/氢/甲醇/氨	热水，冰雪，冷热空气	大型抽蓄/压缩空气	电化学储能，超级电容及飞轮储能等
功能规划	能量型储能			功率及能量型储能
参与功能	季节性调峰，平衡系统季节不平衡电量；协同异质能源系统；供给用户端多能负荷			平滑可再生能源出力波动，参与调频和日内调峰
潜在瓶颈	建设成本，高压储氢技术，地下储气库的风险与运行管理，储运配套建设等	建设成本，储热介质材料技术等	建设成本，地理条件限制，效率提升等	高成本，电力市场激励不足，安全风险，商业模式缺失，经济效益提升等
容量等级	1TW·h	10GW·h	抽蓄：30GW·h 压缩空气：240MW·h	目前最大 100MW·h 级
持续放能时间	1~24h	1~24h	1~24h	秒级~小时级
能量转换效率	储氢 电－氢－电：<30% 电－氢－热：<50%	储热：50%~90%	抽蓄：75%~80% 压缩空气：60%~70%	电化学：80%~90%
能量自耗散率	接近 0	0.05%~3.0%	低	0.1%~0.6%
合适的储能期限	小时~月	小时~月	小时~月	秒~小时
寿命	5~25 年	5~15 年	20~60 年	5~25 年 1000~15000 次循环
成本	储氢：50 元/kW·h（季节性储能投资），1.8~6 元/kW·h（季节性储能度电成本）	储热（相变）：350~400 元/kW·h（投资成本）	抽蓄：600 元/kW·h（日调节投资），0.1 元/kW·h（日调节度电成本）	电化学（锂电池）：1500 元/kW·h（日调节投资成本），0.5 元/kW·h（日调节度电成本）

数据来源：中国氢能产业发展报告 2020，中国电动汽车百人会

上我们可以看出，抽水蓄能是目前电网大规模储能的主要手段，但因其极其依赖地势，且投资大、损耗高，并不会成为未来储能的发展趋势。在诸多储能技术中，最有可能成为电网大规模储能技术方向的，是电化学储能中的锂离子电池和化学储能中的氢储能。两者因为各自特点不同，其应用场景又稍有区别。电化学储能的优点在于转化率高达 95% 以上、响应快，缺点是能量会自己耗散，不适合长期储能，所以更适用于电网调峰。而氢能以气态形式存在，几乎不存在能源的耗散，所以更适用于跨季节储能，但缺点是能源转化率低，只有 40% 左右。

在新能源车领域，因为使用场景限制，只有电化学储能和氢储能能够胜任，而这恰好也是电网大规模储能的两个比较有前景的储能技术。但两者对技术关注点却不尽相同。相对于电网大规模储能对转化效率和储存时长的要求，新能源车更注重的是能量密度、安全性和充能速度。目前在小型乘用车中，锂电池成为主流的储能技术。而锂电池又分磷酸铁锂和三元锂两种技术，这两种技术各有长短，目前难分胜负。磷酸铁锂电能密度低、低温表现差，但价格低且安全性高；三元锂的特点是能量密度高、低温表现好，但价格高且安全性差。在发展前景上，两者都有一个致命缺陷，那就是锂元素的稀缺性，按照当前全球锂元素的可开采资源总量来算，总共只能造 18 亿辆新能源车，如果考虑锂电池在电网储能方面的应用，这个数量还要减半。所以锂电池不可能是未来新能源车的唯一技术方向。

最新的研究方向钠离子电池则完全不用考虑资源枯竭的问题，而且钠离子电池在充电速度方面要大大优于锂电池。虽然现在还没有量产，但被认为是最有可能与锂电池竞争的新一代电池。

氢气在氢燃料电池车中起到的仍然是储电的作用，因为燃料电池车的动力来源并非氢气燃烧产生的热量，而是氢气与燃料电池的电堆反应直接产生的电能。氢燃料电池车与电动车相比，最大的优势在于能量密度更高，单次加注行驶里程更长。氢气本身的能量密度是锂电池的百倍以上，即使考虑到储氢罐和燃料电池系统的重量，其能量密度也是锂电池的 2~3 倍。所以，在成本相同的情况下，氢燃料电池车能够替代锂电池车成为交通领域脱碳的统一解决方案。但目前氢能产业链刚刚起步，各环节成本都居高不下，所以除了应用于长途货运、海运和航空这种锂电池不适用的领域，在家庭乘用车领域，氢能车并不具备竞争力。交通领域各种储能技术对比如表 3-5 所示。

表 3-5 交通领域各种储能技术对比

储能技术	磷酸铁锂	三元锂	钠离子	氢燃料电池
能量密度（Wh/kg）	150～200	200～300	150～200	>350
安全性	高	低	高	低
最高充能速度（分钟）	40～60	60～80	10	5
低温性能	差	好	好	好
资源稀缺性	高	高	低	低
充电循环次数	6000	2000	4500	N/A

氢能技术，能源替代的"万金油"

氢能并不是一个新鲜的概念，它在 20 世纪 70 年代的石油危机时就曾被提出来，并且风靡一时。氢的来源广泛、清洁无碳、灵活高效和应用场景丰富等优点一再被人们称道。但一晃半个世纪过去了，氢能除了一些示范项目，并没有得到大规模使用。

在碳中和浪潮的推动下，氢能技术又迎来了春天，目前在关于碳中和相关的技术领域，氢能是仅次于新能源电力的热门投资方向。数据显示，截至 2020 年年底，全球主要经济体都推出了氢能源发展战略，不断加大扶持力度，以推动氢能的发展。以氢能为能源基础的未来能源蓝图已徐徐展开。

氢能的生产技术有很多种，包括化石能源制氢、电解水制氢、化工过程副产制氢、核能制氢等。其中化石能源或者化石能源产生的电力制氢会产生碳排放，叫作灰氢；如果在生产氢气时将这些化石能源产生的二氧化碳进行捕集和封存，那么产生的氢气就叫作蓝氢；而采用不产生温室气体排放技术的氢气则叫作绿氢。很显然，在碳中和时代，只有蓝氢和绿氢才有生存空间。在未来风电和光伏成本大幅下降的预期下，新能源电力生产的绿氢被认为是未来市场最具规模性和竞争力的氢气来源。根据国际氢能委员会发布的报告 *Path to Hydrogen Competitiveness: A Cost Perspectiv*，随着氢气生产、分销、装备和零部件制造规模不断扩大，预计到 2030 年氢能产业链整体成本将下降 50%，并与其他低碳替代品形成竞争。氢能主要生产技术及优劣性如表 3-6 所示。

表 3-6　氢能主要生产技术及优劣性

制氢方式	原料	优点	缺点	适用范围
化石能源制氢	煤	技术成熟	储量有限，制氢过程存在碳排放问题，须提纯及去除杂质	合成氨、合成甲醇、石油炼制
	天然气	技术成熟		
电解水制氢	电、水	工艺过程简单，制氢过程不存在碳排放	尚未实现规模化应用，成本较高	结合可再生能源制氢；电子、有色金属冶炼等对气体纯度及杂质含量有特殊要求
化工过程副产氢	焦炉煤气、化肥工业、氯碱、轻烃利用等	成本低	须提纯及杂质去除，无法作为大规模集中化的氢能供应源	合成氨、石油炼制
生物质制氢	农作物、藻类等	原料成本低	氢含量较低	——
核能制氢	水	合理利用核能发电废热	技术不成熟	——
光催化制氢	水	原料丰富	技术不成熟	——

数据来源：中国氢能产业发展报告 2020，中国电动汽车百人会

除了生产，氢气的储运也是氢能产业链的一个重要环节。因为氢气的密度小，液化温度低，给储运带来很大麻烦。现阶段，中国普遍采用 20Mpa 的气态高压储氢与集束管车运输方式，这种方式的运输能力极低，单车装载能力只有 350 千克，只适合短途低需求量的情况下采用。而采用液氢运输可以使单车运输能力提高 9 倍左右，但需要维持零下 240℃的液化临界温度，其能耗和技术要求都非常高。更大的运输需求就需要建设管道。由于氢气自身体积能量密度小、容易对管材产生"氢脆"现象，其管道运输成本往往大于

同能量流率下天然气管道运输的成本。有数据显示，在美国，天然气管道的造价仅为 12.5 万～50 万美元 / 千米，但氢气管道的造价大约为 30 万～100 万美元 / 千米，是天然气管道造价的 2 倍。除此之外，液氨 / 甲醇储氢、吸附储氢等通过其他液体或固体作为载体的氢气储运方式也正在研究之中，如表 3-7 所示。

表 3-7　不同储氢方式的对比

	压缩气态储氢	低温液态储氢	液氨 / 甲醇储氢	氢化物 /LOHC 吸附储氢
技术原理	将氢气压缩于高压容器中，储氢密度与储存压力、储存容器类型相关	低温（20K）条件下对氢气进行液化	利用液氨、甲醇等液体材料在特定条件下与氢气反应生成稳定化合物，并通过改变反应条件实现氢的释放	利用金属合金、碳质材料、有机液体材料、金属框架物等对氢的吸附储氢和释放的可逆反应实现
优点	技术成熟、充氢速率可调	体积储氢密度高、夜态氢纯度高	储氢密度高、安全性较好、储运方便	安全性高、储存压力低、运输方便
缺点	体积储氢密度低、容器耐压要求高	液化过程能耗高、容器绝热性能要求高、成本高	涉及化学反应、技术操作复杂、含杂质气体、往返效率相对较低	普遍存在价格高、寿命短，或者储存、释放条件苛刻等问题
技术成熟度	发展成熟，广泛应用于车用氢能领域	国外约 70% 使用液氢运输，安全运输问题验证充分	距离商业化大规模使用尚远	大多处于研发试验阶段
国内技术水平	关键零部件仍依赖进口，储氢密度较国外低	民用技术处于起步阶段，与国外先进水平存在差距	处于攻克研发阶段	与国际先进水平存在较大差距

数据来源：中国氢能产业发展报告 2020，中国电动汽车百人会

氢能作为一种热量高、能量密度高的气态燃料，从理论上讲，可以应用于所有的能源应用场景。德国波茨坦气候影响力研究中心联合瑞士技术评估研究组发表的一篇名为《气候变化减缓中的氢基合成燃料：潜力与风险》的文章对氢能的所有应用领域进行了归类整理。

从图 3-15 可以看出，该文章主要根据终端用能的电气化难易程度来对比电气化与氢能之间的优劣性。第一类是终端电气化成本显著低于氢能的行业，包括轻型乘用车、居民生活和商业用能、轻工业生产等。这些领域直接

采用电力的优势要大于氢能。第二类是终端电气化与氢能成本相差不大的领域，如重型道路运输、水泥工业、化学工业过程用热等。第三类是暂无法电气化，但是可以利用氢能的行业，如化工原料的替代、氢能炼钢、客运航班等。第四类是既无法电气化，又无法使用氢能的领域。

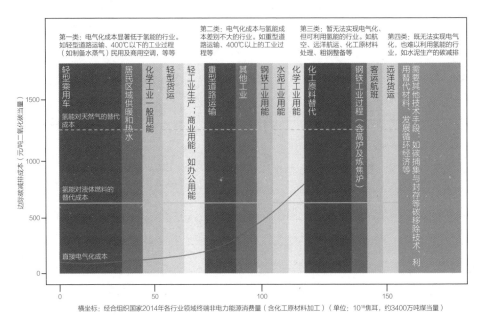

图 3-15　氢能的各种应用场景及当前成本，德国波茨坦气候影响力研究中心

　　在以上领域中，氢能应用场景最令人期待的要数重型道路运输、海运、空运和氢气炼钢，但每个领域都有潜在的竞争对手。其中在重型道路运输领域未来的竞争技术是能量密度提升后的化学动力电池及换电技术，在海运和空运领域的竞争对手是生物燃油，而在氢气炼钢领域的竞争对手是CCS。根据麦肯锡发布的一篇报告显示，在当前技术状态下，生产一吨粗钢考虑CCS的成本约为100欧元，而采用氢能炼钢的成本约170欧元，但随着氢气的规模化生产及电力成本的下降，两者的成本将在2050年左右持平。所以氢能看起来像是能够解决一切能源问题的万金油，但其未来的道路并没有想象中那么平坦，氢能能否大规模应用在很大程度上取决于新能源电力的成本和其他竞争技术的发展情况。

CCS——实现碳中和的托底技术

CCS 是指碳捕集与封存技术，这个技术简单描述就是将化石燃料比如燃煤电厂排放出来的二氧化碳经过净化、提纯、压缩后永久封存于地下的技术集合。也有不少人喜欢称作 CCUS，增加的这个 U 表示利用（Usage）的意思，就是将收集来的二氧化碳作为原料用于其他工业，如焊接用保护气和食品里面的汽水用气。但一来这些产业对二氧化碳的需求量加起来可能都不及未来总封存量的 1%，二来这些二氧化碳的使用场景最终也会导致其释放到大气中去，所以 CCUS 中的"U"象征意义大于实际意义，我更习惯直接称作CCS 技术，两者实际差异不大，可以视为同一概念。

很多刚接触 CCS 技术的人第一反应是天方夜谭，花大量的人力、物力、财力，同时还要消耗大量能源将看起来人畜无害的二氧化碳封存在地下？有那个必要吗？如果我们简单地做个计算，就知道要实现碳中和，这是个必需实施的方案。

为了便于说明，我设计了一个简化到极致的算术题，现在全球每年的二氧化碳排放约 410 亿吨，科学家们认为，要想实现把人为温度上升控制在1.5℃以内，需要把二氧化碳浓度控制在 430ppm 以下。为达到这个目标，全球从现在起，总共只能再排放 4200 亿吨左右的二氧化碳。如何才能达到这个目标？注意不要考虑林业碳汇，目前全球林业领域因为山火和毁林严重是正排放的 17 亿吨左右，而不是吸收。

如果你简单计算就能发现，仅仅靠减排是永远不可能达成这个目标的。事实上，全球各国的碳中和路径均考虑了 CCS，根据全球碳捕集与封存研究院发布的报告《全球碳捕集与封存现状 2020》，预计到 2050 年全球年均二氧化碳封存量会在 56 亿吨左右。即使这样，到 2050 年的温室气体浓度也会在480~500ppm，为了降到 430ppm，我们还需要从大气中吸收二氧化碳的负排放技术。

DACCS 和 BECCS 是目前两个主要的负排放技术，也是 CCS 家族成员，DACCS 是指直接从大气中捕获二氧化碳并封存，BECCS 是指对生物质电厂排放的二氧化碳进行捕获并封存。不用说，这两者的成本一定远远高于 CCS。拿 DACCS 来说，现在 1 吨二氧化碳的封存成本超过 200 美元（示范项目），而 CCS 的成本在 70 美元左右。我们也可以这样理解，现在燃煤电厂释放出来的部分二氧化碳，今后终归要捕集后封存到地下。如果现在直接从烟囱拦截并封存，那么成本约每吨 70 美元，如果直接从大气中捕集，那么成本将飙升至每吨 200 美元以上。两者类似于环保中的源头治理和"先污染后治理"的区别。

CCS 虽然只有捕集、运输、利用和封存 4 个环节，但每一个环节都有不同的细分技术，这些技术中，数碳捕集技术的技术要求最高，而碳捕集技术中的一些核心技术如溶剂法碳捕集所用的胺液和膜分离法中的分离膜，国内目前还无相关技术，需要在 CCS 大规模应用之前做好相关的技术攻关和技术储备。CCS 上下游技术路径如表 3-8 所示。

表 3-8　CCS 上下游技术路径

	技术路径	技术原理	适用范围
上游	燃烧前捕集	通过燃烧前将碳从燃料中脱除	新建发电厂
	燃烧后捕集	从燃烧生成的烟气中分离 CO_2	新建和已投产的发电厂、煤化工厂等
	富氧燃烧	氧气、CO_2 燃烧技术或空气分离、烟气再循环技术	新建和已投产的发电厂、煤化工厂等
中游	运输	高浓度、高压力的液态 CO_2 输送	罐车或管道输送
下游	物理应用	将 CO_2 的物理特性用于食品行业	啤酒、碳酸饮料的生产；固态或液态 CO_2 用于食品的冷藏储运；果蔬的自然降氧、气调保鲜剂等
	化工应用	CO_2 的化学转化	合成尿素、生产轻质纳米级超细活性碳酸盐、催化加氢制取甲醇、共聚生产高聚物等
	生物应用	植物光合作用等的 CO_2 生物转化	生物肥料、食品和饮料添加剂等
	地质应用	将 CO_2 注入地下，利用地下矿物或地质条件生产	原油、煤层气、天然气、页岩气采收
	矿化应用	利用地球上广泛存在的橄榄石、蛇纹石等碱土金属氧化物将 CO_2 转化为稳定的碳酸盐类化合物	目前中国在 CO_2 矿化磷石膏技术上取得了一定的成果

数据来源：中国氢能产业发展报告 2020，中国电动汽车百人会

截至 2019 年年底，中国共开展了 9 个碳捕集示范项目、12 个地质利用与封存项目，其中包含 10 个全流程示范项目。不包括传统化工利用，所有 CCS 项目的累计二氧化碳封存量约为 200 万吨。这些项目几乎包含了所有主流的技术类型，包含深部咸水层封存、二氧化碳驱提高石油采收率、二氧化碳驱替煤层气等各种 CCS 关键技术，为中国乃至全球 CCS 发展、推广和管理积累了非常宝贵的经验和数据。目前各细分技术的发展阶段如图 3-16 所示。

从应用角度来看，CCS 可以说是碳中和领域的托底技术，只要 CCS 技术成本足够低，我们几乎可以不改变化石能源利用的现状，直接在所有使用化石能源的设备加上 CCS 装置就可以继续使用。但实际上，CCS 技术涉及多个流程，其中捕集环节还会消耗大量能量，所以成本不可能低，所以我们只能用于那些实在无法减排的领域，如用于基荷和调峰的燃煤电站、水泥厂，以及因其他化学反应而产生二氧化碳的化工厂等。在炼钢领域，CCS 与氢能存在竞争，成本较低者可能会成为炼钢厂实现碳中和的首选技术。

虽然许多专家在我国的碳中和路径研究中，都考虑了一定比例的煤电 CCS 项目，但我认为 CCS 并不是电力行业的必需品。一来我乐观地认为未来的可再生能源发电加上核电完全能够覆盖电力需求；二来我们保留"火电 +CCS"的初衷就是为了调峰和稳定电网，而太阳能光热发电和各种储能技术也可以承担同样的作用；三来随着电网越来越智能化，未来电网的供需之间会实时相互匹配，所以并不会像现在一样出现很大的偏差，调峰的压力并不会像想象那么大。所以我觉得，在化石能源已经注定被淘汰的大趋势下，"煤电 +CCS"就像是当年的"触屏手机 + 物理键盘"组合一样不伦不类，终将被淘汰。

DACCS 因为是直接从大气中吸收二氧化碳并封存，属于控制温室气体排放最后的兜底技术，因此，DACCS 的成本也被称为碳价的天花板，因为碳价一旦超过 DACCS 的成本，那么投资者就会转而通过 DACCS 来获得碳信用，目前 DACCS 的成本仍然超过 200 美元每吨而且尚无规模化运作的项目。所以短期内不用担心 DACCS 成本大降而导致碳市场的崩盘，而且我们的碳价离 200 美元还有很远的距离。

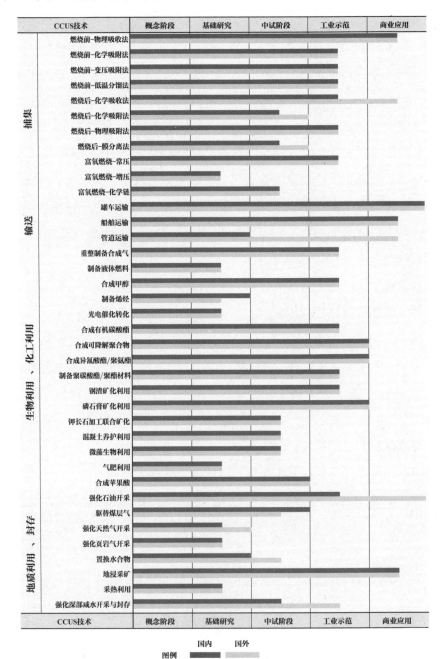

图 3-16　中国 CCUS 技术发展阶段示意图

数据来源：中国二氧化碳捕集、利用与封存（CCUS）报告（2021）

第 4 章 | Chapter 4

企业的碳中和之路

企业作为国家碳中和的主要执行者，无论是从碳中和技术的研发推广，还是进行实实在在的减排，企业的行动都将直接影响国家碳中和目标的实现。所以，企业的碳中和将是实现国家碳中和的重要推动力量。当然，根据企业性质的不同，在实现碳中和的路上，各自扮演的角色可能不尽相同。对于高排放企业，减少自身排放将成为其为国家实现碳中和的主要贡献；对于终端消费品生产行业，如何减少整个供应链的排放才是其实现碳中和的核心；对于金融领域的企业，比起自身的碳中和，如何从投资的角度，将资本引向更低碳的领域更为重要；而对于高科技行业，如何利用自身在科技领域的技术优势协助其他领域的减排才更能发挥其在实现国家碳中和中的作用。本章将从企业角度出发，探讨一个企业应该如何实现碳中和，以及如何更好地为国家的碳中和贡献自己的力量。

4.1 从社会责任到 ESG，碳中和的企业诉求

如果你想要了解某个公司的碳排放信息，以及碳中和相关的目标和实施路径，那么可以去它的官网上下载社会责任报告（CSR）、可持续发展报告（SDR）或者环境社会和公司治理（ESG）报告，尤其是最近热门的 ESG 报告。ESG 报告相对社会责任报告和可持续发展报告，它更注重一些数据的量化和披露，所以可能在社会责任报告和可持续发展报告中找不到企业的碳排放数据，但是在 ESG 报告中一定能找到。

从承载碳排放信息的报告类型可以看出，在早期，对于大多数企业来说，碳排放信息披露和碳减排措施的对外公布，主要的诉求都是为了提升企业形象和品牌价值，当然其最终目的还是为企业营造一个健康的盈利环境。

因为没有排放数据披露的强制要求，企业在报告的应对气候变化方面，可能只是做一些定性分析或者只片面地描述减排措施及减排效果。

如果说社会责任和可持续发展只是间接帮助企业盈利，那么最近兴起的 ESG 则对企业的财务状况会有直接的影响。因为 ESG 是专门面向投资者的、对目标企业在环境、社会和公司治理方面的一种定量的评分机制。其目的是满足现代的投资理念：如何在做好事的过程中获得高回报。根据全球最具影响力的责任投资者网络：负责任投资原则（Principles for Responsible Investment，PRI）相关数据，到 2020 年，已经有超过 100 万亿美元的资产签署了 PRI，在全球碳中和的趋势下，签署 PRI 的资产规模还将加速增长，如图 4-1 所示。可以说，在今后的资本市场，如果想要得到投资者的青睐，披露碳排放相关信息已经不是可选项，而是必选项。所以在 ESG 时代，企业的诉求主要是在资本市场上获得更好的表现。

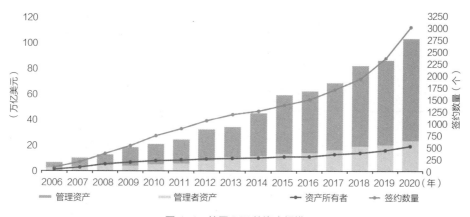

图 4-1　签署 PRI 的资产规模

数据来源：PRI

除此以外，金融监管机构也开始强制要求企业披露 ESG 相关信息，碳排放信息的披露也不在话下。香港联交所早在 2013 年就推出了《环境、社会及管治报告指引》（ESG 指引），并在 2019 年修订为董事会 ESG 管治事宜的强制披露规定，新增"气候变化"等指标，在指标修订的基础上将全部社会范畴 KPI 的汇报责任由"建议披露"提升至"不遵守就解释"。2018 年 9 月，中国证监会发布修订后的《上市公司治理准则》，要求上市公司要积极借鉴国际经验，推动机构投资者参与公司治理，强化董事会审计委员会作用，确立 ESG 信息披露的基本框架。随着相关政策的逐渐强化，大型企业特别是上市公司的碳排放信息披露将成为像财务数据披露一样的基本要求。

ESG 中对碳排放信息的具体要求

如果说社会责任报告和可持续发展报告只是对企业的应对气候变化信息做一些片面的披露，那么 ESG 则是对企业在应对气候变化相关信息披露进行了强制的、全面的、规范化的要求。不止如此，如明晟（MSCI）、富时罗素（FTSE Russell）等 ESG 评级机构，它们采用的是公开数据抓取的方式对企业进行评级，也就是所谓的被动评级。无论企业是否愿意参与评级，只要企业在它们的评级名单里，它们就会根据公开可获取的信息对企业进行评级并对外公布。这样会倒逼企业进行相关信息的公开，因为过低的评分，会对企业在资本市场上的表现造成不利影响。主流 ESG 评级机构及相关信息如表 4-1 所示。

表 4-1　主流 ESG 评级机构及相关信息

评级 / 指数名称	是否填报问卷	结果是否公开	评估信息主要来源	评估维度	评级结果呈现方式
道琼斯可持续发展指数（DJSI）评估系数	是	是	问卷	是经济、环境、社会三大维度	0～100 分
明晟 MSCI ESG 评级	否	是	公开信息抓取	ESG 三大层面，10 大主题，37 项关键议题	CCC～AAA 共 7 个等级
碳信息披露项目（CDP）	是	是	问卷	三类评级：气候变化、森林、水	D～A+ 共 8 个等级
恒生可持续发展指数评估	否	否	公开信息抓取	7 项核心指标	D～AAA 共 10 个等级
富时罗素 ESG 评级	否	否	公开信息抓取	14 项 ESG 议题	0～5 分

对于如何披露应对气候相关信息，各 ESG 评级机构的要求也不尽相同，如全球最有影响力的 ESG 评级机构 MSCI，其对气候治理及碳管理方面的信息披露主要从风险评估、碳管理和减排表现三个方面进行要求和评价，这三

个方面的评分权重占总评分的 7%，见表 4-2。

表 4-2　ESG 评级公司 MSCI 对碳排放信息披露的要求

评分大类	评分项目	描述
风险评估	风险暴露的主要驱动因素	是否在相关碳排放规则中有增加支出的风险
	业务类型	经营业务中高 / 中 / 低碳强度比例
	所在地区	是否正在筹备或者已经实施控排政策
碳管理	目标	是否以当前排放为基准，提出积极的减排目标
	减排	减排策略的强度
	降低碳强度的核心措施	使用更清洁的能源
		加强能效管理
		CDP 披露
减排表现	碳排放水平与同行的比较	最近 8 年的范围一二三排放
	碳排放强度与同行的比较	最近 8 年的碳强度

而另一个机构碳信息披露项目（CDP）则是专门对企业的气候治理和碳管理设置了调查问卷，该问卷从治理、策略、目标、风险与机遇、温室气体排放、碳减排表现等方向提出了超过 50 个与碳管理相关的问题。其问卷设计得极为详细，不但能根据企业在碳管理和碳减排的表现进行量化的评价，也可以为企业促进和加强相关措施提供指导。如 2020 年度的 CDP 问卷，关于碳减排表现中的供应链减排措施（SC2.2a）的项目类型如下：

物流减排
- 统一物流
- 运输模式变更（从航空运输转变为铁路运输）
- 线路优化
- 物流时效更改
- 其他，请说明

对商品和服务条款的变更
- 降低包装质量
- 提供更多在线 / 虚拟服务
- 其他，请说明

新产品或服务
- 减少客户运营排放量的新产品或服务
- 减少客户产品 / 服务运营排放量的新产品或服务
- 有下游排放足迹影响较小的新产品或服务
- 其他，请说明

关系可持续性评估
- 评估产品或服务的生命周期足迹，从而明确效率
- 现有关系下的可持续审查
- 达到目标，帮助客户实现蓝图
- 其他，请说明

更改供应商运营
- 节能项目的实施
- 已采购可再生能源水平提升
- 执行生命周期评估
- 其他，请说明

其他
- 其他，请说明

在所有的碳排放信息要求中，披露当年的碳排放数据，是这些评级机构对企业的基本要求。而且大部分机构对企业碳排放的结果是否按照指定的排放指南进行核算，是否经过了第三方核查机构的核查，都要求进行披露。

企业开始计算并披露碳排放最早要追溯到 2001 年，在那一年，由世界资源研究所（WRI）和可持续发展工商理事会（WBCSD）联合发布了一个温室气体核算标准：《温室气体核算体系》（*GHG Protocol*），它主要是为了指导企业如何核算碳排放。这套标准创造性地引入了运营边界这个概念，也就是我们常说的范围一排放（直接排放）、范围二排放（电力间接排放）、范围三排放（其他间接排放），这个概念后来被温室气体核算国际标准 ISO14064 采用，该标准于 2006 年发布。再之后，运营边界的概念便被广泛接受，成为全球各地制定温室气体核算准则的一个基本概念。

后来，范围一排放和范围二排放之和渐渐被认为就是企业运营层面排放，所以通常说的企业排放就是范围一排放与范围二排放之和，也是评级机构要求必须披露的范围。范围三因为涉及的内容太多，且与生产运营没有直接关系，如差旅产生的排放、采购原材料产生的排放等，所以一般作为可选项披露。

虽然碳排放的量化有了明确的指南和规则，但减排量的量化和披露规则却一直缺位。企业为彰显其在减少碳排放方面的成就，往往都会在报告中描述其为减少碳排放做了些什么努力，这些努力减少了多少碳排放。因为缺乏统一的规则，使得企业公布的这些减排行动很难进行横向和纵向的比较。不过这些在后来的企业碳中和目标上面有些改善，因为碳中和目标本身带有量化属性，那就是企业要实现净零排放。

4.2　如何界定企业碳中和

对于国家和地区的碳中和，其判定方式非常明确，即该区域范围内产生的温室气体排放量等于或者低于吸收量，就可以说其实现了碳中和。而对于企业来说就不是那么容易，大部分企业的物理边界非常小，不具备广阔的土地资源供其通过造林来实现碳排放的吸收，将排放的温室气体直接打入地下的碳捕集与封存技术（CCS）还不够成熟。一些企业主张通过购买环境权益来抵消碳排放，然而一味追求通过购买碳信用来实现碳中和而忽视自身的减排，又难免给人本末倒置的感觉。所以，企业的碳中和原则上需要在尽最大努力实现自身减排的同时，通过外部的减排措施来实现最终的碳中和。

环境权益在企业碳中和中的作用

所谓环境权益，就是指某些具有减少温室气体排放的项目，通过一系列的认证认可程序，将其温室气体减排进行量化并形成的一种可独立交易的产品。比如，一个光伏发电项目，它生产了 1MW·h 的电，同时能间接减少约 0.8 吨的温室气体排放，这 0.8 吨的减排量通过一系列的认证认可程序后，就变成了独立于那 1MW·h 电的另一种可交易的产品。企业在购买了这 0.8 吨的减排产品后，便可以宣称自己减少了 0.8 吨的排放而不用真正去买那 1MW·h 的电。这种类似的环境权益一般都是由一些具有公信力的机构签发的，根据签发机构的不同，其环境权益的类型也有所不同。原则上，同一个减排项目只允许申请一种环境权益。国内新能源电力可申请的环境权益种类如表 4-3 所示。

表 4-3　国内新能源电力可申请的环境权益种类

环境权益类型	签发机构	属性	描述
CER	UNFCCC	温室气体减排量	联合国清洁发展机制下的补充机制
CCER	生态环境部	温室气体减排量	中国碳交易市场下的补充机制
VCU	VERRA	温室气体减排量	自愿减排市场
GS-VER	GoldS tandard	温室气体减排量	自愿减排市场
国内绿证	国家可再生能源信息管理中心	清洁电力属性	国内清洁电力的绿证属性，不能交易及注销
I-REC	REC Standard	清洁电力属性	自愿绿色电力市场
TIGRs	TIGR Registry	清洁电力属性	自愿绿色电力市场

环境权益最早来源于联合国下清洁发展机制（CDM）的核证减排量（Certificated Emission Reduction，CER）。在 CDM 机制下，发达国家的部分企业有强制减排目标，如果达不到该目标，就必须在市场上购买其他企业的富裕指标或者 CER。这些 CER 大多来自全球各地的减排项目，如水电、风电、光伏、农村沼气、造林等项目。后来，一些非强制减排的企业从社会责任的角度出发，也开始购买 CER 这样的环境权益，用于抵消自身碳排放，以达到碳中和的目的。这种纯粹环境权益的交易本身也变成了一个庞大的金融市场，关于环境权益及碳交易市场将在第五章详细介绍。

对于通过购买环境权益来宣称自己实现碳中和的方式，有许多支持者，也有不少反对者。支持者认为这种方式让企业实现碳中和的方式更灵活，可以极大地激发企业的碳减排及碳中和的积极性。反对者认为通过购买环境权益的方式来实现碳中和会让企业忽视自身的减排，不利于总体碳排放的降低。但对于如何在不购买环境权益的情况下实现企业碳中和，反对者们往往给不出合理的解决方案。笔者曾经在和一位比较有社会影响力的反对者沟通中问起此问题时，得到的回答是："碳中和是国家的事情，企业只应该考虑尽量减排，不应该去考虑碳中和的事情。"

很显然这种回答对于人类实现碳中和的宏伟目标并无任何帮助，而且事实上全球的企业，特别是那些各个行业的头部企业，都非常热衷于碳中和这个事业。根据 New Climate 发布的一份报告，目前全球范围内已经有超过800 家企业宣布了碳中和目标，其中有超过 50 家企业宣布已经实现碳中和。国内企业碳中和相对起步较晚，在我国宣布碳中和目标以前，几乎没有企业考虑过碳中和。在我国宣布碳中和目标之后，以央企为主的大多数企业都纷纷宣布启动碳中和规划，个别企业已经宣布了碳中和目标。截至目前，国内已经有通威集团、蚂蚁金服等企业宣布了碳中和目标。已宣布碳中和目标的中国企业如表 4-4 所示。

表 4-4　已宣布碳中和目标的中国企业

编号	公司名称	碳中和目标	主要措施
1	远景科技集团	2022 年实现运营碳中和； 2028 年实现全价值链碳中和	能效提升； 集中式风光绿电项目投资； 分布式光储充； 绿电采购； 绿证与碳汇交易； 绿色供应链机制； 零碳工业体系赋能
2	通威集团	2023 年实现企业碳中和	保持能效的行业先进； 提高新能源比例； 利用自有光伏电站产生的绿色； 电力和减排量实现碳中和
3	蚂蚁集团	2021 年实现运营碳中和； 2030 年实现净零排放	园区节能改造； 提高建筑能效； 倡导员工低碳行为； 推动数据中心减排； 基于自然的解决方案等
4	三峡集团	2040 年实现企业碳中和	未公开措施
5	百度集团	2030 年实现集团运营层面碳中和	建立绿色数据中心； 构建智慧办公楼宇； 购买减排进行碳抵消； 智能交通及智能云的低碳赋能； 绿色供应链伙伴机制
6	宝武钢铁集团	2023 年力争实现碳达峰； 2025 年具备减碳 30% 工艺技术能力； 2035 年力争减碳 30%； 2050 年力争实现碳中和	能效提升； 绿色能源； 低碳冶金； 碳捕捉； 循环经济； 碳交易

企业碳中和标准

在这些公布了碳中和目标企业的实施方案中，我们可以明显地看到通过环境权益抵消自身排放的身影。然而对于企业自发实施的碳中和，在缺乏统一判定标准的情况下，很难进行横向比较以及得到公众的认可。如蚂蚁集团的碳中和目标中提到了"运营层面碳中和"和"净零排放"两个概念，这两个概念从某种意义上讲都可以称作碳中和，但蚂蚁集团并未解释两者的区别。所以，为了规范企业的碳中和行为，一套对企业碳中和进行评价的统一

标准成为当前的紧要事情。

关于企业碳中和标准，全球范围内已经公开发布的标准除了英国标准协会 BSI 发布一个叫 PAS2060 的公众规范，并无其他的标准可参考。该标准由 BSI 协同英国能源及气候变化部、马克斯思班塞（Marks & Spencer）、欧洲之星（Eurostar）、合作集团（Co-operative Group）等知名机构共同开发，于 2010 年发布。PAS2060 算是目前已发布的最有公信力的标准，也是当前企业实施碳中和的主要参考。

对于还未发布的企业碳中和标准，较受瞩目的要算由国际标准组织发起的标准"碳中和及相关声明实现温室气体中和的要求与原则"（ISO 14068），该标准旨在对碳中和活动进行规范和约束。当前标准的制定还处于早期阶段，计划于 2023 年发布，但从早期工作组的讨论结果来看，各国专家在标准的范围（是否只包括组织，还是包括组织、产品和服务）、核心术语的定义（如碳中和、净零排放）、减排量要求（如衡量组织在进行抵消前是否已尽力减排）、碳中和信息交流（如何减少误导）等方面都存在较大分歧，仍需进一步讨论解决。所以 ISO 14068 能否在 2023 年顺利发布，仍存在较大的不确定性。

除此之外，一些 NGO 及私人组织也开发了或者正在开发企业碳中和的标准，如私营企业 NATURAL CAPITAL PARTNERS 早在 2002 年就开发了一个企业碳中和实施指南"Carbon Neutral Protocol"，以及由 CDP 等机构发起的科学碳目标倡议组织（SBTi）也正在起草一份名为"Net-zero 目标"的标准。国内这方面虽然起步较晚，但一些标准组织也正在开展相关方面的研究，如通威集团与中国试验与材料标准平台合作开发的光伏行业碳中和标准。

虽然标准五花八门，但从已经发布的标准或者标准草案可以看出，企业的碳中和标准的总体框架都基本一致，主要表现在以下几个方面。

1.定义覆盖边界

在提出碳中和目标时，如果不把碳中和的覆盖范围解释清楚，那么碳中和目标本身就会变得有歧义。如前文所说，一个企业的碳排放分为范围一排放、范围二排放和范围三排放三种类型，这三种类型的区别如表 4-5 所示。

表 4-5　企业的排放类型

排放类型	描述	说明
范围一	直接排放	在企业物理边界或控制的资产内直接向大气排放的温室气体，如燃煤锅炉，公司拥有的燃油车辆等
范围二	外购电力和热力间接排放	企业因使用外部电力和热力导致的间接排放
范围三	其他间接排放	因企业生产经营产生的所有其他排放，如员工通勤、上下游产品生产排放

因为范围三的排放涉及太多外部数据，管理起来难度巨大，所以在通常情况下，企业在核算碳排放时并不会核算范围三的排放，但一些拥有多年碳管理经验的企业也会将范围三排放纳入管理范围内。所以，假如一个企业宣布将在某年实现碳中和而不附带排放类型说明，那么这个碳中和目标就存在一定的歧义。

除此以外，还有一种特殊的边界是以产品全生命周期为范围的排放，即产品的碳足迹，如一部手机，这将涉及制造该手机的所有零件上至原料开采，下至手机报废处理整个过程中产生的碳排放。这是一个异常庞杂的工作，但并不是不能做到，苹果公司从 2008 年开始启动产品碳排放管理计划，从 iPhone 4 开始就公布了其产品碳足迹，历代 iPhone 手机的碳足迹（部分）如表 4-6 所示。另一个手机巨头三星也曾公布过自己部分产品的碳足迹。

表 4-6　历代 iPhone 手机的碳足迹（部分）

产品	规格	碳足迹（kgCO$_2$e）
iPhone11 Pro Max	256GB	102
	512GB	117
iPhone11 Pro	512GB	110
	64GB	80
iPhone 11	256GB	89
	128GB	77
	64GB	72

续表

产品	规格	碳足迹（kgCO$_2$e）
iPhone SE	32GB	54
	64GB	57
iPhone XS Max	256GB	91
iPhone XS	512GB	107
iPhone XR	64GB	68
iPhone XS Max	512GB	115
	64GB	85
iPhone XS	256GB	92
iPhone 5s	64GB	65
iPhone 4	32GB	55

所以，企业在制定碳中和目标时，首先要确定碳中和覆盖的边界，是范围一排放，还是范围一、范围二排放，还是范围一、范围二、范围三的排放，亦或是供应链或产品的碳排放。

2. 碳排放核算

在确定边界后的下一步，则是如何核算边界内的碳排放，对于不同国家和不同地区，对于同一个企业的碳排放核算方式都可能存在差异，大体上讲，碳排放核算可以分为组织层面和产品层面两种计算方式，对应的国际核算标准分别是 ISO 14064-1 和 ISO 10467。但通常来说，ISO 系列的核算标准都是在核算总体架构上提供指导，真正计算所需要的数据，还需要参考其他的标准与资料。温室气体核算可能涉及的标准与指南如表 4-7 所示。

表 4-7 温室气体核算可能涉及的标准与指南

分类	组织层面的核算指南	产品层面的核算指南
指导文件	ISO 14064-1	ISO 14067
计算方式参考文件	GHG Protocol 国家行业温室气体核算与报告指南 国家平均电网排放因子	PAS 2050
排放因子参考文件	IPCC 2006 国家行业温室气体核算与报告指南 国家平均电网排放因子	CLCD ELCD Ecoinvent U.S.LCI GaBi

关于电网排放因子的计算，世界资源研究所（WRI）于 2014 年发布的一份关于计算电力使用碳排放的指南 *GHG Protocol Scope 2 Guidance* 中首次引入了基于区域（Location Based）的电网用电排放和基于市场（Market Based）电网排放的概念。在计算基于区域电网排放时，企业用电排放按照全电网的平均排放因子来计算；在计算基于市场的电网排放时，则用电力交易商提供的各发电企业的电力排放因子来计算，如果电力交易商为企业提供的电力为清洁电力，且能证明其清洁属性的权属时，可以认为企业用电的排放为零。这一概念是一次重要突破，它为企业采购清洁电力来减少自身用电排放提供了理论基础，从此，采购清洁电力也被广泛用于企业的碳中和实施方案中。

电网排放因子的类型及作用

电力几乎是所有企业生产都离不开的东西，计算用电排放的相关排放因子就成了非常重要的一个数据，它可以说是所有碳排放计算中最常用的数据。但电网相关的排放因子有很多种，刚接触碳排放计算的企业可能拿不准应该用哪种排放因子来计算。我这里就给大家梳理一下目前到底有多少种电网排放因子，以及这些排放因子各自的作用是什么。从而避免大家看着种类繁多的电网排放因子不知道该用哪一个。从大的方向来说，名字里带"电网排放因子"字眼的，分为计算温室气体排放和计算温室气体减排两种。对，你没有看错，就是既可以计算排放，又可以计算减排，所以用之前要看清楚，不要计算碳排放时用成了碳减排的排放因子。

计算温室气体排放类

1. 区域电网平均排放因子

区域电网平均排放因子又叫电网用电排放因子，它表示的是某区域范围内使用一度电产生的温室气体排放。其计算原理是：整个电网的电厂总排放除以总电量。电网平均排放因子主要用于计算用电产生的排放，企业在计算电网用电排放时用的就是它，所以它是最常用的排放因子。区域电网平均排放因子由国家应对气候变化战略研究和国际合作中心发布，目前公布了2010 年、2011 年和 2012 年的数据，尚未公布更近年度的数据。2011 年和2012 年中国区域电网平均 CO_2 排放因子如表 4-8 所示。

表 4-8　2011 年和 2012 年中国区域电网平均 CO_2 排放因子（$kgCO_2/kW \cdot h$）

区域	2011 年	2012 年
华北区域电网	0.8967	0.8843
东北区域电网	0.8189	0.7769
华东区域电网	0.7129	0.7035
华中区域电网	0.5955	0.5257
西北区域电网	0.6860	0.6671
南方区域电网	0.5748	0.5271

2. 全国电网平均排放因子

全国电网排放因子就是全国范围内的平均电网排放因子，计算方式与区域电网平均排放因子一样。全国电网平均排放因子只存在于非正式的"重点企业温室气体排放报告补充数据报表[①]"中，其目的是避免在全国碳交易市场启动后，控排企业因各个区域电网排放因子的巨大差异导致配额分配严重不均。这种情况对于用电大户如电解铝等行业尤为明显。如果采用区域电网排放因子，即使能耗水平相差不大，在华北电网的电解铝企业单位产品的排放要比在华中电网的企业高出 40%，如果采用区域电网排放因子来计算排放并分配配额，那么这些企业除了搬迁到电网排放因子低的地区，根本没有存活的可能。

不过目前相关行业暂未纳入全国碳交易市场，当这些行业纳入全国碳交易市场后，是否真会采用这个排放因子来进行配额分配还存在一定的不确定性，所以暂时只是作为一个企业纳入全国碳市场后配额分配的一个参考。目前的全国电网平均排放因子只有 2015 年的数据，其值为 $0.6101tCO_2/MW \cdot h$。

---

① 重点企业在进行温室气体排放报送时，为今后配额发放而需要额外填报的一张表。

3. 省级电网平均排放因子

是指"省内使用 1 度电产生的温室气体排放",该排放因子的使用场景较少,其原因是单独一个省的用电不能从物理层面与周边省份隔开,理论上不存在省级排放因子。部分排放因子较低地区的市县级温室气体清单,在计算用电排放时曾采用过,但不如用区域电网排放因子计算准确,所以现在也不再使用。该排放因子只发布了一次 2010 年的数据后就再也没有更新,其数据如表 4-9 所示。

表 4-9　2010 年中国省级电网平均 CO_2 排放因子

电网名称	因子（ $kgCO_2$ /kW·h）	电网名称	因子（ $kgCO_2$ /kW·h）
北京	0.8292	河南	0.8444
天津	0.8733	湖北	0.3717
河北	0.9148	湖南	0.5523
山西	0.8798	重庆	0.6294
内蒙古	0.8503	四川	0.2891
山东	0.9236	广东	0.6379
辽宁	0.8357	广西	0.4821
吉林	0.6787	贵州	0.6556
黑龙江	0.8158	云南	0.4150
上海	0.7934	海南	0.6463
江苏	0.7356	陕西	0.8696
浙江	0.6822	甘肃	0.6124
安徽	0.7913	青海	0.2263
福建	0.5439	宁夏	0.8184
江西	0.7635	新疆	0.7636

4. 碳足迹电网排放因子

是指某个产品在生命周期中消耗 1 度电产生的温室气体排放,其计算方法是基于生命周期评价（LCA）分析生产 1 度电产生的温室气体排放（注意:在碳足迹角度看,新能源电力也会产生排放,因为生产新能源电力所需要的设备在生产时会产生排放）,主要用处就是计算产品碳足迹时使用。因为目前我国还没有官方的 LCA 数据库,也就没有这个排放因子的官方数据,韩国碳足迹数据库中各类电力的排放因子如表 4-10 所示。

表 4-10 韩国基于 LCA 的电力排放因子节选

电力种类	电力排放因子（kgCO₂/kW·h）
电力一般	0.4872
燃煤发电	1.2050
天然气	0.4515
大水电	0.0035
光伏发电（20 年）	0.0704
核电	0.0061

计算温室气体减排类

1. 区域电网基准线排放因子

区域电网基准线排放因子，是指新能源电力设施生产 1 度电时，对应减少的温室气体排放，其计算方法是参考联合国清洁发展机制下的《电力系统排放因子计算工具》进行的，过程比较复杂。简单的描述就是电网基准线排放因子是电量边际排放因子（$EF_{grid, OM}$）和容量边际排放因子（$EF_{grid, BM}$）的一个加权平均。其中电量边际排放因子为最近三年电力系统中所有化石燃料电厂的总排放量，除以这些电厂的总发电量再取三年平均而得。容量边际排放因子则为电力系统中占总发电量 20% 的最近新建所有类型的电厂的总排放除以总发电量。

区域电网基准线排放因子由国家发改委气候司发布，从 2006 年开始每年更新，目前最新的排放因子为 2019 年排放因子，其数据如表 4-11 所示。

表 4-11 2019 年区域电网基准线排放因子

电网名称	EF_{OM}（tCO₂/MW·h）	EF_{BM}（tCO₂/MW·h）
东北电网	1.0826	0.2399
华北电网	0.9419	0.4819
西北电网	0.8922	0.4407
华中电网	0.8587	0.2854
华东电网	0.7921	0.387
南方电网	0.8042	0.2135

很多企业在不明白排放因子类型的情况下，采用了电量边际排放因子来计算碳排放，主要原因是电网平均排放因子自从发布了 2012 年数据后便未再更新，而电量边际排放因子则已经更新到 2019 年。从采用最新数据的角度考虑，企业便选择了电量边际排放因子。但其实电量边际排放因子并不是用于计算使用 1 度电的排放量，所以不能用于计算企业用电排放。

2. 中国低碳技术化石燃料并网发电区域电网基准线排放因子

中国低碳技术化石燃料并网发电区域电网基准线排放因子，指的是虽然是化石燃料发电，但是排放很低的电厂发 1 度电减少的温室气体排放。其计算方法是取电网中效率最高的 15% 的化石燃料电厂的排放因子平均值。这个排放因子主要就是针对"低碳技术化石燃料并网发电"项目（如超超临界）的方法学计算减排量使用。该方法学最早于 2009 年在 CDM 方法学通过，所以这个排放因子从 2009 年开始每年更新，最新的数据为 2015 年的，其数据如表 4-12 所示。

表 4-12　2015 年中国低碳技术化石燃料并网发电区域电网基准线排放因子

区域	60 万千瓦 （$tCO_2/MW \cdot h$）	66 万千瓦 （$tCO_2/MW \cdot h$）	100 万千瓦 （$tCO_2/MW \cdot h$）
华北区域电网	0.7570	0.7544	0.7308
东北区域电网	0.7715	0.7715	0.7658
华东区域电网	0.7357	0.7351	0.7242
华中区域电网	0.7538	0.7538	0.7413
西北区域电网	0.8078	0.8078	0.7800
南方区域电网	0.7839	0.7839	0.7372

很多人会纳闷，为什么化石燃料发电还能产生减排？这是特殊的历史原因造成的，在 CDM 时代，一个项目能否减排主要看其能否相对于基准线减少排放。简单点说，如果中国发 1 度电的基准线是排放 1kg 的温室气体，如果你发 1 度电只排放 500g 温室气体，那么就认为你的项目每发 1 度电就会产生 500g 的减排量，即使该项目是燃煤发电项目。随着人们对减排认知的深入，低碳技术化石燃料发电不再认为是额外的减排项目，故这一类型的排放因子只存在了很短的时间，也算是人类减排史上的一个小插曲。

3. 提出碳目标和实施减排

即使企业可以通过购买环境权益来实现碳中和，但自身的减排也是非常重要的一环，这也是所有企业碳中和相关标准都要求企业必须实施的部分。所以在实现碳中和的过程中，企业必须提出一定的减排目标并达成，而且需要定期检查及更新减排目标。

为了实现企业碳中和的总体目标，通常需要其他分项指标的支持，如能效提升、新能源使用比例等，企业碳目标的提出可以参考 SBTi 组织发布的相关指南，让企业的碳目标更加科学和具有可操作性。

对于达到什么样的减排目标才算是符合碳中和的标准，目前为止没有任何一个标准做出过明确的解释，大多都是定性的描述。在通威集团制定的光伏行业碳中和标准中，将政府发布的行业综合能耗指标先进值作为判断企业达成减排目标的依据，是一次解决这个问题的尝试，但不具有普遍性，因为并不是所有行业都存在能耗先进值参考。

4. 碳抵消

碳抵消是指购买环境权益来抵消剩余部分排放，环境权益根据注册机构、项目类型和签发时限对于减排的贡献被认为有一定差别。

首先，从注册机构来看，一般认为联合国 UNFCCC 和黄金标准委员会（Gold Standard）签发的环境权益适用性更广，而地方标准如国内的 CCER，和自愿减排市场签发的 VCU 就相对来说差一些。

其次，从项目类型来看，造林和基于自然解决方案产生的环境权益最受市场追捧，其次是风电、光伏等新能源项目，再其次是沼气回收等项目。但项目类型的受欢迎程度并不是一成不变的，早期的时候，造林项目曾经因为存在山火导致固定的碳重新释放到大气的风险而不被重视，在未来，随着风电光伏项目的井喷，相关的环境权益也可能慢慢在市场中被冷漠以待。

再次，从签发年限来看，最理想的状态是项目当年产生的减排量用于抵消企业当年的排放，也存在很多环境权益已经签发了很多年，即很多年前产生的减排，如果用来抵消现在的排放，将会受到质疑。

其实从理论上讲，签发机构签发的任何一个年度的任何一个类型项目的环境权益，其对减少全球温室气体排放的贡献并无太大差别，细微的区别可能是存在于项目本身的其他附加价值方面。这一点从企业购买环境权益的偏好就能看出。但从标准的角度来看，如何合理地选择符合碳中和要求的环境权益，让碳中和得到更多人的支持，将是判定该标准好坏的一个重要准则。

5. 外部沟通

企业碳中和需要其行为得到外部的认可，所以外部影响是整个碳中和最为重要的一步。标准将对企业实施外部影响方面做出一些规范性的要求，比如对外披露的内容，包括碳中和范围、碳核算规则、碳目标的达成、抵消方案等，以及相关信息的披露频率和披露方式。

4.3 他山之石，先进企业 ① 的碳中和战略解读

2021 年是中国企业碳中和的元年，因为在这之前并无中国企业提出碳中和目标和实施方案。但在国外又是另一番景象，目前全球范围内已经有超过 800 家企业宣布了碳中和目标，其中有超过 50 家企业宣布已经实现碳中和。而且大部分企业的碳中和相关目标设定及实施路径都是对外公开的，这对我国企业实施碳中和提供了重要参考。本节将重点介绍国内外一些知名企业在碳目标设定及减排措施方面的做法。或许其中一些目标和做法看起来对我们遥不可及，但相信在不久的将来，无论是政府层面、资本层面，还是客户层面，都可能推着中国的企业在碳中和的路上大步快跑，跟上国外先进企业碳中和的脚步。

苹果公司

苹果公司是最早关注应对气候变化及碳减排的企业之一。早在 2008 年，苹果公司便开始在其社会责任报告中披露碳排放信息，同时通过其自身影响

---

① 为避免歧义，除非特别说明，本书中提及的先进企业特指碳管理及碳减排方面的先进企业。

力，推进供应链的减排。苹果公司属于典型的高科技企业，几乎没有自己的制造工厂，所以范围一和范围二的排放很低，但范围三的排放非常高。

根据苹果公司发布的《2020 年环境进展报告》，苹果公司 2019 年范围一排放为 5.05 万吨二氧化碳当量，范围二[①] 排放为 86.2 万吨二氧化碳当量，而范围三的排放则高达 2500 万吨二氧化碳当量。所以，苹果从一开始，其目标就放在了整个供应链的碳减排上。像计算机、手机这种零配件众多、产业链超长的产品，想算清楚整个产业链的排放并非易事，苹果公司早在十多年前就启动了供应链碳管理计划，强制要求其供应链企业提供相关碳排放数据，并且要求第三方核查机构对相关数据进行核查。经过多年的数据和经验的积累，才让苹果公司有能力每年都发布其产品的碳足迹信息。苹果公司 2019 年的碳排放情况如图 4-2 所示。

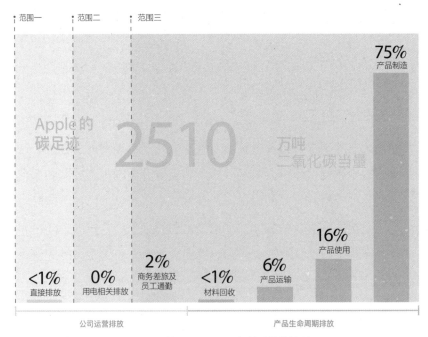

图 4-2 苹果公司 2019 年的碳排放情况

---

① 大部分国外先进企业在报告用电产生温室气体排放时，会根据 *GHG Protocol Scope 2 Guidance* 分开报告基于区域的范围二排放和基于市场的范围二排放，为避免混淆，本书中未特别注明基于市场时，都特指基于区域的范围二排放。

在目标设定方面，苹果公司设定的核心碳目标是：到 2020 年实现自身碳中和以及到 2030 年实现供应链碳中和。其他目标包括到 2030 年实现整个供应链使用 100% 可再生电力，为了实现这个目标，苹果不但努力使自己实现 100% 使用可再生电力，还不遗余力地帮助供应商寻找可再生能源电力，目前，苹果的供应商已经有超过 17 个国家的 70 家供应商承诺 100% 使用可再生电力。

在减排路径方面，主要采取了低碳设计、再生材料使用、提高产品能效、减少员工通勤等措施。根据苹果的报告，2019 年苹果公司全产业链的绝对碳排放在相对于 2015 年收入增加 11% 的基础上，降低了 35% 的碳排放。仅仅 2018 年就避免[①]了超过 1000 万吨的排放。苹果公司减排路径最大的亮点在两方面，这两方面都是用户直接能感受到的。

一个就是低碳设计，电子产品是一个非常复杂且精细的产品，如何在产品设计上优化以减少材料的消耗是苹果公司做得非常出色的一件事情。2020 年，苹果公司宣布 iPhone 包装盒不再附带耳机和充电头，也算是低碳设计中的一环，虽然也有不少反对的声音。

另一个就是超低功耗，这一点在苹果公司的笔记本电脑上体现得淋漓尽致，这一点在使用过苹果笔记本电脑的人都能得到肯定。最新推出的搭载 M1 芯片的笔记本电脑在电池不变的情况下最长续航能够达到 18 小时。

还有一个连苹果公司自己都忽视的亮点：就是无论是手机还是电脑，苹果的使用周期通常要高于同类型的其他产品。根据 Statista 公布的一项数据显示，苹果手机的平均换机周期为 3.7 年，而安卓手机的平均换机周期则为 1.6 年。苹果的长使用周期可以极大减少重复购买新品而产生的碳排放，但这些并不能体现在苹果产品的碳足迹当中。或许新开发一套基于使用时间的碳足迹信息，才能将苹果的这个优势体现出来。

在碳抵消方面，苹果公司坚持自建新能源电站以满足电力使用，仅有

---

① 避免排放和减少排放意义有所不同，避免的排放会考虑可能增加的碳排放部分。

少部分电力是通过购买绿证来实现的。在 2019 年苹果公司的全球电力使用中，有 83% 来自自有或持股的电站提供的清洁电力，12% 来自直购电，5% 来自绿证。对于非电力的直接排放，苹果公司采用的是通过自然解决方案（NbS）来实现，主要通过投资保护哥伦比亚红树林及保护肯尼亚热带稀树草原这两个项目，实现每年的碳移除量超过 100 万吨。

对于供应链的碳中和，苹果公司的目标为首先做到 2030 年绝对排放相对于 2015 年减少 75%，然后剩下的排放通过直接投资碳清除项目来实现。总体来说，无论是自身的剩余排放还是供应链的剩余排放，苹果公司在碳抵消方面都放弃了采用购买减排量的方式来抵消，而是采用投资 NbS 项目获取碳汇[①] 来实现剩余排放的抵消。

微软

虽然与苹果同为世界顶级的高科技企业，但是微软的碳中和之路相对于苹果来说，更注重温室气体减排技术本身。如果说苹果的碳中和是在符合自己商业利益的层面上，通过各种技术手段实现自身和供应链的碳中和，那么微软的重心则放在了碳中和技术本身上。这一点从微软的创始人比尔·盖茨出的新书《气候经济与人类未来》中可以看得出来。

根据微软发布的 *2020 Environmental Sustainability Report*，其 2019 年范围一排放 11.8 万吨二氧化碳当量，范围二排放 410.2 万吨二氧化碳当量，范围三排放 1081.8 万吨二氧化碳当量。微软早在 2012 年就通过购买环境权益实现了碳中和，但这只能算是微软实施碳减排的起点。因为在这之后，微软提出了一个又一个远超时代的碳目标。微软从创立以来到 2030 年的碳排放趋势图如图 4-3 所示。

---

① 减排量（Emission Reduction）和碳汇（Carbon Sink，苹果的报告中也称碳移除）都属于碳信用（Carbon Credit）的一种，从降低温室效应角度上看，一吨减排量与一吨碳汇并无本质区别，但碳汇属于直接从大气中吸收二氧化碳，对于碳抵消更为直接，故企业碳抵消更青睐采用碳汇而非减排量。

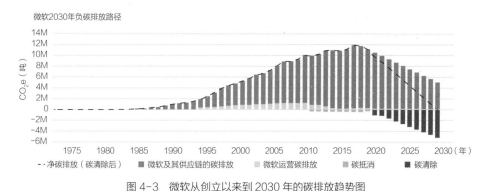

图 4-3 微软从创立以来到 2030 年的碳排放趋势图

目标一：到 2025 年企业范围内实现近零排放

微软提出的这个近零排放（接近零排放）目标与净零排放或碳中和是两回事。前面我们已经提到，微软从 2012 年开始就一直保持碳中和状态，但那时的微软仍然是有范围一和范围二排放的，只是通过购买外部碳信用来进行了抵消而已。而微软 2025 年的这个目标意味着将几乎不再产生范围一和范围二的排放。

为了达到这个目标，自然不能使用任何的化石能源，因此微软拆掉了食堂的燃气灶改用电灶。而对于备用发电机，微软将原来的柴油发电机改装成了氢能发电机，并且只采购绿氢发电。对于车辆方面，微软计划到 2030 年完成全球 1800 辆车的电气化，这是考虑到各国关于新能源车配套设施如充电桩的进程差异，所以并没有提出到 2025 年实现。这也是微软没有在 2025 年提零排放而是提的近零排放的原因。

对于电力方面，那自然是需要 100% 清洁电力。微软在这一点没有像苹果一样自建电站或者投资电站，而是除自有建筑建光伏电站以外，剩下的电力主要通过直购绿电获得。当然这并不是因为微软没钱，比尔·盖茨在他的新书中说明了原因：新能源电力已经在技术和经济上可行，在这上面投钱对于推动整个地球碳中和并不能有很大帮助，所以他更愿意投钱到技术不成熟、但对未来碳减排很有帮助的地方。

目标二：到 2030 年范围三排放降低 50% 以上

微软的范围三排放约为 1000 万吨，为了实现这个目标，提高产品供应商能效、鼓励员工在家办公、产品低碳设计等措施都不在话下。微软在范围三减排上真正可圈可点的措施包括两点：一个是实施供应链碳定价，让供应商为其销售的产品支付碳排放额外的费用。微软从 2012 年就实施了内部碳定价，收到的资金用于支持微软的碳中和项目，到 2019 年微软的内部碳价涨到了 15 美元每吨，也就是基本每年有 6000 万美元的内部碳收入用来支撑其实施的碳中和项目。2020 年，微软将碳定价扩大到整个供应链层面，虽然早期的碳价比较低（报告中没有具体数据），但后期会慢慢提高费用，直到与微软内部的碳价一致。另一个是与航空公司合作开发低碳航线。2020 年 10 月，微软宣布与美国航空公司 Alaska Airlines 和低碳燃油公司 SkyNRG 达成合作，共同开发微软员工最常飞的三条航线的低碳航班，以降低员工乘坐飞机产生的碳排放。这是首个为降低出行碳排放而与航空公司合作的项目，是一次非常有意义的创新。

目标三：到 2030 年，实现净负排放（Net Negative Emission）

企业层面提出负排放目标，微软也是第一个。所谓负排放，就是要从大气中吸收二氧化碳，使得企业层面的排放为净吸收状态。根据微软的第一个目标，微软将在 2030 年不再有范围一和范围二的排放。如果微软再实施一些负排放技术，那么，微软就能成为负排放企业。根据微软发布的报告内容，微软的负排放目标计划从以下几个方面来实现，目前微软在这几个方面已经签订的合同已经超过 100 万吨的碳移除量。

- 造林 / 再造林；
- 土壤固碳；
- 生物质能 CCS（BECCS）；
- 大气碳捕获（DACCS）。

相对于苹果通过自然解决方案来从大气中吸收温室气体，微软的目标更有科技含量和未来感。第三种和第四种方案目前都没有成熟技术，为了催熟这些技术，微软计划投资 10 亿美元用于投资未来减排技术。截至目前，微软已经投资了类似于 CLIMEWORKS 等好几家该领域的初创公司。

目标四：到 2050 年，去除公司创立以来的所有碳排放

这个目标也是微软独创的。为了说明这个目标的积极性，我们拿人类和整个地球来举例。根据本书第 1 章的描述，目前地球二氧化碳浓度约为 416ppm，全球累计总二氧化碳排放量约为 2.2 万亿吨。人类的 1.5℃目标是控制在 430ppm 左右，预计届时累计总排放约为 2.9 万亿吨。微软的这个目标相当于在人类实现 1.5℃目标及温室气体浓度 430ppm 的基础上，再将累计排放的 2.9 万亿吨二氧化碳从大气中移除，让人为的温度上升幅度降为 0，即二氧化碳浓度回到工业化前的 280ppm。当然，对于高科技企业自身的排放来说，实现这个目标的难度并不至于难于登天。而对于全人类来说，至少这个世纪是绝对不可能实现的。

除此之外，微软还开发了专门支持温室气体核算和减排的系统，以帮助其供应链和外部企业实施减排。总体来说，微软的碳目标和减排方案具有非常强烈的科技感和未来感，其在温室气体减排方面的前瞻性和创新性是表现最好的企业之一。

奔驰

奔驰品牌的母公司叫作戴姆勒，属于传统汽车制造业，相对于自身排放较少的科技公司，传统制造业企业属于重资产的高排放行业，其碳中和难度更大。根据戴姆勒发布的《2019 年可持续发展报告》，其 2019 年范围一排放为 123.9 万吨二氧化碳当量，范围二排放为 170.6 万吨二氧化碳当量。总体来看排放不算太高，但其范围三排放在报告中并未明确列出，只是公布了每辆车全生命周期各个阶段的排放量。如果我们根据戴姆勒工厂制造阶段产生的范围一和范围二的碳排放反算其范围三排放，得出的数据高达 2.05 亿吨二氧化碳当量。这可能是戴姆勒不愿意直接公布范围三排放的原因之一。戴姆勒公司单个汽车的全生命周期排放如图4-4所示。

每辆梅赛德斯奔驰车范围一、范围二和范围三排放（单位：吨CO_2e）（2019年）

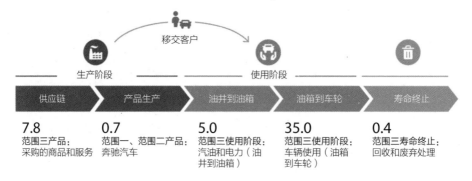

供应链	产品生产	油井到油箱	油箱到车轮	寿命终止
7.8	0.7	5.0	35.0	0.4
范围三产品：采购的商品和服务	范围一、范围二产品：奔驰汽车	范围三使用阶段：汽油和电力（油井到油箱）	范围三使用阶段：车辆使用（油箱到车轮）	范围三寿命终止：回收和废弃处理

图4-4 戴姆勒公司单个汽车的全生命周期排放

关于碳目标，戴姆勒公司提出了到2022年实现欧洲工厂的碳中和，到2039年实现全产业链的碳中和。对于传统制造业来说，很难实现全面的电气化，所以在短期内要实现碳中和，不可避免要通过购买减排量来实现，奔驰也不例外。在报告中，奔驰计划到2022年通过直购电的形式让消耗的电力为100%清洁电力。对于范围一排放部分，奔驰计划采购黄金标准GSCER来抵消这部分排放。

除此之外，戴姆勒还提出到2030年实现工厂的绝对排放相对于2018年降低50%，产品碳足迹降低42%。虽然戴姆勒公司提出2022年实现碳中和，但预计主要实现方式是通过购买黄金标准减排权来实现。在实际减少碳排放方面，戴姆勒还能做得更好，于是提出了上述目标。对于工厂来说，在12年内绝对排放降低50%虽然说有难度，但也不是不可能实现的。至于碳足迹，根据我前面的估算，戴姆勒降低42%的碳足迹相当于减少约1亿吨的等量碳排放。这一点单从数字上来看，与苹果和微软的目标其实并不相上下。

奔驰的电动车战略

作为汽车制造商，碳中和目标中车辆燃料的脱碳是绕不开的话题，即使戴姆勒自己都认为在传统燃油车单位里程的碳排放很难继续降低的情况下，它对未来车辆的脱碳计划只是在 2025 年实现 25% 销量的车为纯电动车，2030 年所有纯电动和插电混动车辆比例为 50%，2039 年推出碳中和车辆。对于卡车板块，奔驰计划在 21 世纪 20 年代的后 5 年内推出氢燃料卡车，并于 2039 年在部分国家和地区推出碳中和卡车。这个目标在大部分国家提出将在 2035 年左右禁售燃油车的背景下，只能说乏善可陈，传统车企的新能源转型难度由此可见一斑。所有奔驰车型的单位里程 CO_2 排放如图 4-5 所示。

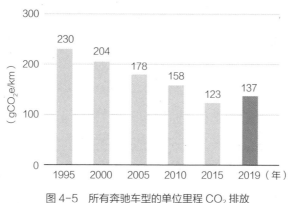

图 4-5　所有奔驰车型的单位里程 CO_2 排放

或许是因为最近新能源车对传统燃油车的冲击超乎奔驰的想象，在 2021 年 7 月 22 日，奔驰举行了一次战略发布会，宣布其车辆电气化的战略从以前的 "电动为先" 改为 "全面电动"。具体的目标为自 2025 年起，奔驰的新车架构将均为纯电平台，其每款车型都将向客户提供纯电版本；从 2029 年起，奔驰将做好 100% 产出纯电车型的准备。该目标相较 2 年前的战略有了很大提升，但也能看出奔驰对传统燃油车方面既有优势的不舍。未来新能源车对传统燃油车的替代进程或许会快得超乎所有人想象。是否彻底颠覆自己，全面拥抱新能源，将会是所有传统燃油汽车制造企业面临的选择。

雀巢

雀巢是全球最著名的食品企业之一，其旗下的产品种类超过 2000 种，产品范围涵盖了我们日常生活中大部分饮料和甜品，也是几乎所有人都耳熟能详的一个品牌。2020年12月，雀巢为其碳中和战略专门发布了一个报告，叫《加速，转型，再生：雀巢净零碳排放路线图》。根据该报告，雀巢2018年范围一的排放为330万吨CO_2e，范围二的排放为250万吨CO_2e，范围三的排放高达1.07亿吨CO_2e。这是典型的生产终端消费品公司的温室气体排放结构：范围一排放和范围二排放之和不到范围三排放的10%。

要说雀巢碳中和战略的亮点，不提自身碳中和目标便是其一。实现自身的碳中和与实现全供应链碳中和的难度基本是登泰山和登珠峰的区别。先提出一个自身碳中和的小目标，快速实现后，再提供应链碳中和大目标是大部分企业的碳中和战略方向。这样一来短期可以实现企业自身的碳中和，成为企业的一个宣传点，二来也有长远的减排目标可以奋斗。而雀巢并没有提出自身的碳中和，雀巢的碳中和目标特点是更注重供应链整体减排，所以只从供应链的角度出发提出减排目标。雀巢的主要碳目标[1]是：到2025年实现供应链减排20%，2030年供应链减排50%，以及2050年实现供应链碳中和。

虽然实现整个供应链碳中和的时间较晚，看起来并不是特别有雄心壮志，但雀巢在报告中特别注明，整个供应链的碳减排不允许使用外部的碳信用进行抵消，这就意味着为实现这一目标，雀巢必须在内部实现排放和吸收的平衡。其用的电必须是100%绿色电力，其他的范围一排放必须通过CCS技术或者通过植树造林等碳吸收的形式予以中和。从它计划每年种树2000万棵来看，雀巢是计划通过植树造林的形式来实现碳中和。

雀巢的碳中和战略的另一个亮点是推出了碳中和品牌。早在2016年，雀巢就在法国推出了碳中和咖啡。之后，雀巢还挑选了几个品牌实施品牌碳中和，并计划在2025年实现全球水业务的碳中和。虽然雀巢总体排放很高，但单一品牌的产品特别是饮料类产品碳足迹通常较低，实现碳中和的成本也不高。这样一来可以弥补雀巢因未制定企业层面碳中和目标而不能短期内宣布

---

[1] 雀巢的碳中和目标并未包含所有范围三排放，它剔除了消费者使用阶段的排放。

实现"碳中和"的宣传机会，二来可以让碳中和离消费者更近，对于培养消费者的低碳理念和低碳消费习惯有莫大帮助。

在减排路径方面，雀巢从原料的可持续采购、产品设计转型、包装的可回收设计、清洁物流、推出碳中和品牌、积极倡导减排这 6 个大路径开展相关行动，在 6 个大的路径中又细分成了 35 个小的实施路径，每个路径都列出了到 2030 年细部指标及 2050 年的大目标，是减排路径描述最为详细的企业之一。雀巢的碳中和规划相关细部指标（部分）如表 4-13 所示。

表 4-13　雀巢的碳中和规划相关细部指标（部分）

时间	细部指标	时间	细部指标
2022 年	实现主要供应链零毁林	2025 年	使用 100% 经认证的可持续可可和咖啡
2022 年	将全球车队更换为低排放车	2025 年	20% 关键原料来自再生农业
2023 年	使用 100% 经认证的可持续棕榈油	2025 年	减少包装中 1/3 的原生塑料用量
2025 年	雀巢的所有办公楼和工厂使用 100% 可再生电力	2025 年	每年植树 2000 万棵
2025 年	实现 100% 包装可回收或可重复使用	2025 年	实现雀巢水业务的碳中和

壳牌

壳牌是全球最大的化石能源供应商之一，其中各种石油类产品的生产和销售是其核心业务，几乎在世界各地都能够看到壳牌的加油站。作为能源供应商，其自身的碳中和固然重要，但更重要的是其销售的能源在使用过程中的碳排放下降，因为这是其他行业实现碳中和的基础，也是传统能源供应商能否在碳中和的大趋势下存活下来的关键。

根据壳牌官网公布的数据，其 2018 年范围一的排放为 1.05 亿吨 CO_2e，范围二排放为 1100 万吨 CO_2e，而范围三的排放高达 16.37 亿吨 CO_2e。其总排放若与国家的排放比较，壳牌的总排放仅次于中国、美国和印度。所以壳牌的碳中和目标也可以说是等比于一个排放大国的碳中和目标。

正如前面所说，作为能源生产和供应企业，相对于其他企业只是从企业社会责任或者在其业务中更具竞争力来实施碳中和，壳牌碳中和目标的科学性和可执行性直接决定了企业的生死。因为即使自身的碳排放完全实现了中和，如果出售的能源仍然是以高碳能源为主的化石能源，那么企业在未来一定无法生存。所以壳牌并不像一般企业，在制定碳中和目标上要考虑自身碳中和。而是把目标集中在一点——降低所销售能源全生命周期的碳强度。

2021 年年初，壳牌发布了"赋能进步"战略，加速推动公司向净零排放的能源产品和服务供应商转型，壳牌净零排放的目标覆盖了公司自身生产运营业务和售出的所有能源产品产生的碳排放。2050 年以前，将其销售的能源产品全生命周期碳排放实现绝对净零。这代表壳牌要将它自身运营的排放、自身产品使用时的排放和销售的其他企业产品的排放全部总和，总计约 17 亿吨实现绝对净零，其难度不亚于一个排放大国实现碳中和。壳牌认为公司碳排放总量已于 2018 年达到峰值，并计划持续降低碳强度：以 2016 年为基准，2023 年碳强度下降 6%~8%，2030 年下降 20%，2035 年下降 45%，直至 2050 年降低 100%。从范围三来看，壳牌提供给终端客户的油气产品总量大约是其自身油气产量的 3 倍。壳牌范围三的净零排放能否实现，与客户侧的净零排放和整个社会的用能需求变化密切相关。壳牌希望未来将利用零售和大宗能源产品交易方面的竞争优势，努力向"以客户需求为导向"的低碳能源服务转型。

具体如何实施，壳牌主要从"避免""减少"和"减缓"三个大方向进行策划。其中"避免"是指提高低碳能源的生产和销售比例，以避免化石燃料的使用，如加大风电、光伏等新能源电力的投资，提高天然气和低碳燃料（如生物燃油、氢气）的比例，降低燃油的销售比例；"减少"是指立即减少尽可能多的排放，如提高工厂的能效，降低不必要的排放等；"减缓"是指通过 CCS 或者开发碳信用来抵消剩余排放，如投资 CCS 项目、植树造林等。壳牌碳中和措施的 2030 目标如表 4-14 所示。

表 4-14　壳牌碳中和措施的 2030 目标

碳中和措施	项目分类	2030 年具体目标（相对于 2016 年）
避免	低碳电力	新能源电力销售翻倍； 开发超过 5000 万家庭等同的电力； 建设 250 万个充电桩
	低碳燃料 （生物质能、氢能）	生产 8 倍以上的低碳燃料； 低碳燃料在交通燃料的占比超过 10%
	天然气替代	油类产品每年降低 1%~2%，且 2025 以后不再进行油田勘探； 气体类产品占所有碳氢化合物产品的比例超过 55%
减少	能效提高	消除火炬排放； 到 2025 年将甲烷排放强度控制在 0.2% 以下
减缓	CCS	到 2035 年实现年 CO_2 封存量 2500 万吨
	碳汇	年碳汇量达 1200 万吨，只采用高质量碳汇

从以上减排措施可以看出，壳牌在从化石能源转向零碳能源的路上，可以说是多头并进。首先壳牌强调以客户需求为导向，并没有片面强调在能源供应侧投资风电、光伏等新能源电力，壳牌希望充分利用在零售和大宗商品交易方面的优势，向市场和客户提供一体化的能源解决方案。在交通领域的脱碳，壳牌一方面开发新能源电力及充电桩，以满足电动车的能源需求；另一方面开发生物质能和氢能，以确保未来非电动车交通工具能源供应的市场地位。在天然气使用方面，壳牌并没有完全抛弃作为化石燃料的天然气，因为在提供同等能源条件下天然气的碳排放只有石油的一半，在实现碳中和的路上，天然气是很好的过渡燃料。而对于 CCS，目前全球任何一个关于 2050 碳中和路线图中 CCS 都是不可缺少的一种技术路径，壳牌在很早的时候就开始研发 CCS 相关技术，到现在已经有了不少的技术和经验方面的积累，所以在壳牌的碳中和路线图中，将 CCS 纳入其主要技术手段之一也在情理之中。对于仍然剩余的排放，壳牌同其他先进企业一样选择了 NbS 的路径。预计未来很长一段时间里，NbS 将成为因碳中和而崛起的行业。

为了实现能源转型，壳牌业务战略也进行了调整，主要体现在业务战略规划和资产组合方面。

（1）聚焦上游核心区块，缩减上游业务投资规模，强调发展质量，剥离非核心区块的上游油气资产，为低碳能源转型提供现金流和资本支持。

（2）发展天然气一体化业务和化工业务，扩大高附加值化工产品的生产供应能力。

（3）大力发展零售网络、可再生电力和低碳能源业务。目前壳牌在多项贸易和销售指标上都名列国际石油公司前列，并在有序推进海上风电、光伏、氢能和电力业务的发展。

综上所述，从壳牌的能源转型和碳中和规划来看，不像是一个企业在制定碳中和规划，反而与一个国家在能源方面的碳中和规划并无太大差别。从全球角度来看，未来的能源转型仍有较大的不确定性，壳牌在能源转型中的每一个实施计划都面临着巨大的技术和资金投入，以及计划失败的风险。即使如此，壳牌还是义无反顾地提出了自己的目标与实现路径，因为壳牌碳中和目标的实施，可能将在未来为数以千计的企业、地区甚至国家实施碳中和提供基础条件，也由此可以看出壳牌作为一个全球龙头能源供应商的担当。

2021年5月26日，荷兰海牙地方法院对"荷兰环境保护组织等七家机构诉壳牌案"做出判决，要求被告荷兰皇家壳牌减少其向大气中排放的二氧化碳总量（包括范围一至范围三排放），实现2030年的排放总量与2019年同比净减少不低于45%。此目标要比壳牌自定的目标提前五年。壳牌也因此成为史上首个从法律角度规定其减排目标的企业。即使壳牌的碳中和目标在同行中最为激进，最终也被法律抓了典型，不禁令人感慨。时代已变，如转型不及时，往日化石能源企业的辉煌，或将随化石能源一道，消失在碳中和的滚滚浪潮中。

远景

远景科技集团（以下简称远景）是全球绿色科技领军企业，2020年、2021年远景科技集团的智能风机订单量排名全球第一，同时在光伏和储能、动力电池、碳管理和智能物联网等领域也具有相当的影响力。

在全球绿色复兴的趋势下，远景承诺从自身做起，已制定与《巴黎协定》框架下 1.5 度温控目标相一致的科学碳目标，率先设定碳中和目标和路线图。2021 年 4 月，远景发布了首个碳中和报告，承诺将于 2022 年实现企业运营碳中和，于 2028 年实现全球价值链碳中和，是全球最早承诺实现全价值链碳中和的中国企业。

远景为实现 2022 年运营碳中和，充分利用自身能效提升、自建或投资绿色发电项目等手段，并通过自主研发的"方舟"碳管理与智慧能源管理系统，不断提升能源效率，增加绿电消费比例，高效、低成本地实现碳中和。对于供应链碳中和，远景借助其自身的新能源电力资源和零碳技术解决方案，帮助供应商不断降低其生产运营的碳排放，最终实现 2028 年全价值链的碳中和。同时远景也加入了国际倡议组织 SBTi 和 RE100，在提出科学碳目标的同时，承诺 2025 年使用 100% 的清洁电力，为实现碳中和，远景 100% 清洁电力的目标或将提前到 2022 年。远景集团运营层面碳中和路径如图 4-6 所示。

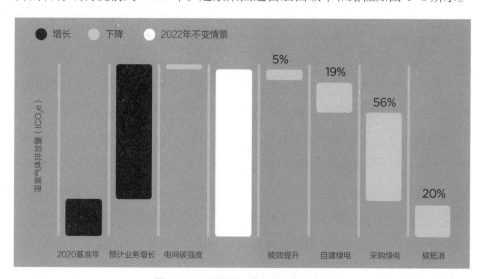

图 4-6　远景集团运营层面碳中和路径

作为国内首个单独发布碳中和报告的企业，以及全球第一个提出早于 2030 年实现全供应链碳中和的中国企业，远景本身在碳中和方面的态度及行动，为中国的企业树立了榜样，在影响和促进中国企业推动碳中和进程方面意义重大。

2021 年算是中国的碳中和元年，对于如何实施碳中和，许多企业还处于茫然的状态。远景对自己的定位已经不止于新能源技术公司，而是定位成企业、机构和政府的零碳技术伙伴，为他们提供端到端的零碳技术解决方案，包括基于智能物联和区块链技术的碳管理系统、分布式风光储、集中式风光绿电项目投资、充电桩、绿电采购、绿证采购、能源管理等。企业通过远景碳管理系统可以实时监测和分析碳足迹，覆盖电、暖、气、热以及可再生能源等，自动生成碳排放报告，模拟、优化企业减排路径，还可以通过碳管理系统采购绿证、绿电、碳汇等，一站式实现碳中和闭环。远景与两大国际权威绿证机构 APX 和 I-REC 战略合作，通过基于智能物联网和区块链技术开展绿证核查、发证、交易和核销在内的一站式服务，帮助其管理的超过 300GW、占全球 20% 的新能源电站快速获取绿证。

在未来碳中和的大趋势下，碳管理产品和服务或将成为远景科技集团的又一大重要业务板块。

4.4　企业如何制定一个好的碳中和规划

在前面的几个小节里，我们从各个层面介绍了企业实施碳中和的缘由、相关标准以及企业碳中和基本流程，也介绍了几个国外先进企业的碳中和案例，但从具体实操方面，还缺乏系统的介绍。随着全国碳中和目标逐渐下沉到实施阶段，将会有不少企业涉及碳中和目标及规划的制定。虽然本书的目的并不是成为企业碳中和相关的操作手册，但我希望本书的读者除了从宏观上对碳中和有所了解，也能够从微观角度对具象化的碳中和的一些业务有所了解。本节将从零出发，一步步地介绍如何为一个企业制定好的碳中和战略，以及如何将这些碳中和战略落地。总体上看，企业的碳中和规划的制定可以分为以下几个步骤。

第一步：摸清排放家底

碳排放并不像电力消耗那样装个电表就能一目了然，它不只涉及企业能源层面的多个渠道数据，对于从来没有核算过自身碳排放的企业来说，它们甚至不知道自己的企业哪些地方在产生碳排放。如果我们把企业碳排放比作资产或者负债，那么我们就应当像管理公司财务信息一样管理自己的碳排放信息。同样，通过财务数据的管理，可以知道公司内部的每一项支出和收入。通过分析，我们也可以知道哪一项的支出可以减少，哪一项的收入可以增加，这就是我们常说的开源节流。但这一切都是建立在清晰的数据基础上的。如果连自己的碳排放是多少，它们分别发生在哪些环节都不知道，那么要实现碳中和便无从抓起。所以企业要实施碳中和，第一步便是要全面地梳理自身的碳排放情况，摸清自身碳排放家底。

第二步：建立碳管理体系

企业的碳中和目标并不是一两年就能够实现的，而且即使实现了，也需要一直维持碳中和状态。所以，我们可以这样说：在不久的将来，企业的碳管理将像财务管理一样成为每个企业的标配。所以，为了使碳管理相关业务常态化，建立适当的碳管理体系则是在摸清企业碳排放的下一步动作。

第三步：设定碳目标

设定减排目标看起来非常容易，实际上是个技术活。从前面国外先进企业的案例就能看出，他们每个企业的碳目标都各有特色，而且都提得有理有据。如果你只提一个到 2050 年实现碳中和的远景目标而没有分阶段目标，那么你提的碳目标就显得没有诚意。连我国提出的 2060 年碳中和目标都有分阶段的指标，这些目标指标都是在做了大量的研究工作而得出的结果。同样，企业在设定减排目标时，也需要结合自身特点、行业发展规律、国家及地方政策等内外部因素，通过深度研究和分析，才能制定科学合理的减排目标。

第四步：制定碳中和实施方案

定了目标只能说是迈出了万里长征的第一步，为了实现既定的碳目标，需要制定一系列的实施方案以达成这个目标。通常来说，企业可以从技术创新、能效提升、燃料替代、新能源使用比例提升、设备电气化、可再生资源利用等方面来制定碳中和相关实施方案。但根据企业自身情况和行业特点，并不是所有的企业都需要在这几个方面进行考虑，最好能抓住一到两个重点领域进行深入研究，以提出最符合自身特点的碳中和实施方案。

第五步：剩余排放的抵消

对于绝大部分企业来说，无法通过减排措施来实现自身完全的零排放。所以在企业内部减排做到极致时，对于剩余的排放，还需要通过获取外部的环境权益进行抵消，企业可以直接投资相关的减排项目，也可以直接从市场上购买相关的环境权益。

第六步：外部影响

无论从企业自身形象提升，还是从促进更多行业和企业减排来看，企业的碳中和目标及相关措施都应当尽可能让更多的人知道。企业可以通过公开发布碳中和相关报告、参与碳中和国际倡议组织、发起碳中和相关社会活动等形式扩大企业的影响力。当然，这一步并不一定要放到最后才做，它可以贯穿整个碳中和工作的始终。企业实施碳中和的主要步骤如图 4-7 所示。

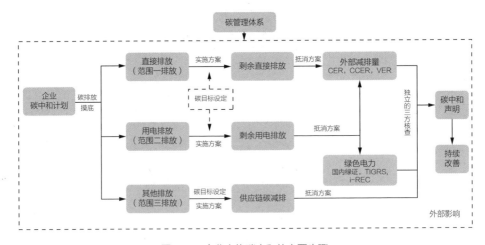

图 4-7　企业实施碳中和的主要步骤

摸清碳排放家底

摸清碳排放家底是一切碳中和规划的基础，本书前面提到的国外先进企业提出的各种碳中和目标都是建立在摸清碳排放家底基础上的。它们大多都是在十多年前就建立起了内部的碳排放清单，如同管理财务账本一样管理自身的碳排放，少数企业更是建立了整个供应链的碳排放清单，用以管理及降低整个供应链的碳排放。

从国内来看，也有不少企业至少进行了碳排放数据报送相关活动，这些企业主要包括三类。

第一类企业是碳交易试点地区的控排企业。它们因为是碳交易市场的参与者，所以碳排放数据对于它们来说就等同于实打实的资产，当然也就对碳排放数据比较敏感。但从我在一些试点地区进行调研时发现，部分企业对碳排放数据的重视程度还不够。

第二类企业是国内八大行业①的企业。2016 年，国家发改委发布了一则《关于切实做好全国碳排放权交易市场启动重点工作的通知》，要求全国范围内重点排放企业报送 2013—2015 年的温室气体排放情况。从此开启了每年一次的全国重点排放单位温室气体排放报送活动，涉及的企业大约有 8000 家。虽然这类企业从 2016 年至今已经开展了五次温室气体排放报送工作，但因为全国碳交易市场迟迟未能落地，企业从开始的积极应对，也渐渐变成了应付了事。而且即使到了第五年，很多企业还并不具有碳排放报告编制的能力。因为温室气体报送工作会由政府委派第三方核查机构到现场进行核查，即使企业不编制温室气体排放报告，核查机构为了满足政府的相关要求，也会在完成核查报告的同时顺便帮企业编写一份排放报告。而企业只需要按照核查机构的要求提供相关数据就行。这直接助长了企业的应付心态，把每年的温室气体排放报告工作视为政府的一项检查工作，每次核查机构来了，开个会，提供点数据了事，很少有企业真正了解和分析自身的碳排放数据，并

---

① 指电力、钢铁、水泥、石化、玻璃、有色、造纸、航空行业，被划分为重点排放单位。

为此制定相应的减排措施。

第三类则是先进企业的供应商，像苹果、微软等企业，它们为了实现供应链的碳中和，需要收集整个供应链企业的碳排放数据。所以这些供应商必须了解自身的碳排放情况，并提供给他们的客户。不仅如此，这些企业还对供应链企业的碳排放降低有具体要求，并帮助供应链企业实施碳减排。从某种角度上讲，这些企业对碳排放的认知水平要高于国内部分八大行业企业。

摸清企业碳排放家底最基本的要求是量化企业的碳排放，目前全球范围内大部分企业的碳排放量化方式都是通过计算而非直接测量得到，所以选择合适的计算方法又是摸清碳排放家底的第一步。

关于企业碳排放核算方法我在本章的前面部分已经有所介绍。大体上分为国际核算方法和国内核算方法，两者的核算方式并无太大差别，但在应用场景上存在较大差异。国际算法主要以世界资源研究所与可持续发展工商理事会发布的《温室气体核算体系：企业核算与报告标准》及其系列指南为主，其应用场景主要为国际间碳排放核算相关的互认，如向国际倡议组织报告企业碳排放情况、向国外采购方提供碳排放数据等。国内算法主要以国家发改委发布的 25 个《行业企业温室气体排放核算方法与报告指南（试行）》为主，其应用场景主要是作为国内碳交易市场配额分配及履约的依据。两种核算方式的主要异同点如表 4-15 所示。

表 4-15　国际和国内企业温室气体核算体系的异同

编号	分类	温室气体核算体系：企业核算与报告标准（GHG Protocol）	行业企业温室气体排放核算方法与报告指南（试行）
1	应用场景	国际温室气体排放数据披露	国内碳市场配额分配及履约依据
2	核算边界	股权比法、财务控制权法、运营控制权法	以法人主体为核算边界
3	运营边界	范围一和范围二必报，范围三选报	范围一和范围二必报[①]，范围三不涉及
4	基准年设定	需要设定基准年以便于长期跟踪碳排放变化	不涉及

① 国内的核算指南中并未引入范围一和范围二的概念，但其意义与范围一和范围二等同。

编号	分类	温室气体核算体系：企业核算与报告标准（GHG Protocol）	行业企业温室气体排放核算方法与报告指南（试行）
5	排放源识别	需要自行识别排放源	对照相应行业指南进行排放源识别
6	排放数据获取	按照准确性原则采用企业活动数据	
7	排放因子采用	无特定要求，主要参考 IPCC2006	采用相应行业指南中规定的排放因子
8	排放量化方式	通过活动数据 × 排放因子	
9	排放数据质量管理	实施排放清单质量管理体系	编制监测计划
10	再生电力使用的认可	计算电力排放时可以报送基于区域碳排放和基于市场的碳排放两种，其中基于市场的碳排放认可再生电力的使用为零排放	不认可

对于目前实施碳中和的企业来说，因为国内并无企业碳中和相关要求，大多都与国际核算体系有一定关联，但随着全国碳市场对控排企业的纳入范围逐渐扩大，这些企业也很可能在不久的将来被纳入全国碳市场体系中去。所以建议企业在最初摸清自身碳排放家底时，同时建立两套温室气体排放清单，其中国际上的温室气体排放清单应包含基于区域的碳排放数据和基于市场的碳排放数据，以便于企业后期在提高再生电力使用比例时能反映在温室气体排放清单上。

企业完成碳排放摸底的一个主要成果，就是一份温室气体排放清单，清单上至少要列明企业的所有排放源，以及每个排放源的活动数据、获取方式、排放因子、数据出处等信息。企业如果存在多个分公司和子公司或其本身排放源比较复杂，为了便于数据获取和进行数据分析，可以引入专业的碳管理系统来对公司碳排放进行管理。

以上只是关于企业自身碳排放的摸底，如果要对整个供应链的碳排放摸底，供应链上下游企业都需要编制一份温室气体排放清单，而且采用的核算体系应尽量保持一致。除此之外，需要从产品层面上收集供应链每个环节因生产、运输、使用和处理该产品而产生的碳排放数据。产品在供应链每个环节基于全生命周期的排放信息，除了企业层面的碳排放数据，还包括包装、物流以及产品在某个供应链企业的特定碳排放信息。比如该产品对于上游某个企业来说，只是该企业众多产品中的一种，而且生产该产品时还有副产品出现，那么我们需要通过如 ISO 14067 等相关标准将该产品的碳排放数据给剥离出来，而这些信息在企业层面的碳排放数据中并不存在。

搭建碳管理体系

既然碳中和是一项长期的工作，那么建立相应的管理体系也是一项基础的工作。目前大部分企业对于碳排放管理工作都属于委派给其他部门的临时工作，而且还经常换部门，碳中和相关工作自然而然就无法持续开展。想象一下你的企业，假如政府机构要求你上报碳排放相关数据该找谁？上游供应商要求你提供碳排放数据该找谁？而公司发布社会责任报告需要公布碳排放数据又该找谁？其间可能还涉及一些费用支出和投资决策，这些问题又该去找谁？建立体系后，这些问题都可以迎刃而解。

碳管理体系的建设工作总体来说不难，但比起低碳的专业知识，更注重的是体系建设的相关知识，目前就连国际上都没有相关的体系指南，总体框架上可以参考能源管理体系 GB/T—23331 的相关要求，体系建设的主要内容包括以下几个部分。

1）管理架构

确定碳管理专门的组织架构并明确各个岗位的职责，组织架构中至少包括决策部门、碳管理部门及数据报送部门，岗位职责一定要清晰明确。其中决策部门负责人至少要由公司副总或董事会成员担任，因为可能涉及一些重大投资决策；碳管理部门则是碳中和相关所有业务的承接、发起和执行部门，需要负责人有碳管理方面的专业知识；数据报送部门是指涉及碳排放相关的数据管理部门，其岗位职责在于按照管理体系的要求定期报送和保管碳排放相关数据，对碳方面的专业要求不高，可由其他部门人员兼任。这其中碳管理部门是大部分企业欠缺的，所以未来对这方面人才的需求很大。有些企业寄希望于将这部分业务委托给咨询公司，但咨询公司最多在早期能够为企业提供碳中和规划咨询，从长期碳中和规划落地及利益相关方越来越多关于碳排放相关要求来看，企业内部成立专业碳管理部门是更加明智的选择。

2）碳排放核算体系

建立碳排放相关的数据报告体系、排放核算体系及文档保存体系，保证企业的碳排放信息能够及时、准确地传达到相关部门。这个业务就是将碳排放摸底的工作体系化及常态化。通常来说，企业应至少每年核算一次自身碳排放，如果引入了碳管理软件，甚至可以做到实时监控企业碳排放情况。但与碳排放相关的排放源管理、核算指南的选取、排放数据及排放因子的选取、相关信息的保存、数据缺失的处理办法、计量仪器的管理等要求，需要有章可循，以保证排放数据的准确性。碳排放核算体系可以参考国际标准ISO 14064 来搭建，对于重点企业也可以直接使用国内碳排放核算指南中政府提供的监测计划模板，前提是内容需要自己填而非让核查机构来帮你填。

3）识别气候风险与机遇

建立气候相关的风险与机遇识别机制，并将其与公司的战略决策相结合。在当前碳中和政策巨变和极端气候越来越频繁的情况下，系统地识别企业在气候方面的风险与机遇尤其重要。因为至少在资本市场，投资者们已经根据所投资的企业正在或者即将面临的气候风险与机遇进行了投资策略的调整。这一点在新能源电力和新能源车相关的股市表现可见一斑。至于如何系统识别气候风险与机遇，则可以参考由金融稳定理事会成立的气候相关财务信息报告工作组（TCFD）建议的气候相关信息披露框架，如图4-8所示。该框架旨在帮助投资者、贷款人和保险公司合理地评估气候变化相关风险及机遇，以做出明智的选择。也适用于企业自身识别气候变化带来的实体层面、政策层面及转型层面的风险及机遇。

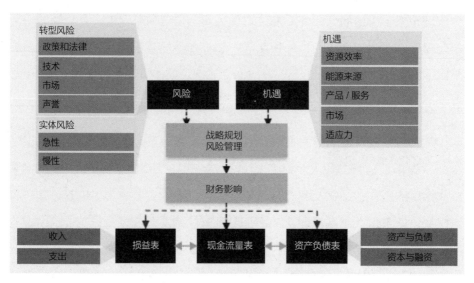

图 4-8　TCFD 对气候风险和机遇的识别框架

数据来源：TCFD 建议报告

目前国内利用 TCFD 建议进行气候风险评估的企业还比较少，在台积电发布的 2019 年社会责任报告中，根据 TCFD 的建议进行了气候风险与机遇的评估，其评估的结果如表 4-16 所示。

表 4-16　台积电根据 TCFD 建议进行的气候风险与机遇信息披露

分类	内容
实体风险	1. 台风、洪水 2. 干旱 3. 温度上升
转型风险	1. 能源 / 温室气体相关法律法规 2. 增加碳排放成本 3. 不稳定的能源供应 4. 企业形象
机遇	1. 参与碳市场 / 可再生能源市场 2. 获取政府相关奖励 3. 建设绿色建筑 4. 提高用水效率和水循环使用率 5. 开发低碳产品并服务于市场 6. 增加投资者的长线投资意愿 7. 增强自然灾害的韧性 8. 促进节能和低碳制造 9. 企业正面形象

4）目标、指标及实施方案

为实现碳中和应建立适当的目标、指标及实施方案。这个不难理解，就是确定企业的碳中和目标，并将这些目标细分成各个领域的细部指标，以及为了达到这些指标的具体实施方案。我们制定的碳中和规划其实就属于碳管理体系中的这个环节。也就是说，碳中和规划的落地需要管理体系的支持。关于目标、指标及实施方案如何来确定，将在本节的后半部分详细描述。

5）沟通

建立良好的沟通及改善机制，通过各种渠道听取管理体系的实施效果，定期开展评审会，对体制需要改善及更新的地方予以及时修正。我们可以想象，碳中和是长达几十年的工作，现在的碳中和规划肯定需要在未来行业或技术变革下做调整，所以需要建立良好的沟通机制，根据碳中和实施过程中发现的一些问题进行调整。在这一部分，至少要建立定期的碳中和实施结果评价与考核机制，以及为改善碳中和实施方案及体系本身的沟通机制。

设定碳目标

在大部分刚接触企业碳中和人的眼里，企业实现碳中和就像是珠穆朗玛之巅，是唯一的且难以企及的目标。但在前面的案例分析中，我们见识了各种眼花缭乱的碳中和目标设定方式，发现实现碳中和并不止一种提法，而且碳中和也几乎都不是它们的终极目标。所以我们可以得出以下两点结论：

- 企业碳中和只是一个框架概念，真正的碳中和目标还需要附加具体的条件。
- 碳中和并不是企业减排的终点，极端地说，就算企业实现了真正意义上的零排放，还可以再提出负排放的目标，所以企业的碳减排没有真正意义上的终点。

所以，我根据先进企业的碳中和目标经验，对碳中和相关目标方式进行了整理，如图 4-9 所示。

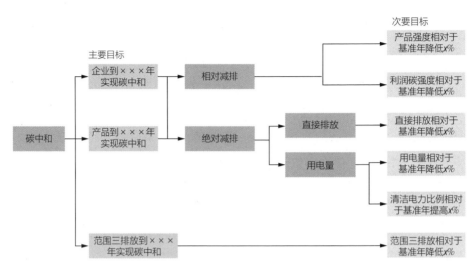

图 4-9　碳目标的主要类型

如图 4-9 所示，碳中和相关目标的设定包括主要目标和次要目标两种，主要目标分为企业层面碳中和（范围一和范围二）、产品层面碳中和，以及范围三碳中和或者叫供应链碳中和[1]。其中产品碳中和和供应链碳中和的区别在于：在企业拥有多个产品的情况下，可以选择个别产品实施碳中和，而其他产品不变，如雀巢的碳中和咖啡。而供应链碳中和是指企业的所有上下游供应链企业都需要碳中和。我在这里并没有将微软提出的历史累计排放碳中和放在里面，这是极端少数的个例，或许在整个企业碳中和历史中，只有微软一家提出这种类型的碳中和目标。

确定了主要目标后，一般情况下还需要制定一些次要目标，以支撑主要目标的实现。次要目标又分为相对减排和绝对减排两种。相对减排就是指碳强度的减排，一般分为产品碳强度和单位利润碳强度两种。绝对减排一般又分为范围一的减排和用电量的降低，之所以把用电排放拆分开，是因为有一个很重要的次级目标是很多企业实现碳中和的主要手段，那就是提高清洁电力的比例。而对于范围三的减排，因为涉及的排放属于其他公司，所以一般

---

[1]　严格意义来讲，范围三排放并不等于供应链排放，因为范围三还可以包括员工通勤和差旅产生的排放，而这些不包含在供应链排放中。为方便说明，这里进行了近似处理。

只是提出减排比列。

定了主要目标和次要目标后，如果这些目标的时间线比较长，比如是一个到 2040 年、2050 年才实现的目标，还需要提出一些阶段性目标。比如一个企业如果提出到 2050 年实现自身碳中和，那么它最好在 2030 年和 2040 年提个阶段性目标，例如碳排放下降 50% 或 70% 等。所以，科学的碳目标设定出来是一个基于时间和空间的目标矩阵。企业碳目标矩阵示例如表 4-17 所示。

表 4-17　企业碳目标矩阵示例

目标类型	2025 年	2030 年	2040 年	2050 年
企业层面	新能源比例 50%	新能源比例 100%		
	能效提升 30%	能效提升 50%		
		产品碳强度下降 50%	产品碳强度下降 70% 实现企业碳中和	
产品	开发碳中和产品 A	开发碳中和产品 B		
供应链		供应链减排 30%	供应链减排 50%	供应链碳中和

需要注意的是，对于不同的行业，企业在碳目标设定时，侧重点会有所不同。我们很容易想象，如果只考虑企业自身排放的碳中和，同样营收规模的工业企业与金融企业的实现难度可谓天壤之别。前者每年排放可能上千万吨而后者可能只有几千吨。所以，如果只从自身碳中和判定两者在应对气候变暖方面的努力未免显得太不公平。一般情况下，高排放重工企业目标主要集中在降低自身碳排放上。面向终端用户的轻工企业则更多地注重整个供应链减排和碳中和产品的开发。而对于那些本身就不怎么产生碳排放的行业，可能需要结合自身业务特点提出一些对整个社会碳中和有益的业务目标。如互联网行业，可以开发相关的互联网产品引导用户低碳生活，而金融行业，则可以提出单位投资的碳排放 / 碳减排目标，以引导资金流向更低碳的行业。

制定实施方案

虽然我把制定实施方案的步骤放在碳目标的后面，但在实际操作层面，两者是不分先后的。在摸清了企业碳排放情况后，有些企业可能会先定目标再细化方案，有些企业则可能会先把可实施的方案全部罗列齐了，再根据方案定目标。但都不会一蹴而就，企业可能在定目标和定方案两者之间反复权衡后，才能给出最终的目标和实施方案。

企业又应该如何制定实施方案呢？对于一般的企业，企业可以从以下几个方面来考虑。

1）节能增效

这个方案是显而易见的，即使对碳排放没有任何概念的人都能提得出来，况且，对于工业企业来说，节能增效这项工作对他们并不陌生。因为一是节能增效本来就是降低企业成本，提高产品质量的主要手段之一。二是主管工业的政府部门也会追着这些企业实施节能项目。从"十一五"开始，对于能耗在万吨标煤以上的企业，政府就会对相应企业下达节能目标，并要求其每年提交节能自查报告，阐明该年度的节能情况。所以这个措施，企业应该都是轻车熟路，该怎么做还怎么做，只是需要加大投入，对于之前节能效果并不明显的项目，需要综合考虑碳中和目标后确定是否需要实施。

2）提高再生能源用电比例

从前面的企业碳中和案例可以看出，提高再生能源用电比例几乎是所有企业碳中和的实施方案之一。原因很简单，所有的企业都会用电，在当前的技术条件下，无论采用什么节电技术，都不可能将耗电量降低为零。所以，要实现碳中和，就需要让所使用的电力为绿色电力。企业可以根据自身条件投资一些风电光伏项目，比如利用厂区屋顶建设光伏电站。

当然，提高再生能源使用比例并不是要求企业必须要自建电站。根据国际倡议组织 RE100 中关于使用可再生电力的判定标准，除了自建电站，表4-18 中的选择也能得到认可。

表 4-18　RE100 认可的再生电力类型

分类	编号	电力类型
自发电力	1	公司自有设备生产的电力
购买电力	2	购买供应商在公司设施中安装的设备生产的电力
	3	直接与一个在公司设施外的发电设备连接（没有通过电网转换）
	4	直接向在公司设施外的上网的发电设备采购电力
	5	与供应商签订（绿色电力）协议
	6	购买非捆绑的绿色电力证书（绿证）

从表 4-18 可以看出，企业实现可再生电力的路径并非建电站一条。它还可以通过与可再生电力供应商签订绿电直购协议，或者只需要购买绿证就行。

3）设备电气化

从能源使用的角度上看，基本所有使用化石能源的地方，都有改造成利用电能的可能性。所以在实施方案中，设备电气化也是很重要的一环。企业可以针对每一个使用化石能源的设备，去考察其电气化的可行性，比如有没有成熟的技术、成本是否能接受、对企业生产是否产生影响等。最常规的电气化就是车辆的电气化和炊具的电气化，这两种化石能源使用设备的电气化技术已经十分成熟，企业可以马上制定相应的实施方案。一些小型产蒸汽／热水的锅炉，可能已经由以前的燃煤锅炉改造成了燃气锅炉，今后往电锅炉改造也是趋势，企业可以结合自身情况制订改造计划。至于大型窑炉如水泥窑，目前还没有电能替代的相关方案，也是最难实现电气化的部分，企业可以暂时不考虑。

4）原燃料替代

这部分是指企业可以考察自身使用的原料和燃料，在满足同等功能的情况下，有没有更低碳的原料和燃料替代方案。如同样需要一吨标煤的能量，用煤的话大约排放 2.6 吨二氧化碳，用石油大约排放 2.2 吨二氧化碳，用天然气大约排放 1.2 吨二氧化碳，用绿氢就不产生任何排放；生产同等数量、同等质量的水泥熟料，采用电石渣做原料和采用石灰石做原料产生的碳排放相差1倍；而同样制冷效果的制冷剂，高 GWP 冷媒与低 GWP 冷媒之间的碳排放差距甚至高达上千倍。

5）内部碳定价

内部碳定价属于通过管理实现减排的一种措施，其目的是将碳排放带来的成本和收益直接传达到一线生产部门，刺激一线人员更加积极主动地实施减排。根据 CDP 的一份报告显示，全球有超过 2000 家企业建立了或即将建立内部碳定价机制，所以企业实施内部碳定价机制是实现碳中和的重要手段之一。内部碳定价的形式有很多种，需要根据企业性质及本身的管理水平来确定合适的定价方式。下面列举几种内部碳定价的方案。

简单方案

对所有的技改项目进行减碳评估，将减排收益纳入经济性评价中。公司将对应的环境权益收益奖励给相应的实施部门。此举可以加速生产部门的节能技改和技术创新进程。此方案简单易行，无须做过多培训便可实施，而且对实施部门属于激励机制，推行起来便不会受到阻碍。

中等方案

将碳排放作为生产成本计入成本核算中，包括在新上项目的经济性分析中加入碳成本，并将这些成本纳入考核机制中。此方案类似于碳税，它可以将碳的价格深入到企业每个设备的每一吨碳排放中，让各部门像控制成本一样严格控制碳排放。但要起到较好的效果，需要整个公司对碳排放都有较高的认知水平，而且对实施部门相当于增加了一项考核，在推动过程中会受到一定阻碍。

复杂方案

建立企业内部碳交易机制，以市场化机制引导碳减排，可以促进各子公司之间在碳减排方面形成良好的联动，有利于企业从总体上发掘碳减排空间，实现高效低成本的减排。此方案适合大型集团公司，但设计一套完善的企业内部碳交易机制并能平稳运营，对设计人员的专业能力要求非常高。

关于碳定价的价格区间，根据世界银行最新发布的报告"*State and Trends of Carbon Pricing 2021*"显示，在其调研的几百家内部碳定价企业中，最低的低于 1 美元，最高的则突破了 1800 美元，总体的均价在 28 美元左右（见图 4-10）。

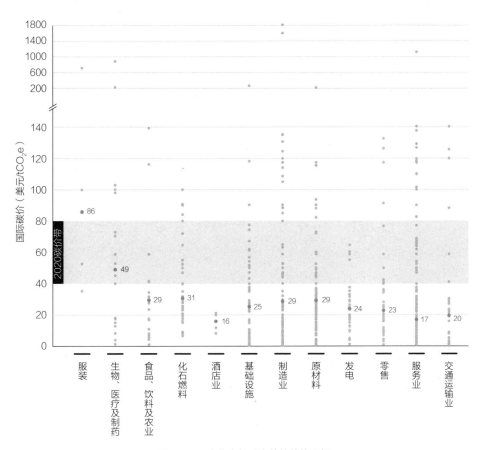

图 4-10　企业内部碳定价的价格区间

6）供应链减排

关于供应链的减排方案，除了要求供应链所有企业都做好自身的减排，还需要在包装物流优化、采购策略优化等方面考虑实施方案。

虽然本节中列举了各个方向的实施方案，但并不是要求企业每个方向都面面俱到。从众多国外先进企业的碳中和报告案例中可以看出，它们并不会像记流水账一样罗列在每个环节做出的减排努力。通常只需要在 2~3 个点上做出自己的特色，那么碳中和实施方案就是一个好的方案。

确定抵消方案

我们之所以讲的是企业碳中和而非企业零排放，就是因为绝大多数企业目前无法实现零排放，它需要通过外部减排来抵消内部的排放。所以，对于要实施碳中和的企业来说，如何通过获取外部的环境资源来抵消内部剩余排放，是一条必经之路。

首先我们要知道，涉及碳中和的环境权益分为碳信用（Carbon Credits）和绿证（Green Power Certificates）。前者的单位为吨，一吨碳信用代表的是一吨碳的减排量或碳汇，它可以抵消企业的一吨碳排放；后者的单位为张，一张代表的是 1MW·h 的再生电力属性，它可以让企业申明其使用的 1MW·h 电力为零排放的绿色电力。两种环境权益根据项目类型和注册机构的不同又分为许多的细分品种如表 4-19 所示。

表 4-19　环境权益的分类

环境权益类型	按注册机构分类	按项目类型分类	按项目地区优先序分类
碳信用	CER	风电、水电、光伏发电 生物质发电，沼气发电 沼气回收利用 煤层气回收利用 其他甲烷回收利用 原燃料替换 高效施肥 造林、再造林 太阳灶，节能灶等	本国 最不发达地区 其他地区
	CCER		
	VCU		
	GS-VER		
绿色电力证书	国内绿证	风电、水电、光伏发电	电力直购 同一电网 同一国家 其他国家
	I-REC		
	TIGRs		

由表 4-19 可以看出：风电、水电和光伏发电项目既能够申请绿色电力证书，又能够申请碳信用，但因为适用范围和申请难度不同，碳信用和绿色电力证书各自都有不少案例。碳信用的申请难度高、周期长，所以价格要高一些，绿色电力证书申请难度低、周期短，所以价格通常要低一些。原则上，企业在进行碳抵消时，用电产生的排放尽量通过采购绿色电力证书进行抵消，其他的直接排放通过碳信用来抵消。

碳信用的选择

我们可以从表 4-19 看出，碳信用无论从注册类型还是项目类型都非常多，从原则上说，任何类型的一吨碳信用，它都只能抵消一吨的碳排放。而区别在于选择注册机构要考虑认可的范围，选择项目类型要考虑协同效应。如注册机构，CER 签发机构是联合国下属的 UNFCCC，国际认可度要高一些，VCU 和 GS-VER 签发机构属于 NGO 组织，也受到了国际上的普遍认可，CCER 则是由国内机构签发，在国内要优先于其他类型，但在国际上则认可度不高。所以企业在选择注册机构时要考虑碳中和面向的受众，如果只打算在国内宣传，则优先考虑 CCER，如果打算在国际宣传，则优先考虑 GS-VER[①]。

对于项目类型，主要是看项目除了减排还能带来什么额外好处，如造林可以带来额外的生态效应，太阳灶 / 节能灶能够提高贫困地区的生活水平，等等。需要特别注意的是：造林项目属于直接从空气中吸收二氧化碳，其产生的碳信用叫作碳汇，而不叫减排量，从直观上更符合"将企业排放的二氧化碳重新吸收"的设定，因此大部分企业都倾向于通过直接造林或者购买林业碳汇来实现自身的碳中和。

对于项目地区的选择，因为中国的碳信用项目是全球最多的，所以一般情况下，选择国内的碳信用就可以了。如果有国际宣传的需求，又对成本控制不那么严格的企业，可以考虑购买最不发达地区的碳信用（价格偏高），以

---

① 因 CER 是京都机制下的产物，CER 账户开设和交易受京都机制的限制，且京都机制预计会在巴黎机制下取消或进行较大改动，所以 CER 不是优选项。

支持当地的发展。而对于其他国家，除非是有特定业务在该国，否则没有必要。

绿色电力证书的选择

关于绿证相关的环境权益不多，其中中国虽然存在绿色电力证书，但由于无法交易、无法注销，不能算是严格意义上的环境权益。而 I-REC 和 TIGR 都是由国外 NGO 发起的标准，目前 I-REC 认可度相对来说要高于 TIGR。目前在缺乏碳中和相关标准的情况下，三种环境权益都能使用，只是中国的绿证因为不能注销，需要做额外的申明。

绿证的项目类型只有风电、光伏和水电三种，其中国内绿证只有风电和光伏两种，一般情况下，绿证价格是光伏 > 风电 > 水电。所以在没有特别要求时，可以考虑买水电。

绿色电力项目地区的选择与碳信用不同，一般考虑就近原则，如果企业参与了直购电，而所购电力本身就是清洁电力，那么购买这些电力的绿证是最优选择，其次是购买同一电网的绿证，再次是购买同一国家的绿证，不到万不得已，尽量不要购买与用电地区不同国家的绿证。

对于绿色电力，需要特别提醒的是：根据 SBTi 和 RE100 等知名国际倡议对绿色电力的定义，绿色电力的环境属性即使不用去任何的注册机构注册，在获得发电方的环境权益的唯一转让申明后，也可以宣称使用了绿色电力。这一方式目前也得到普遍认可，但缺乏一定的公开性，预计在未来的碳中和标准中会予以规范。

除了上述需要注意的事项，环境权益产生的年份也需要关注，根据当前的一些标准要求和国际惯例，企业在实现碳中和时，一般只考虑碳中和年份对前三年内的环境权益进行中和。换句话说，虽然相关环境权益对时效性没有硬性要求，但已经形成了三年这个隐形的时效性。这个时效性预计未来也会写在相应的碳中和标准中。

无论是碳信用还是绿证，要用它们来抵消企业碳排放，实现碳中和，只是购买还没有达到目的，还要去相关环境权益的注册签发机构去注销。所谓注销，就是将这些环境权益永久清除。这样，代表企业产生的碳排放才能被抵消，而对于不能注销的国内绿证，只能通过自我声明来实现名义上的注销。

外部影响

至少在当前时期，企业实施碳中和很大一部分是为了对外宣传，所以内部碳中和工作做得好只能算是完成了任务的一半，如何将企业碳中和的工作成果向社会公开宣传，如何通过碳中和提升企业形象，得到国际国内利益相关方的认可与称赞，也是企业碳中和很重要的工作环节。在对外宣传中，除了常规的新闻宣传手段，还可以通过以下方法来实现。

加入国际倡议组织

这是一个一举多得的方法，与碳中和相关的国际倡议组织一般都有一些比较先进的指南及标准，可以帮助企业提升自己对碳中和的认知水平及碳管理水平；另外，能够按照这些倡议实施碳中和的企业，其做法都能得到国际国内认可，避免碳中和成为公众所唾弃的"漂绿"行为；而且加入国际倡议组织相当于与国际知名企业同框，自然而然就站上了国际舞台，可以为企业国际化提供支持。在前面的章节中，我也提到了国际倡议组织，在这我再对这些组织逐个进行简单的介绍。

1）CDP（Carbon Disclosure Project，碳披露项目）

CDP 是全球最大的碳排放数据披露平台，该平台入驻了全球超过 100 万亿美元的投资者。平台每年向全球各大资本市场（股市）排名靠前的企业或者受邀投资方发放调查问卷，询问公司在应对气候变化和碳管理方面的行动，以此帮助投资者识别所投企业在应对气候变化方面存在的风险及机遇。除此以外，CDP 评级本身属于全球主要 ESG 评级之一，CDP 也被全球最有影响力的 ESG 评级机构 MSCI 列为单独评分项，所以含金量非常高。

CDP 的评级从上到下分为 A ～ F 共 9 个等级，其中 F 级是最低级别，表示未回复或者回复的内容达不到最低评级。因为是被动评级，所以只要你是 CDP 的调查对象，无论你回复与否，CDP 都会给你评级，当然，不回复的话肯定就是 F 评级，所以中国的 F 评级企业非常多。如果你的公司是中国上市企业 500 强或是国际知名企业的供应商，那么去 CDP 网站搜寻公司的名字，很有可能会在列表当中。

因为 CDP 调查问卷的内容非常全面，包含了公司气候治理及碳管理的方方面面，所以回复 CDP 对于全方位识别公司在气候变化下面临的风险与机遇，建立碳管理体系，实施减排计划等方面，都能起到非常大的指导作用。可以这样说，如果 CDP 里面的每一个问题你都能够正面回答出来，那说明你的企业的碳管理水平已达到了中上水平了，如果能得到 A 级评分，那么恭喜你，你已经走到世界前列了。

2）SBTi（Science Based Target Initiative，科学碳目标倡议）

SBTi 是由 CDP、联合国全球契约组织、世界资源研究所等机构联合发起的倡议，它是指如何按照最新的气候科学，使公司的温室气体减排目标达到实现《巴黎协定》目标所需的水平，即被视为科学碳目标。加入者在加入后 2 年内需提交自己的减排承诺（基于 2℃ 或者 1.5℃）以及达成减排目标的实施路径。

总之，就是帮助企业科学地制定减排目标。正如前面所说，只提出一个光秃秃的碳中和目标看起来比较苍白，会被怀疑是蹭热点或者花钱买影响力。而科学碳目标是以实现《巴黎协定》2℃ /1.5℃ 目标为基础，根据不同行业、不同企业发展规律，帮助企业设定更为令人信服的碳目标。SBTi 里面有很多关于目标设定的相关指南，即使不加入 SBTi，根据这些指南设定自己企业的碳目标也很有帮助。同样，国外那些加入 SBTi 的企业，在提出碳目标的时候都会特别强调"该目标是通过 SBTi 审定的目标"，以彰显其目标的科学性与可信度。

3）RE100（Renewable Energy 100）

RE100，顾名思义，就是促进加入者使用 100% 的可再生电力的组织。它是由 CDP 和气候组织联合发起的一个全球倡议，旨在推动企业所使用的电力 100% 来自可再生能源。RE100 规定加入的组织最迟不低于 2050 年实现 100% 可再生电力，如果加入的企业本身是可再生能源电力的设备制造商，则要求在加入 RE100 后 8 年内实现 100% 可再生电力使用。由于 RE100 的发展壮大对整个新能源行业的发展有巨大帮助，即使 RE100 对新能源电力企业的要求要比其他企业高出很多，企业参与的积极性也非常高，国内远景、隆基、阳光电源等新能源企业都加入了 RE100。

4）EP100（Energy Performance 100）

即能效提升 100%。EP100 是由气候组织等机构发起的一个全球倡议，旨在推动企业提升能源使用效率，EP100 具体又分为能效倍增、能源管理系统全覆盖和零碳建筑 3 个子目标。能效倍增是指在加入后最迟 25 年内要实现单位能耗的经济产出翻倍；能源管理系统是指 10 年内实现能源管理系统对能耗部门的全覆盖；零碳建筑就是指 2030 年前实现企业拥有的建筑自身排放为零（允许使用新能源电力）。

5）EV100（Electronic Vehicle 100）

EV100 也是由气候组织发起的一个全球倡议，旨在从企业层面推动新能源车的使用。加入该倡议组织将要求公司在 2030 年实现公司层面 3.5 吨以下的车 100% 采用新能源、3.5 ~ 7.5 吨的车 50% 采用新能源、采取激励措施鼓励员工更换新能源车，以及安装足够的充电桩保证公司及员工新能源车的正常使用。

发起与减碳有关的社会活动

发起碳减排相关的社会活动是比较直接的产生社会影响方式，可以在影

响社会减排的同时完成自己的碳目标，国外先进企业也都比较热衷于此。活动类型多种多样，大致可以分为以下几类。

1）公益型

直接资助能够减少碳排放或者增加碳汇的活动。如蚂蚁集团的蚂蚁森林，一方面引导用户降低生活中的碳排放，另一方面去沙漠种树，都能实现减排。此类活动要形成较大影响力，需要有良好的活动策划能力和雄厚的财力。

2）倡议型

利用自身的行业领导地位或者采购方的角色，号召同行业或者供应链企业实施减排。如隆基发起的"光伏行业绿色供应链倡议"，以及沃尔玛发起的"Project Gigaton"项目等，此类活动需要企业自身有足够的影响力。

3）投资型

成立投资基金，用于投资碳中和相关的研究和项目。这是许多国外先进公司的选择，苹果、微软、谷歌等企业都成立了专门投资碳中和相关项目的基金。投资基金要获得较大的影响力需要投中具有潜力的初创公司，对投资能力有一定要求。另一种简单的方式是投资学术，如资助高校研究或自己成立研究团队，但从预期收益来看不如投资项目。

以上几种社会活动各有特点，企业可以选择一个或者多个方向开展活动。但不管选择哪种方式，记得一定要为自己的活动取一个响亮的、易于传播的名称。

碳市场——碳中和的资本助力

在本书的前言中我曾经提到，碳中和会形成未来四十年的财富大转移，而这个转移的媒介就是碳市场。因为碳市场会让我国数量超过一万家、总排放超过 70% 的企业开启末位淘汰的竞技模式。不减排的企业被减排的企业淘汰，减排少的企业被减排多的企业淘汰，缓慢减排的企业会被快速减排的企业淘汰。整个过程中前者的利润会通过碳市场源源不断地转移给后者，直至被淘汰。而我们很有可能是直接或者间接参与者，所以，碳中和最先对我们的收入造成实际影响的可能就是碳市场。同时，碳市场也有可能像楼市一样，成为未来几十年最好的投资机会。无论你是碳市场参与者、专业投资人，或是一般对投资理财感兴趣的人，都有必要对碳市场做一些了解。

碳市场从 2005 年的《京都议定书》诞生以来，全球已经形成了 33 个独立运行的碳交易市场，这些市场涉及亚洲、欧洲、北美洲和澳洲。其管辖区域占全球总 GDP 的 54%、总人口的 1/3 和总排放的 22%。2020 年的总交易量超过了 100 亿吨，总交易额超过了 2200 亿欧元。欧盟碳交易市场在 2021 年 5 月 12 日达到了 55 欧元每吨的历史最高价，从 2020 年 3 月的低点上升了 3 倍有余，成为一个不容小觑的金融市场，如图 5-1 所示。中国的全国碳市场开市后，从体量上已经超过欧盟成为全球第一大碳交易市场，但碳价、交易量和交易金额是否能与欧盟碳市场比肩，还有待时间的考验。

碳交易市场是一个纯粹政策创造出来的市场，而且交易的都是看不见、摸不着的东西，碳交易经常被戏称为"买卖空气"。的确，为了碳交易的运行，政府需要出台许多政策和标准体系予以支撑，里面又掺杂了大量外行很难理解的专业术语，让希望参与这个市场的投资者望而生畏。但对财富的渴望永远是最好的老师，股市最热闹的时候，卖菜大妈都能对 K 线图分析得头头是道，虚拟币最火的时候，她们又能对共识机制娓娓道来。所以，在碳市场火起来的时候，相信对配额、CCER、履约、MRV这些专业术语，估计要不了多久，她们也会如数家珍。

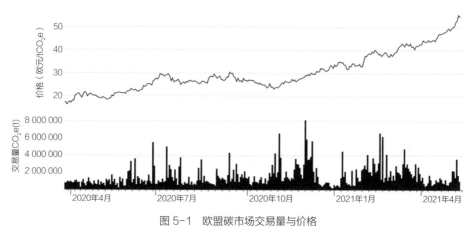

图5-1 欧盟碳市场交易量与价格

数据来源：EEX

在本章中，我打算用最通俗的语言来介绍整个碳市场的运转体系。包括：碳市场是什么？我们为什么需要碳市场？碳市场的运作方式，国内外碳市场介绍，以及如何参与碳市场等。

5.1 为什么需要碳市场

在前面部分，我们从国家和企业层面探讨了如何通过管理和技术的手段实现碳减排和碳中和。但这里有个问题，这些手段大都需要额外的成本，政府暂且不说，从企业角度上讲，它们凭什么要花钱去这样做？

我们可以理解，那些本身排放较低的高科技企业，它们为了企业社会责任花钱去实现碳中和；我们也可以理解，部分低碳技术本身就比高碳技术经济性好，它们引入这些技术本身就可以为企业节约钱，因此可以被大范围采用，如现在的新能源发电和新能源车。但这些只占社会总排放的一部分。正如第 3 章所说，电网改造、储能技术、氢能技术、工业减排、农业减排等相关技术还需要大量投资去做研发。更不用说 CCS 这种纯粹为了减排而采用的技术，如果没有额外的减排收益支持，是绝对不可能在市场上得到推广和利用的。

举个例子，假设你是一家制造型企业的领导，如果有人来推销一种节能设备，这个设备 100 万元一台，每年能够降低用煤成本 100 万元，同时减少碳排放 1 万吨，我想你一定会毫不犹豫就买了这台设备。但如果他们推销的是另一种设备，不能降低用能成本，但是能减少碳排放 10 万吨。虽然这种设备比第一种技术的减排量高，但我想你一定不会买，因为这种设备除了减排以外，对你没有任何用处。

所以，我们需要考虑，需要什么样的机制，才能刺激相关的产业得到发展，让这些产业服务碳中和。

在碳市场之前的环保市场，也存在碳市场类似的情况，企业的生产经营会污染环境，但治理会增加额外的成本。对于追求利益最大化的经营者来说，当然是能不治理就不治理。后来随着相关法律法规的健全和监管的强化，他们不得不去采购相关技术，这样，相关产业有了需求，便慢慢发展起来，企业也开始将污染物治理视为生产经营的固定成本。

碳中和其实可以借鉴环境治理的模式，但两者既有相同点又有不同点，相同点是都是通过国家行政手段控制排放，不同点是污染物治理通过政府对每一个污染企业的排放进行强管控，通过行政手段限制企业的污染物排放，企业必须内部将污染物降低到政府要求的水平才算达标；而碳中和打算引入市场机制，通过市场的调控来实现企业的减排。即政府也会给企业设定控排指标，但企业除了内部减排，还可以购买其他企业的富裕指标，或者投资减排项目产生的减排量来达成自己的减排任务。在这里面，碳排放指标成为一种像股票一样的、可自由交易的标准化资产。这样便可以吸引资本参与到碳减排这个市场中来，促进减排技术的发展和激励企业的加速减排。

有人可能会想到，为什么碳中和不像环保市场一样通过行政手段来实现。确实，关于通过碳市场来实现碳中和，在中国其实有不少反对声音，有部分专家和学者认为：如果把温室气体列为像二氧化硫、氮氧化物之类的污染物，将温室气体超排列为违法行为的话，也可以推动相关减排技术的发展和壮大。这并不是没有道理，然而两者虽然都是生产过程中不期望出现的副产品。但两者的排放特点决定了，从治理效率上，要实现碳中和，通过市场手段要优于行政手段。

环保治理主要指三废（废气、废水、固体废弃物）的治理。三废的排放路径比较单一，无非就是一些烟囱、污水排放口等。这些地方比较好监测，而且可以通过技术手段无限降低这些污染物的排放。对应的技术手段也比较单一，基本就是脱硫、脱硝、除尘、VOC、COD、BOD、SS 去除这几种。企业也非常明白需要买什么设备，投资多少钱，也知道其他公司和它们一样要买差不多的设备，花差不多的钱来治理，市场化对它们的成本和市场竞争力来说是否差别不大。

而碳排放则完全不一样，不但很多排放不存在明显的排污口，而且通过电力的承载使得碳排放在生产生活中无孔不入，通过直接监控和行政命令减排变得非常困难。更为重要的是，减排的技术成千上万，减排成本也可能相差十万八千里。同样减少 1 吨碳排放，一家企业可能只需要花 100 元，而另一家企业可能需要花上千元，企业也并不知道自己的减排成本与其他企业的减排成本差距有多大。这就存在一个问题，怎样用有限的费用实现更多的减排？这个问题最好的答案就是将碳排放价格化，然后交给资本市场。钱是长眼睛的，它总会流入到成本最小化、收益最大化的领域，所以通过市场手段实现碳减排更加有利。

关于碳税

其实想让碳排放价值化有两种方式，其中一个是本章要讲的碳市场，另一个是碳税，两者统称碳定价机制。我之所以没有将碳税放在正文，一是中国目前尚未考虑开展碳税，二是碳税理解起来很简单，不需要单独介绍。但为了整个碳市场知识的完整性，我放在了这里简单讲一下。

碳税顾名思义就是环境税的一个税种，它根据企业的碳排数量来征收，排放得多就征收得多，排放得少征收得也就少。它不需要像碳交易市场那样要进行复杂的顶层设计、建立配套制度。只需要简单地在收税的时候把这个税种加上就行，企业为自己的碳排放付出了成本，就会为了降低这个成本而投资减排，从而带动相关减排产业的发展。它的优点是操作简单，可以实现企业的全覆盖，缺点也很明显，就是无差别加重企业负担，对单位GDP排放高的行业会造成毁灭性打击。所以一般情况下碳税针对低排放企业或者小微企业比较合适。全球范围内，已经有超过30个国家和地区正在实施或者考虑实施碳税政策。有专家建议对未纳入碳交易市场的企业征收碳税，但目前还没有正式纳入国家政策制定的考虑范围内。如果未来考虑，它也只会与碳市场并行，并不会代替碳市场。

5.2 碳交易市场的五大要素

全球大部分碳市场其实都是指基于总量控制的碳交易市场（Cap & Trade），但其实还有一种基于地区或者企业自愿的减排碳交易市场，以及未来可能出现的基于消费端的碳交易市场。自愿碳交易市场和消费端碳交易市场我会在后面的章节进行介绍。为了表述的严谨性，除非我特别说明，本书中提到的碳市场专指基于总量控制的碳交易市场。

碳市场的总体结构

为了方便大家都能理解碳市场，我将以大家都很熟悉的菜市场机制为例，来说明一个成熟的交易市场需要具备哪些要素。

先想象一下我们去菜市场买菜的场景：为了中午做一顿大餐，我去社区的菜市场，找到那家经常光顾的李大妈的菜摊，选了两棵大白菜，一共5斤，需要 5 元钱，我拿出了手机，扫了一下她摊位前的微信收款二维码付款，完成了这次交易，然后提着两棵大白菜回家。

现在我们通过这次买菜活动来梳理一下，一个市场应该具有哪些组成要素。

供需关系

一个市场需要具备供需关系才会产生交易，我做饭需要食材，李大妈则可以提供我需要的食材，所以菜市场解决的是食材的供需关系。

买卖双方

菜市场买卖双方就是我这个买菜的人和李大妈这个卖菜的人。

商品

既然有交易，那肯定得有交易的东西。上面的例子中，我们交易的是大白菜，但菜市场里的商品不只白菜，还有其他的蔬菜水果等，这些都是菜市场里面的商品。

交易场所

就是指菜市场本身，当然，偶尔我也会在楼下地摊上买菜。

交易规则

菜市场的交易规则就是一手交钱一手交货。当然，现在大家都不用现金了，在上面的例子里，我是通过微信完成的付款。

以上就是对一个菜市场的要素梳理，在这种梳理之下，卖菜大妈也会觉得创造一个市场也并不是什么难事，甚至觉得没有梳理的必要。那么，现在我们就来看一看，中国的碳市场关于这几个要素都是怎么设计的，如图 5-2 所示。

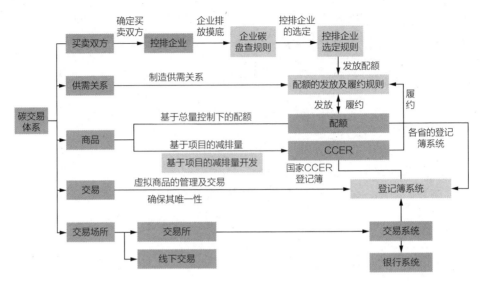

图 5-2　碳市场的要素组成

我们从图 5-2 可以看出，同样是市场的五要素，碳市场为了创造出这五个要素，需要建立一系列的规章制度以及软硬件的投入。下面，我们就对照着菜市场，来看看在碳市场里，这一个个的要素都是怎么设计的。

买卖双方

碳市场里的买卖双方都是控排企业，一些企业有买的需求，另一些有卖的需求，于是便会产生交易。那么控排企业怎么来确定呢？首先我们需要设定一个标准，什么企业要纳入、什么企业不纳入。根据《全国碳排放权交易管理办法》，我国凡是碳排放在 2.6 万吨 CO_2e 以上的企业，都会纳入碳交易体系，也就是成为这个市场的参与者。当然这只是最终的状态，实际上这些企业不会一次性全部纳入，而是分行业、分批次地纳入。目前我国只有电力、钢铁、水泥、有色、玻璃、化工、造纸、航空八大行业的企业要求每年报送温室气体排放数据，而纳入全国碳市场开市后的第一批企业只有电力行业的 2000 余家企业。

在选择控排企业的过程中我们注意到：企业是否纳入控排，是根据该企业的碳排放情况来定的，而碳排放并不像电力那样，能够通过计量仪器直接计量。它是通过一系列的计算规则计算出来的。因为一个企业的碳排放量不但决定了它是否纳入碳市场，还决定了今后可以获得的配额数量，也就是决定它是需要买碳还是要卖碳，从某种意义上讲，这个数就是资产，就是钱。所以如何计算企业的碳排放，以及如何保证数据的准确性及公平性是整个碳市场的根基。为此，我国出台了 25 个行业的碳排放核算指南，建立了温室气体全国报送系统，也出台了保证数据准确性的三方核查机制，这些机制统称 MRV[①] 机制，目的只有一个：保证数据的真实性与公平性。

MRV 的重要性，关于交易产品的标准化

标准化产品这个概念属于金融范畴，所以先介绍一下标准化产品的概念。炒股大家都知道，因为股票是虚拟产品，在监管机构的监督下，发行股票的机构发行的股票每一股都是绝对一样的，这样可以方便交易。流通范围广的实物能像股票一样交易吗？但是实物不可能完全长一样，像大豆、玉米等，质量好坏不一，不去确认一下实物，如果买的全是烂的怎么办？每次交易都要去看实物的话显然不现实。后来发明了标准化合约，把这些实物的关键指标全部标准化，并建立一套机制保证这些指标的准确性。这样，标准化合约代替了实物。标准化商品的概念如图 5-3 所示。

有人会说，这些配额都是按一吨一吨交易的，不是很标准吗？那大豆还是一吨一吨的呢，不还是有歪瓜裂枣吗？那么配额这一吨一吨的质量又是怎么把控的呢？要想知道怎么把控，首先需要知道一笔配额交易背后的逻辑关系。举个例子，企业 A 要向企业 B 购买 10 万吨配额，目的是为了履约。我们简单地说一下这笔交易的逻辑关系，如图 5-4 所示。

---

① MRV：Monitoring（监测）、Reporting（报告）与 Verification（核查）的缩写。

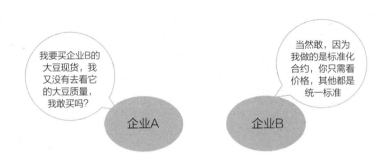

黄大豆 1 号品质技术要求

交割等级		纯粮率最低指标（%）	种皮	杂质（%）	水分（%）	气味色泽	升水（元/吨）	贴水（元/吨）
标准品	三等黄大豆	91.0	黄色混有异色粒限度为5.0%	1.0	13.0	正常	—	—
替代品	一等黄大豆	96.0					30	—
	二等黄大豆	93.5					10	—
	四等黄大豆	88.5					—	100

图 5-3　标准化商品的概念

图 5-4　一次配额交易的逻辑关系

如图 5-4 所示，企业 A 之所以会向企业 B 购买 10 万吨配额，是因为企业 A 差 10 万吨配额。之所以差 10 万吨配额，是因为企业 A 算出来的实际排放有 180 万吨，而得到的实际配额只有 170 万吨。

其中这 180 万吨的排放是根据企业 A 实际的活动水平数据和实际排放因子算出来的。而实际配额是根据实际产量和排放基准因子算出来的。其中排放基准值又是根据行业平均单位排放和配额分配办法决定的。而行业平均排放因子又根据历史产量和历史排放得出来的，其中历史排放又是根据历史活动水平数据和历史排放因子得出来的。

是否看起来很复杂？这还只是企业 A 的情况，企业 B 的情况还是要像企业 A 一样再推演一遍。整个过程中会涉及无数企业内部产生的数据，这些数据中只要有一个数据出现问题，都会导致这笔交易不成立。甚至有可能倒过来：企业 B 向企业 A 买 10 万吨配额。所以要想这个配额能够当标准化产品一样自由交易，需要保证每笔交易后面的这些数据流的统一。那么这数据流怎么统一呢？这就要碳市场的守护神——MRV 体系了。

我们来看看碳市场的交易标的构成及相互之间的关系，碳市场的交易标的——碳资产主要包括配额和补充机制下的减排量。企业的配额是根据企业排放量和配额分配办法决定的。其中配额分配办法只要定下来了，就不会出现差异，对配额标准化没有影响。剩下的就是企业的碳排放了，为了保证最终产品的标准化，首先要保证企业排放量计算的准确性，其次要保证企业间碳排放计算的一致性，再次要保证排放相关信息的透明性，而这些事情就是通过 MRV 体系实现的，如表 5-1 所示。

表 5-1　MRV 体系的原则

MRV 原则	描述	举例
准确性	- 碳排放计算规则的完善 - 原始数据的真实唯一 - 计算过程准确	- 不能出现模棱两可的计算方法 - 同一数据不能有多个出处 - 不能出现"1+1=3"这样的计算错误
一致性	- 不同行业同一排放源算法的一致 - 不同行业不同排放算法的对等	- A 行业和 B 行业都用锅炉，其排放算法应该一致 - A 行业按设备产能算配额，B 行业也应按照设备产能算配额
透明性	可重现，可溯源	所有数据和信息都能找到原始凭证

MRV 体系具体是如何实施的呢？其实是围绕三个核心文件来实施的。这三个文件也是承前启后、缺一不可的。首先是 M 的监测计划，监测计划需要由企业编制并按照监测计划实施监测，其次是 R 的排放报告，需要由企业根据

之前监测计划得出的监测结果计算碳排放并编写报告，最后是 V 的核查，核查则是由第三方核查机构根据企业编写的排放报告核查该企业碳排放信息的真实性、准确性和完整性。而这三个核心文件各自都有主管机构发布的相应的指南，核心文件必须严格按照相应的指南编写及执行。这就是整个 MRV 体系的核心内容。

供需关系

企业知道自己的碳排放后，并不知道自己是需要买还是需要卖。这就需要一套规则来确定供需关系。在碳市场中，这套规则就是配额分配规则。简单点说，就是根据企业的历史碳排放情况来分配来年的排放额度，这个额度就是我们常说的配额。如果企业的实际排放超过获得的配额，那么它需要去市场购买不足的部分；如果实际排放低于获得的配额，那么富裕出来的配额可以拿到市场上去卖。当然，整体上配额分配要偏紧一点，不然碳市场就起不到促进企业减排的作用了。

那么，这个配额怎么分才合理呢？一般来说，主流的配额分配方法有两种：历史法和基准线法。

所谓历史法，就是根据企业的历史排放来分配配额。比如某个企业上一年的碳排放为 100 吨，如果希望这家企业今年能减少 10 吨的碳排放，那么就可以给这个企业分配 90 吨的配额，如果它内部确实减少了 10 吨的碳排放，那么 90 吨的配额对它来说就刚好够用。采用历史法来分配配额简单、易操作，早期的碳市场基本都采用这种方法。但历史法的缺点也很明显，就是对碳减排本来就做得好的企业不公平，反而去奖励了不重视减排的企业。

我们可以设想一下，同样水平的两个企业，它们的碳排放都是 100 吨。其中 A 企业很重视碳减排，在纳入碳市场之前的碳排放已经从 100 吨降到了 50 吨，B 企业不重视减排，排放仍然是 100 吨。如果采用历史法，要求企业碳排放每年下降 10%。那么 A 企业需要减排 5 吨，B 企业需要减排 10 吨。虽然 A 企业需要减排的量比 B 企业少，但 A 企业已经将减排做到极致，基本没有减排空间了；而 B 企业有很大的减排空间，可以轻松减排 10 吨，甚至努力还可以减排 15 吨。A 企业反而可能向 B 企业去购买它富裕出来的那 5 吨配额。这种方式显然对 A 企业很不公平，明明自己付出了更多的努力，却还要出更多的钱去买别人的配额。为了防止这种情况的出现，于是就有了第二种方法——基准线法。

所谓基准线法，就是让企业不跟自己的历史排放比，而是跟整个行业的排放水平比。简单点说，就是在整个行业的排放水平上画一条线，行业内企业的配额统一根据这条线来分配。很显然，排放水平高于这条线的，配额肯定不够，需要到市场上去买，排放水平低于这条线的则会有富裕配额，可以拿到市场上去卖。当然，这条线也要低于行业平均排放水平，这样才能起到促进企业减排的作用。

还是上面那个例子，A 和 B 属于同一个行业，假如该行业划分的基准线为 80 吨。那么 A 企业因为之前已经做了减排努力，实际排放只有 50 吨，所以即使它不需要再做额外减排，也会有 30 吨的富裕配额。而 B 企业则需要减排 20 吨才能满足要求。

经过上面的介绍，我们可以很容易得出基准线法比历史法好的结论。但现实中仍然有许多使用历史法的案例，因为基准线法对产品和数据的要求非常高。通常来说，基准线都是根据单位产品的碳排放来划定的。比如一度电，我们统计完所有发电企业一度电的碳排放以后，就可以根据平均排放强度划定一条基准线。假如这个基准线为一度电 0.5 千克的配额。但因为发电类型和地区差异导致这条基准线很难执行下去。如燃气发电和燃煤发电的碳排放差异本身就很大，发电机组容量的大小对碳排放的影响也很大，还有燃料类型、负荷率、冷却类型等，都会对碳排放造成影响。如果不考虑这些因素，就会导致不公。如果将这些因素都考虑进去，那就成了每个企业都有一个独一无二的基准线，和历史法也就没了区别。历史法和基准线法的比较如表 5-2 所示。

表 5-2　历史法和基准线法的比较

分类	历史法	基准线法
说明	根据企业的历史排放水平（通常为最近三年的平均）为基础乘以减排目标系数得出	根据某行业或者某产品的公认排放基准为基础乘以减排目标系数得出
优点	– 非常简单、易操作 – 绝对客观，避免人为主观影响造成的分配不均	使企业前期做的减排努力能得到认可，减少前期做过减排企业的减排压力，使得配额发放更加合理
缺点	– 历史的企业产量对配额分配影响很大 – 对于前期做过减排努力的企业不公平	– 需要各行业的排放基准数据 – 对于多产品跨行业的企业在配额分配时较为困难

电力行业还好，因为至少每个企业生产出来的产品也就是电，没有任何差异。而其他的行业生产出来的产品，多少都有些不同，如何公平地给这些产品不同、产地不同、生产工艺也不同的行业定基准线是一项非常大的挑战。另外虽然各行业的配额是互通的，但各个行业的基准线划分方式又不一样，即使行业内的企业在基准线划分上得到了公平对待，也可能存在行业间配额分配不公平的问题。

商品

碳市场里的商品就不像菜市场那样琳琅满目了。绝大部分碳市场里的商品都只有两大类，基于政府发放的配额（Allowance）和基于项目的减排量（Emission Reduction）。关于配额是怎么来的，在上面的"供需关系"小节里已经进行了详细介绍，所以在这里重点介绍基于项目的减排量。

在一个碳市场里，在向所有的企业发放配额以后，企业根据获得的配额，该实施减排的就去实施减排，该去市场上交易配额的就去市场交易配额。整个市场已经形成了一个商业闭环，为什么还要弄一个减排量出来呢？这其实是方便控排企业履约的一个灵活机制。

我们先想象一下，假如有一个控排企业，配额不够，想去市场上买配额来履约，但因为其他配额富裕的企业都想把配额留着以后自己使用。市场上没有配额可买，或者是配额价格高得离谱。那么企业可能会想，反正都是需要减排，企业内部减排跟外部减排对应对全球暖化的贡献是一样的。比如说企业去种树，吸收了 1 吨二氧化碳，那跟企业内部减少 1 吨二氧化碳的效果是一样的。但这个减排量跟排放配额属于两种概念，从名字上都能看出来，配额是排放权，而减排量就是减排的数量，一个是排放，一个是减排。差别很大，于是就得单独设立一套规则，来确定这个减排量如何进行认定，以及如何用于履约。

这套规则的鼻祖就是清洁发展机制（CDM），它是服务于欧盟碳市场（EU-ETS）的减排量认证许可机制，就是说，通过清洁发展机制得到的减排量 CER 可以给欧盟碳市场的控排企业用于履约。这些 CER 都不是来自控排企业，而是来自世界各地各种类型的减排项目，这也促成了中国低碳行业的诞生，许多人抓住这个机会实现了财务自由。而服务于中国碳市场的补充机制叫作自愿减排机制，这个机制下的减排量叫作 CCER。

一般的碳市场都不会让配额与减排量完全画等号，毕竟建立起这个碳市场的目的是控制所有纳入企业的排放总量，减排量只能算是一个辅助用的机制。如果都可以拿外部减排量来进行抵消，那么总量控制就没有意义了。所以一般碳市场还会设置一个减排量可使用的比例。欧盟碳市场最早的比例是100%，后来改成了 10%。这个比例被后来许多碳市场沿用。中国八大碳交易试点地区减排量的可用比例在 3%～10%。因为减排量的适用范围比配额窄，所以一般市场上减排量的价格要低于配额，但也有例外，韩国碳市场的减排量 KOC（Korean Offset Credit）价格就长期高于配额，其原因就是 KOC 的有效期要长于配额。

配额和减排量虽然是碳市场里面交易的两大类商品，但如果你参与了某个碳交易市场，然后去看该碳市场交易所的交易品种，就会发现配额和减排量前面都挂了一个年份，每个年份都属于不同的品种。这是因为大部分碳市场会对配额和减排量设置一个有效期，超过有效期的产品就会强制下架而永久失去价值，这有点类似于菜市场的过期食品。所以每个年份发放的配额和减排量的价值都会不一样。因此虽然交易品种只有两大种，但如果考虑到年

份，实际上一个交易所长期可交易的品种都会在 4 种以上。

交易

在菜市场里，我们交易的是实实在在的东西，所以我们可以一手交钱一手交货就完成了交易。但在碳市场里，我们交易的是完全虚拟的东西，怎么保证交易的公平公正是需要重点考虑的问题。

首先，我们手上的配额和减排量其实就是政府发给我们的一串数据，这个我们不用担心，因为我们手机里的股票其实也是政府发给我们的一串数据，我们从来就没有担心手机里的那串数据突然多个零或者少个零。这是因为我们所有人手上的股票，都是归口到一个绝对安全且几乎不可能被篡改的注册登记系统上的。同样的系统也用于登记配额和减排量，所以我们可以将碳账户视作股票账户一样安全。

那么我们的交易是怎么完成的呢，这个过程非常类似于股票交易。首先我们会有一个类似于人民币账户的碳账户，然后我们需要去碳交易所开户，将配额或者减排量放到交易账户上去。如果在交易所与另一个账户发生了交易，交易所会把交易信息发送给注册登记系统。注册登记系统根据交易信息对我的碳账户和交易对手方的碳账户进行数额增减，到此就完成了一笔交易。我们由此可以看出，交易系统和注册登记系统是两套系统，股票系统如此，碳交易系统也是如此。目前全国碳市场将交易系统放在了上海，而注册登记系统则放在了湖北。我们要实现全国碳市场的交易，就需要分别去湖北和上海开设注册登记簿账户和交易账户，然后再在上海开设的全国碳交易所进行交易。

交易场所

从上面的描述我们能够看出，对于碳排放权这个虚拟的东西，基本只能通过交易所来实施交易，但我们仍然能从市场上听说"线下交易"这种方式。这里的线下交易并不是指真正的离线交易，而是买卖双方通过协议交易的形式完成碳资产的转移，我们只能够知道其交易量，但交易价格，只有买卖双方才知道。部分碳市场还允许两个账户直接通过注册登记系统进行碳排放权的转移，当然，这种交易的交易价格就更无从知晓了。

5.3 如何设计并运营一个碳交易市场

我们已经了解了碳市场的五大要素以及它们之间的关系，但我们可能对于一个碳市场的总体流程还不甚了解。在本节中，我们将以造物主的身份，利用我们掌握到的碳市场五大要素来设计一个碳市场，并通过碳市场的运营使得碳市场下的控排企业实现碳中和。

我们先假设某个地区的总排放为 10 亿吨，当然这 10 亿吨是该地区企业和社会的总排放，然后，我们建立碳市场的目标是在 2060 年实现控排企业的碳中和。好了，现在开始我们来建设这个碳市场。

确定控排企业

我们首先要认识到，基于总量控制的碳交易因为其管理成本高，所以只适用于大型排放企业。所以，我们需要考虑将哪些企业纳入碳市场里面来。我们先建立了一套 MRV 机制，对区域内所有企业的碳排放进行摸底，然后依据抓大放小的原则，设定一个排放企业的纳入门槛。一般情况下，将整个地区碳排放 40%～70% 的企业纳入碳市场的性价比最高。经过一番计算后，我们发现，将排放门槛设置在 3 万吨的时候，纳入的企业碳排放占总排放的55%，这些企业的总数据量是 500 家。我们认为这是一个理想的选择，所以我确定了纳入门槛是碳排放超过 3 万吨的企业，这些企业的总数量是 500 家，他们的总排放（范围一）为 5.5 亿吨。

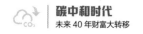

确定年度排放总量

我们已经确定控排企业范围一[①]排放之和为 5.5 亿吨。但这只是我们的基础数据，我们的目的是让这个数据每年下降，直到它在 2060 年实现碳中和。因为这里只是做示例，我们就绕过复杂的排放预测，直接设定为线性下降，那么这个数字将在 40 年内线性下降为零，于是，我们就可以很轻松地计算出每年的下降比例为 2.5%。那么下一年，这些企业的总排放就应该设定为 5.3625 亿吨。

进行配额分配

配额分配是整个环节中最复杂的一环，我们首先要确定配额总量。因为配额的分配要考虑范围二的排放，所以通常来说配额总量是所有企业范围一排放总量的 1.5 倍左右。我们假定下一年可分配的配额总量为 8 亿吨，接下来，就需要将这 8 亿吨配额分配到每个企业的头上。

在分配之前，我们还需要在配额分配方法上做选择，虽然我们想全部都采用基准线法，但经过调研发现，生产两种以上产品的企业，很难划定产品的基准线。所以我们决定只对电力和水泥行业采用基准线法，其他行业采用历史法。对于采用历史法的企业，我们直接根据每个企业的历史排放下浮 2.5% 发放配额，对于采用基准线法的企业，我们则将基准线设定为平均排放强度的 97.5%，然后根据上一年的产量发放配额。考虑到市场调节需要一些配额储备，从所有企业的配额中抽取 1%，也就是 800 万吨的配额留作备用。

我们从这个配额分配方案不难看出，如果来年所有企业都实现了履约，那么整个碳市场就至少降低了 2.5% 的排放，到第三年再降低 2.5%，以此类推。当到 2060 年时，我们就不再分配任何配额，企业要么一点都不排放，要么就让产生的排放通过补充机制抵消。

---

① 这里之所以要强调范围一的排放，是因为企业的碳排放要考虑范围二排放，但范围二与发电企业的范围一排放有部分重复计算，所以在考虑实际排放时，不应将范围二的排放计入。

为什么碳市场要考虑用电排放

在配额分配过程中，我们注意一个问题，所有控排企业的实际排放为 5.5 亿吨，而在配额分配时，将企业的范围二排放也就是用电排放纳入配额分配当中。为什么我们明知道这与发电企业的范围一排放重复计算了还是要将其考虑到配额分配当中去呢？

我们知道，计算企业的碳排放并不是我们的最终目的，实现碳减排才是。假如有两个企业，一个发电企业 A 发的电正好被一个用电企业 B 全部用掉。如果 A 企业发了 1 万度电，排放了 100 吨温室气体，在不考虑线损的情况下，B 企业刚好用了 1 万度电，也排放了 100 吨。前者为范围一排放，后者为范围二排放。两个企业实际上总共只向地球排放了 100 吨温室气体，但名义碳排放总和为 200 吨。从计算的角度上我们感觉产生了重复计算，我们再从减排的角度看看是否也是这样。

A 企业为了减少这 100 吨排放，它可以通过改进技术，提高燃料的利用效率，甚至改用新能源发电，但它始终需要保证向 B 企业供应 1 万度电。B 企业为了减少这 1 万度电，可以通过提高生产工艺，采取节能措施等方式减少电力的使用，这样即使 A 企业不做任何改变，因为发电量少了，它的排放也降低了。所以 A、B 两个企业对于减少这 100 吨实际向大气中排放的温室气体都能做出很大的贡献。所以在控制减排方面需要将双方都考虑进去。至于是否重复计算，我们只需要根据数据使用场合拿出对应的数据就行，比如讨论对企业、对地球的真实温室气体排放，我们只需统计企业的范围一排放。而讨论企业的减排责任或者减排空间时，则需要将范围二考虑进去。很显然，碳市场建设的初衷是为了促进减排而不是计算碳排放，所以需要考虑企业的范围二也就是用电的排放。

配额发放和交易

配额分配确定后，下一步就是发放配额了，我们开发了配额的注册登记簿，让所有的企业都来开户，并且在它们的户头上发放对应的配额数量。我们也开发了交易系统，对于需要交易的企业便会去交易所进行交易。

为了防止企业过度投机，我们设置了最大持仓量限制，并且制定了一系列的稳定碳价的管理办法，比如利用我们预留的配额对市场进行调控，防止碳价过快地上涨和下跌。

补充机制

我们知道补充机制是通过碳市场外部的减排来实现企业灵活履约的机制。在我们设计的碳市场里也引入了这个补充机制，假定这个补充机制就是中国的 CCER。考虑到我国在实现碳中和的时候预计可能有 15% 的碳排放是通过碳吸收移除的。所以碳市场中补充机制可用于履约的比例为 15%。这样，在极端情况下，到 2060 年实现整个碳市场碳中和时，仍然会有约 8000 万吨的排放，但这些排放将通过外部的减排量或者碳移除来抵消。

配额清缴

到了第二年，我们要确定企业是否达成了它们的减排目标，于是我们需要实施配额清缴。所谓配额清缴就是根据自己的实际碳排放，上缴等额的配额或者不高于总排放 15% 的 CCER。如果企业完成了清缴，就证明它完成了这一年的减排任务，如果没有完成，那么我们可以通过罚款、扣减来年配额等方式对其进行处罚。

这样，我们就设计了一个完整的碳交易市场并且运营了一个履约周期，虽然实际的相关规则非常复杂，但通过一个履约周期的实际运作，我们可以基本了解整个碳市场的各个要素及其运作方式。这对我们将来参与碳市场会有很大帮助。

5.4　资本在碳市场中的作用

在本章前面的碳市场介绍中，我并没有将资本这一碳市场重要元素纳入进去，因为资本算不上碳市场的必备元素。就像人如果要吃饱，只是吃米饭也是可以的，但如果要吃得好，那么就必须得吃菜。而资本就是让碳市场变得更好的那美味佳肴。

从正在实施的碳市场运营情况可以看出，如果碳市场的参与者除了控排企业没有其他机构，那么这个市场一定是死水一潭，交易量少，价格波动大。经常出现缺配额的企业想买没有货，配额富裕的企业想卖没人要的情况。所以我们需要一些机构和个人参与交易，作为供需双方的一个连接纽带和润滑剂。

主管机构其实也明白这一点，所以在《碳排放权交易管理办法》第二十一条中明确提出，非控排企业中符合国家有关交易规则的机构和个人允许参与碳交易。当然，这些人并没有履约的需求，参与碳市场的目的纯粹是为了获利。所以监管机构也担心非控排企业的市场参与者恶意将碳价炒高而增加企业的履约成本。但总的来说，将资本引入到碳交易市场是利大于弊，甚至可以说没有弊端。

发现减排成本

在一个理想的碳市场中，市场的碳价应该等于整个市场的减排成本，因为企业如果内部减排成本低于碳价，它将通过内部减排来履约，如果内部减排成本高于碳价，那么它将通过去市场上购买碳信用来履约。在多次的买卖中，碳价就会越来越趋近于整个市场的减排成本。

而实际的碳市场，如果市场参与者只有控排企业的话，就很难实现这个目的。因为控排企业毕竟不是专业的交易商，它们并不会将碳交易视为一项业务，所以如果不是必须，它们都会尽量减少对碳账户的操作。对于配额富裕的企业，它们可能不会考虑去出售配额，对于配额不足的企业，可能也只是到履约的前几天才会考虑去买。所以市场上的价格自然就不能真实反映减排成本。适当引入其他参与者后，这些参与者会主动找到控排企业进行合作，或做配额托管，或直接购买。这些托管或者购买的配额就会在市场上频繁地流通，慢慢地，也就形成了稳定的价格，这些价格会对控排企业的减排成本形成参照，最终趋向于减排成本。

提供更宽阔的融资渠道

中国试点地区的碳市场即使运行了很多年，也有很多控排企业没有意识到一个问题，那就是政府向控排企业发放的、期限为一年的配额其实是一种资产。这种资产如果躺在控排企业的账户上不动，就相当于将一笔巨款锁在家里的保险柜里一样不但不能增值，反而可能会贬值。对于家里的存款，哪怕对理财再不感冒的人，也不会把大量现金锁在家里的保险柜，至少会考虑放银行吃个活期利息。而对于配额，大部分企业却真的就放在自己的配额账户上一动不动。

如何通过这些配额来拓宽融资渠道呢？一般情况下，碳市场中的 CCER 和配额都有一定的价差。所以即使企业的配额没有富裕，也可以把可以履约部分的配额更换成 CCER 来进行履约，从而获取其中的价差利益。这种模式已经是碳市场上的常规业务，通常叫作配额置换业务。

另一些专业的碳资产管理公司还提供一种配额托管服务，由专业的公司进行资产运作，然后对所得的收益进行分成。还有一些专门做节能服务的公司，它们在提供节能服务的时候可能考虑用配额进行抵押或者干脆将配额作为节能服务的报酬。所以，如果我们将配额看作一种资产，自然就多了一种融资渠道。

提高市场活跃性，吸引社会投资

不可否认，如果碳市场开放了机构和个人投资者，这些没有履约需求的投资者将会成为碳市场的交易主力，我们可以认为他们是投资分子，也可以认为他们是投机分子。但从总体来讲，他们的加入拉高了碳资产的总体价值，而企业的碳资产几乎是免费获得，其他参与者的碳资产都是真金白银花钱买到手的。所以，虽然拉高了碳价，但也提升了所有控排企业的碳资产价值，这会变相刺激企业花更多的钱去实施减排，当然也变相刺激了更多的资本去开发新的减排技术。让更多的人有钱出钱、有技术出技术，共同参与到碳减排这项事业中来。

5.5　如何投资碳交易市场

不可否认的是，一些人了解碳中和的目的是寻找财富增值的机会，而非真正担忧气候危机和人类命运。的确，投资理财是大多数人的刚需，应对气候变化则不是。而碳市场恰好可以将这两者有机结合起来。我经常和我身边的朋友说，既然你们需要投资理财，投资房产基金是投资，投资碳中和产业也是投资，而投资碳中和还可以顺便为应对气候变化做贡献，何乐而不为？下面我们从投资者的角度出发，分析一下碳交易市场的投资机会，以及作为个人如何参与碳市场。

参与碳市场的几种方式

根据《碳排放权交易管理办法》，个人可以参与碳市场。但目前并没有关于允许个人参与全国碳市场的相关规定。所以个人想直接参与碳市场还需要一定时日，但除了全国碳市场外，还可以通过其他方式参与碳交易市场。

一是通过购买与碳交易直接相关的企业股票或基金。目前股票市场上已经出现了碳市场概念股，这些公司要么直接是控排企业，要么是 CCER 项目方，又或者是碳交易所的股东方等。虽然购买这些公司的股票不能直接与购买碳信用挂钩，但它们在碳市场的表现一定程度上能够从股价上表现出来。不过，股价的变动还受很多其他因素的影响，碳价只是其中很小的一部分，所以不能算是直接参与碳市场投资。另外还需要注意的是，购买控排企业的股票需要确认该企业属于配额富裕方还是配额缺口方。如果属于配额缺口方，参与碳市场对它们来说是成本而非收益，购买它们的股票或许得不偿失。

二是参与地方碳交易市场。2013 年 6 月 18 日深圳启动第一个碳交易试点以来，我国相继已经有 8 个碳交易试点投入运营，这些试点地区部分允许个人开户，可以直接参与配额和 CCER 的交易。但试点地区碳交易市场不排除在今后全国碳市场稳定运行后会关闭，所以不具备长线投资的价值。可以作为熟悉碳交易市场、积累碳交易经验的尝试。关于中国碳交易试点的运营情况，将在后面的章节进行介绍。

三是投资 CCER，CCER 可以用于全国碳市场的碳信用，目前部分试点地区允许个人开户。所以可以通过去碳交易试点地区开户后购买 CCER 来持有 CCER，待将来全国碳市场开放 CCER 履约后，便可进入全国碳市场交易，但这种方法只能交易 CCER。目前全国碳市场对 CCER 的政策还不大明朗，至少第一年的履约不会考虑 CCER，所以存在一定风险。

四是购买相应的碳市场基金，在碳市场启动后，可能会出现一些专门投资碳市场的基金，这些基金可能会给控排企业提供资金，支持控排企业在自身需求之外建仓配额和 CCER，也可能直接投资 CCER 一级市场的开发，如投资一些碳资产开发公司，支持这些公司开发 CCER 项目。这种投资方式与投资相关控排企业的股票相比，与碳市场的关联性更强，其收益几乎只与碳市场有关。

碳价未来的上涨空间

比尔·盖茨在《气候变化与人类未来》一书中，引入了绿色溢价这个概念，所谓绿色溢价，简单说就是指为了实现某个目的，采用低排放路径的成本相对于高排放路径成本的比值。比如在美国，一加仑汽油为 2.43 美元，而同等能量的生物燃料为 5 美元，那么生物燃料的绿色溢价就是 106%。当然这个绿色溢价并不局限在能源或者化石燃料上。比如食品行业，植物基合成牛肉的碳排放要比真牛肉低很多，但目前的价格是真牛肉的 3 倍左右，这也是绿色溢价。

从消费者的角度来说，能达到同样目的的情况下，当然是价格越低越好，我们不能指望消费者们长期自觉地去购买贵一倍的生物燃油或者贵两倍的植物基牛肉。解决方法就是降低绿色溢价直至两者价格等同甚至负溢价。降低绿色溢价的方法有两种，一种是降低低碳产品的生产成本，另一种就是增加高碳产品的碳排放成本。降低低碳产品的成本依赖于技术水平的提升，这个是不受控的。相对容易的办法，就是增加高碳产品的碳排放成本，这个成本从某种意义上说，就是未来碳价的上涨空间。

2021 年 7 月 16 日，在上海的中国碳排放交易中心，随着交易大厅的第一笔交易显示交易成功，标志着中国全国碳市场这一世界最大碳交易市场鸣锣开市，大家在那一天见证全球这个碳市场的碳价起点——48 元。

随着后期碳市场配额发放的趋紧和有偿拍卖比例的增加，碳价从长期来看一定是处于上涨趋势。但究竟能有多大涨幅呢，我们可以从历史碳价趋势和各大研究机构的预测来进行判断。

首先是碳价的历史趋势，根据 ICAP 发布的《全球碳市场进展 2021 年度报告》，2010 年到 2020 年十年间，全球最主要的 5 个碳市场碳价走势如图 5-5 所示。其中欧盟碳市场碳价从最低点的 5 欧元左右上升到了 40 欧元，在本书的前面内容提到最新的欧盟碳价已经突破了 50 欧元。所以，欧盟碳价在这 10 年间基本上涨了 10 倍，另外超过 10 倍涨幅的还有新西兰碳市场。韩国碳市场的最低点到最高点的涨幅在 5 倍左右；美国加州碳市场相对来说比较稳定，涨幅基本只有 1.5 倍左右。而中国试点地区碳市场基本没有什么涨幅。造成差异这么大的原因有很多种，但最主要的原因还是市场体量和市场参与者的数量。往往市场体量和参与者数量越多的市场，其碳价涨幅就越高，反之则越低。我国的全国交易市场启动后，其总体体量超过欧盟碳市场，成为全球最大的碳交易市场，其市场表现值得期待。

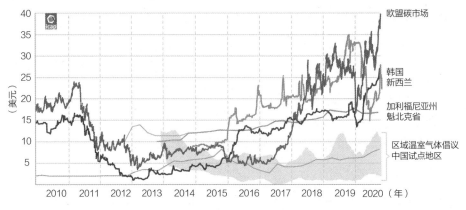

图5-5 过去十年全球主流碳市场的碳价趋势

我们再来看看专家和学者对未来碳市场的预测。关于碳定价，世界银行成立了一个专门研究碳价的组织，叫作碳定价联盟（CPLC）。这个组织在最新的碳定价报告中，对未来直到2050年的碳价进行了预测（见图5-6）。该预测引入了多个政策场景，其中最激进场景的碳价到2030年达400美元，到2050年将达1000美元，中位数场景

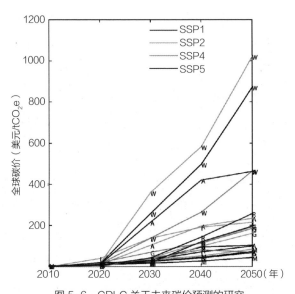

图5-6 CPLC关于未来碳价预测的研究
数据来源: Report of the High-Level Commission on Carbon Prices

的碳价到2030年达100美元，2050年达400美元。而且这个碳价的预测是基于2℃的温度控制目标，如果温度控制目标为1.5℃，相应的碳价还会有所增加。

根据清华大学能源与环境经济研究院的相关研究，中国的碳价预计到2030年为13美元，2050年为115美元，2060年是327美元左右，相对

CPLC 的碳价预测低很多（见图 5-7）。

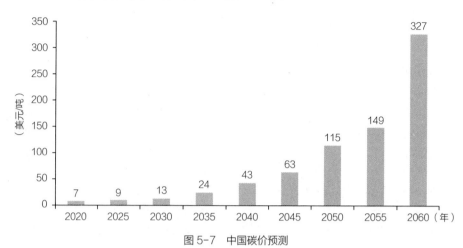

图 5-7　中国碳价预测

数据来源：清华大学能源与环境经济研究院

国内的另一家研究机构中国石油经济研究院也在其发布的报告《2050 年世界与中国能源展望》中，对我国的碳价进行了预测。在该预测中，我国 2030 年的碳价预计在 30 美元，2050 年为 250 美元，2060 年碳价则高达 500 美元。该碳价水平大约在 CPLC 预测价格的 1/3~1/2。

国际能源署发布的报告《能源部门实现 2050 净零排放路线图》中，对全球的碳价预测进行了区域的区分，报告将全球碳价分为三类地区，分别为发达经济体、特定新兴市场和发展中经济体、其他新兴市场和发展中经济体。其中中国属于特定新兴市场和发展中经济体，按照国际能源署的预测，中国的碳价将在 2025 年达到 45 美元，2030 年达到 90 美元，2050 年达到 200 美元（见表 5-3）。

表 5-3　电力、工业和能源行业净零排放的碳定价（美元 /tCO$_2$）

地区	2025 年	2030 年	2040 年	2050 年
发达经济体	75	130	205	250
特定新兴市场和发展中经济体（中国、俄罗斯、巴西和南非）	45	90	160	200
其他新兴市场和发展中经济体	3	15	35	55

综上分析，我认为我国全国碳市场的碳价可以从谨慎乐观的角度去判断，如果对几种预测进行一个折中，基本预测中国到 2030 年碳价会在 200～500 元，到 2050 年碳价会在 1000～1500 元。

但从理论上讲，碳价不会无限上涨，它的理论天花板就是直接从空气中捕获二氧化碳并储存（DACCS）的成本，目前的成本远超 1400 美元且并未达到商业化运营阶段。假如在未来该技术成熟且成本大幅下降，那么碳价也会随之降低。

影响碳价的主要因素

我们已经知道如何参与碳市场，也知道碳排放权是处于长期上涨的产品，所以迫不及待的你，可能已经摩拳擦掌，准备在全国碳市场去一试身手了。但只要是个自由交易的市场，无论长期如何看好，短期也可能有大的波动。如果你不打算把钱投进去十年以后再取出来，那么你在投资碳市场之前，还需要对短期影响碳价的主要因素有所了解。

首先，碳市场的操作与股票市场是一样的，也有 K 线图，股市那一套操作技术也可以拿到碳市场来用。只是这个市场里大体就只有两个品种：配额和 CCER。这两个品种都是控排企业可以用来履约的，但是配额履约没有比例的限制，而 CCER 有限制。全国碳市场目前还没有公布比例，但预计是在 5%～10%，所以配额的价值要比 CCER 高一些，一般情况下，配额的价值打个 7 折，就是 CCER 的价格。

其次，影响市场价格的主要因素早期是市场供需关系，即控排企业对碳资产的需求量与市场能够供应的量，那这个信息如何获得呢？目前相关数据的披露还做得不到位，但随着碳市场的规范化，相关的碳排放信息披露也会更加规范和完善。不过，即使控排企业对碳排放信息披露得非常彻底，对于一般人来说，也很难分析出对市场是利好还是利空。这个就需要碳市场专业人士来分析了，我相信碳市场起来后类似的研报会很多，与现在股票市场的个股研报一样，可以多关注一下。

到了后期影响碳价的就不一定是供需关系了。我预计在 5～10 年后，碳资产会成为从大基金到普通老百姓的主流资产配置之一，那时的碳资产会像房子一样，脱离了供需关系，而成了保值增值的资产配置工具。2020 年的欧洲碳市场，在新冠肺炎疫情的不确定下，碳资产成了部分大基金的避险资产，由此可见一斑。这时候影响碳价更多的是外部的经济形势以及投资者的投资热情。

影响碳资产价格的另一个重要因素是碳资产的年份，这是与股票市场不一样的地方，配额和 CCER 根据其出产年份的价值可能会很不一样。早年中国试点地区的碳市场对 CCER 就进行过年份限制，比如限制 2015 年前的 CCER 使用，那么 2015 年前的 CCER 基本就不值钱了。

另外对于 CCER，项目类型也对价格的影响较大，比如造林和风电光伏的价格一般较高，水电和其他领域的 CCER 价格就要低一些。当然市场的偏好也不是一成不变的，造林项目在很早以前也曾经不被市场认可。还需要注意的是，全国碳市场也可能对 CCER 的项目类型进行限制，即某些项目类型的 CCER 可能不允许用于全国碳市场履约。如果出现类似的政策，那么相应项目类型的 CCER 价值就会大打折扣。在未来风电光伏发电比例大幅增加的情况下，不排除碳市场会限制相应的 CCER 使用，所以需要时刻关注相关政策。

政府调控对碳价的影响

虽然影响碳价的因素很多，但从试点地区的经验来看，政府调控仍然是当前影响我国碳价最主要的因素。最为典型的案例莫过于上海碳交易试点 2016 年的配额结转方案对市场的影响。

上海是唯一一个同时发放三年配额的碳交易试点，在 2013 年上海碳市场开市后，一次发放了 2013 年、2014 年、2015 年三年的配额。因为这三年的配额总体发放偏多，而且允许无限量结转，所以 2013 年剩余配额结转到 2014 年，之后又继续传导到 2015 年。早期因为企业不清楚自己的配额盈亏情况所以交易得比较少。等到 2015 年，过了两年的结转以后发现大部分的企业都是配额剩余，于是大量抛售，所以碳价持续走低。价格从 2014 年年底的 33.3 元一直下探到 2016 年的 4.2 元左右。

为了提振市场，2016 年 5 月 9 日，上海市发改委发布了《关于本市碳排放交易试点阶段碳排放配额结转有关事项的通知》，通知规定 2013—2015 年的配额于 2016 年 6 月 30 日停止交易和履约，并且等量结转至 2016—2018 年配额，但并非一次性结转，而是分三年，每年结转 1/3。通知一出，市场上可流通配额大量减少，配额价格也从 5 月 16 日的最低点 4.21 元开始反弹，最高涨到 2017 年 2 月 13 日的 38.3 元，在短短 9 个月时间涨幅高达 9 倍。经过多年碳交易试点的运营，中国已经积累了大量的实操经验，相信全国碳市场的制度设计将会比试点地区更加完善，政策透明度和可预测性更高，这样才能形成一个良好的自有市场。

5.6　其他碳减排交易市场

自愿碳减排市场

除了基于总量控制的碳交易市场，还存在一种自愿减排的交易市场，这个市场的产生是源于非控排企业碳中和的需求。在前面关于总量控制的碳交易市场设计中我们可以认识到，基于总量控制的碳交易市场对控排企业的选择，是基于排放量抓大放小的原则，所以大部分企业都是高能耗、高排放的重工业企业。

而现在的高收益、高净值，且关注社会责任的企业大多都是互联网和高科技企业。它们不属于控排企业，但也希望参与到应对气候变化的进程中来。于是它们会自愿给自己设定减排目标——通常这个目标就是实现碳中和，并实施内部和外部减排。

其中外部减排也需要一套机制对减排量进行认定，虽然强制减排市场中的项目减排量如 CER 和 CCER 也可以用于这些非控排企业实现减排目标，但购买和使用这些减排量需要遵守对应强制市场的相关规定，会受到一些限制。于是，纯粹为了自愿减排企业实施外部减排的减排机制及对应的交易市场诞生了。

不像强制减排市场有严格的边界，自愿减排市场属于松散的、无边界市场。全球各地所有的企业都可以参与自愿减排。对外部项目的规则也没有强制要求，目前，自愿减排市场的减排产品类型有数十种，企业可以采用其中任何一种用于实现其减排目标。这些减排产品大多由 NGO 发起，以 CDM 的相关标准体系为基础建立。其中认可度最高的要数 VERRA 发起的自愿减排标准（Verified Carbon Standard，VCS）和黄金标准发起的黄金标准自愿减排体系（Gold Standard，GS）。

不像强制减排交易体系，自愿减排交易体系的交易大多属于线下交易，所以价格波动并不明显。随着宣布碳中和的企业越来越多，自愿减排市场的相关需求也将随之增加，价格也会随之上涨。

基于消费端的碳交易市场

基于消费端的碳交易市场这个概念无论在学术层面还是在政府层面都几乎没人提及。但我觉得未来碳市场的演变很有可能从现在的生产端慢慢转向消费端。所以，在这里介绍一下目前还没进入主流研究体系和政策体系的消费端碳交易市场。

消费端碳交易市场是一种机制的总称，在这种机制中，减排的主体并不是温室气体的排放者，而是温室气体的消费者。举个例子，在我们前面提到的总量控制的碳交易市场中，控制的都是实际产生排放的企业，而它们排放温室气体的原因是为了生产各种各样的产品，这些产品其实并不是企业为了自己而生产的。所以从某个角度上说，它们是因为有人买它们的产品才产生了排放。而最终买他们产品的人是谁呢？就是你我这些消费者。

对于消费端的碳交易市场机制，目前并没有较为成熟的机制。首先，其核算机制不能采用总量控制的碳市场那一套，因为消费的产品碳排放是基于产品全生命周期的碳足迹，涉及整个产品的产业链；其次，对于如何降低个人的消费碳排放也没有个定论。有部分学者尝试套用总量控制的碳市场那样，以家庭为单位，对其可消费的碳排放进行总量控制。然后超出排放部分需要购买减排量或者缴纳罚款。但这种模式只是停留在研究层面，没有任何一个国家和地区做过类似的尝试。而另一种纯激励型的个人碳市场机制倒是尝试的地方很多，这种机制只给个人以奖励而没有惩罚。简单地说，就是个人实施了减排行为可以给予奖励，但如果不实施减排行为则没有任何惩罚，当然也肯定是自愿参与的原则。这种机制称为碳普惠机制，寓意低碳行为普惠大众。目前国内很多城市都在做相关研究，广州和成都等地已经进入了实施阶段。这些正在实施的碳普惠机制中，个人的低碳出行、垃圾分类的行为将获得相应的碳积分，这些积分可以兑换一些日用品等东西，目前还不能实现积分的交易，但因为可使用的场景较少，目前市场的参与者和活跃度都不大理想。

当前的消费端碳市场，无论从政策层面还是从市场层面，都不被看好的主要原因，在于这个市场的主体——消费品自身的 MRV 规则还未确立。产品碳足迹的核算相对于组织层面要复杂很多，如果相关的 MRV 规则没有建立起来，那么产品碳足迹也无法计算。现在的碳普惠机制基本都是个人出行产生的减排，真正消费掉的排放主要来自产品，如房产、车辆、电子产品、衣物等。而这些产品缺乏碳足迹信息，个人也无法区分低碳产品和高碳产品，消费端的减排也就无从谈起。如果在以后有了产品碳足迹的 MRV 规则，所有产品都强制披露碳排放信息。那么基于消费端的碳交易市场便会进入主流视野，成为实现全球碳中和不可或缺的一项制度。我也坚信那一天一定会到来。

5.7 全球典型碳市场解读

根据世界银行发布的《碳定价机制发展现状与未来趋势2020》，全球已经有 61 项碳定价机制正在实施或计划实施中，其中 31 项碳排放交易机制，30 项碳税机制，这些机制覆盖了全球 120 亿吨二氧化碳排放，约占全球温室气体排放的 22%。

全球已经有 33 个独立运行的碳交易市场，基于国际航空和国际海运的跨区域碳交易市场也在酝酿中。这些碳市场虽然不能说千篇一律，但并不是所有的碳市场都值得一说。如果对于全球碳市场的各项数据感兴趣，我建议大家参考 ICAP 每年都会发布的全球碳市场进展报告，报告中有全球各大碳交易市场详尽的数据分析。此处挑选几个典型的碳市场进行简单介绍，如表 5-4 所示。

表 5-4　全球建立碳交易体系的地区

政府层级	数量	包含区域
超国家机构	1	欧盟成员国加上冰岛、列支敦士登、挪威
国家	8	中国，德国，哈萨克斯坦，墨西哥，新西兰，韩国，瑞士，英国
省和州	18	加利福尼亚州，康涅狄格州，特拉华州，福建省，广东省，湖北省，缅因州，马里兰州，马萨诸塞州，新罕布什尔州，新泽西州，纽约州，新斯科舍省，埼玉县，魁北克省，罗得岛州，佛蒙特州，弗吉尼亚州
城市	6	北京，重庆，上海，深圳，天津，东京

欧盟碳市场

毫无疑问，欧盟碳市场（EU-ETS）是迄今为止运营最成功的碳交易市场，这一点从它的碳价和交易量占全球的比例就可以看出。欧盟碳市场于 2005 年 1 月 1 日运行，早期就是为了达成《京都议定书》中各国的减排目标，现在则是为了实现欧洲的碳中和目标。

欧盟碳市场到现在已经完成了前三个阶段的运行，分别为第一阶段 2005—2007 年，第二阶段 2008—2012 年，第三阶段 2013—2020 年。欧盟已经启动了第四阶段的运行，第四阶段的运营期间为 2021—2030 年。

欧盟碳交易体系覆盖的排放总量为 17.49 亿吨（2018 年基准），占总排放的 39%，涉及的总排放单位有 1 万多个。覆盖的温室气体包括 CO_2、N_2O 和

PFCs，由于种种原因，其他温室气体如 CH_4 并未纳入交易体系。当然这并不代表欧盟不计划减少这些温室气体排放，对于其他的温室气体，欧盟则通过非市场机制实施减排。欧盟碳交易体系从第三阶段开始就实施排放总量逐年递减的制度。其中第三阶段起始年配额总额为 20.84 亿吨，之后每年配额总量下降 1.7%，到最后一年 2020 年的配额总量为 18.16 亿吨。第四履约期起始年配额总量为 15.72 亿吨，每年配额下降率为 2.2%。

欧盟碳交易体系早期的配额分配方法以历史法为主，基准线法为辅，后期以基准线法和拍卖法为主，对于基准线法，欧盟到目前为止已经开发了多个产品的基准线。而欧盟对于配额的有偿拍卖比例也是逐年增加，第一阶段只有少数成员国拍卖了部分配额，到第三履约期的配额有偿拍卖比例已经上升到配额总量的 57%，部分成员国的电力行业甚至达到了 100% 有偿拍卖比例。这为欧洲碳价的持续上涨提供了动力。

欧盟碳市场早期是因《京都议定书》产生的，根据京都议定书中的清洁发展机制（CDM）条款，欧盟碳市场的控排企业可以使用一定比例的外部减排项目产生的减排量，即 CER 来履约。欧盟在第一阶段对 CER 的使用比例没有限制，但实际上并没有 CER 在第一阶段用于履约。在第二阶段，欧盟设置了可用于 CER 履约的比例，该比例根据各成员国的国家配额分配计划有所不同，但都不包括土地利用变化项目和核电产生的减排量，对超过 20MW 以上的水电项目也有严格的要求。这一规定使得欧盟碳市场以外的减排量有机会参与到欧盟碳市场中去。事实上，在第二阶段，中国成为欧盟碳市场 CER 的最大供应国，为欧盟的控排企业降低履约成本的同时，也为中国带来了一笔不小的额外收入。更重要的是，CDM 为中国培养了第一批专业从事碳管理和碳资产开发的人才，为今后中国双碳目标的实施及全国碳交易市场的运营奠定了人才基础。

在第三阶段，欧盟虽然保留了 CDM，但只允许使用最不发达国家的项目，且排除了所有的工业类减排项目（如氧化亚氮和氢氟碳化物的减排项目），CER 的可用上限也规定为第二阶段和第三阶段产生的总减排量的 50%。

到了第四阶段，欧盟碳市场不再允许任何的外部项目用于控排企业履约。

为了防止供需关系的严重失衡，欧盟碳市场在 2019 年引入市场稳定储备机制（MSR），该机制将一部分计划用于拍卖的配额纳入 MSR 中，等市场供需出现较大波动才将此部分配额释放出来。虽然 MSR 并没有直接减少配额供应，但间接减少了市场上可流通的配额量，这也是欧盟碳价保持持续上涨的原因之一。2019 年，总计 3.97 亿吨计划用于拍卖的配额被纳入 MSR，2020 年又有 2.65 亿吨被纳入，为了防止 MSR 无限制吸收配额造成市场恐慌，该制度还规定从 2023 年起，MSR 将设定配额持有上限，上限为不得高于上一年拍卖配额的总量。欧盟碳市场各阶段的主要信息如表 5-5 所示。

表 5-5　欧盟碳市场各阶段的主要信息

阶段	时间段	控排企业	配额总量 ①	配额分配方法	配额拍卖比例
第一阶段	2005—2007 年	电力、石化、钢铁、建材、造纸等	20.96 亿吨	历史法为主，基准线法为辅	不超过 5%
第二阶段	2008—2012 年	新增航空业	20.49 亿吨	基准线法为主	不超过 10%
第三阶段	2013—2020 年	新增 CCS 设施，电解铝、硝酸等化工行业	20.84 亿吨，每年减少 1.74%	基准线法	57%，部分成员国电力行业 100% 拍卖
第四阶段	2021—2030 年	保持不变	15.72 亿吨，每年减少 2.2%	基准线法	57%

欧盟碳市场自 2005 年推行以来，总体碳排放量下降速度明显高于 2005 年，说明欧盟碳市场确实起到了促进减排的作用。不仅如此，欧盟碳市场因其完善和透明的交易制度，以及持续上涨的价格，也吸引了不少投资者将欧盟碳市场配额作为投资标的和金融避险工具。欧盟温室气体排放趋势如图 5-8 所示。这也是中国的投资者普遍看好全国碳市场投资机会的原因之一。

---

① 因航空业单独通过 COSIA 机制运行，该表中的配额未包含航空业。

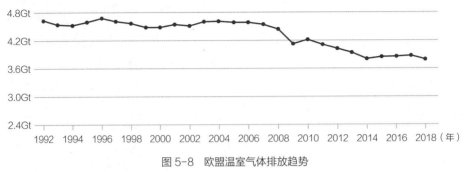

图 5-8　欧盟温室气体排放趋势

数据来源：Climate Watch Data

韩国碳市场

韩国碳市场是亚洲第一个以国家为单位启动的碳交易市场，从体量上也是仅次于中国和欧盟碳市场的第三大碳交易市场。它自 2015 年启动以后，曾经超过 4 年呈现单边上涨的趋势，成为全球关注的焦点，除此之外，韩国的碳市场顶层设计还有许多和其他碳市场不一样的特点。它是唯一一个国家级碳市场里允许使用国外碳信用来履约的机制。这代表中国的减排项目也有可能卖到韩国去，所以如果你正在碳市场里寻找投资的机会，那么即使其他国家的碳市场你都不关心，韩国碳市场你也一定不能错过。

韩国的碳交易市场是根据韩国 2012 年 11 月通过的《温室气体排放权分配及交易法》建立的，而《温室气体排放权分配及交易法》的诞生又来自韩国 2010 年 4 月通过的上位法《绿色成长基本法》第 46 条，所以说韩国的碳市场在建立之前已经有了完善的法律保障。

韩国为自己的碳市场建立了一个 10 年规划，即 2015—2025 年，该规划分为三个阶段。第一阶段为 2015—2017 年，第二阶段为 2018—2020 年，第三阶段为 2021—2025 年。其目标为实现 2030 年碳排放相对于 2017 年降低 24.4%。

韩国碳市场覆盖的温室气体包括了《京都议定书》上规定的六大温室气体，控排企业的选定在第一阶段覆盖了电力、工业（如钢铁、石化、水泥、炼油、有色金属等）、建筑业、废弃物处理业、航空业共 5 大行业 23 个细分行业，第二阶段增加了供热和电力、工业、建筑、交通、废弃物处理和公共部门，共 64 个细分行业，第三阶段预计不改变覆盖行业范围。目前为止满足条件的控排企业有 685 家，总排放约 6 亿吨，约占韩国总排放的 73.5%。

韩国碳市场的配额的分配先由控排企业自己申请，然后经过一系列的审核后由主管机构一次性发放一个交易期的配额。值得一提的是，政府部门组成的"配额决定审议委员会"在出了配额分配决议以后要提交一个完全由民间专家团组成的"共同工作班"。共同工作班有权对配额分配方案提出异议，起到一定的监督作用。韩国碳市场顶层设计如图 5-9 所示。韩国第一阶段配额总量为 16.86 亿吨（三年），第二阶段配额总量为 17.96 亿吨（三年），第三阶段配额总量为 30.48 亿吨（五年）。

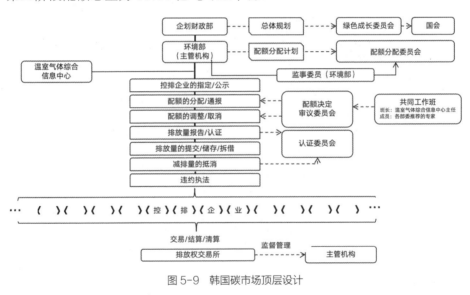

图 5-9 韩国碳市场顶层设计

韩国的碳排放额分配方法早期以历史法为主，基准线法为辅，第一阶段 23 个行业中除了水泥、炼油和航空业使用基准线法外，其余均采用历史法，第二阶段新增的行业也均采用历史法。根据韩国的第三交易期基本规划，韩国预计将在第三交易期后逐渐转换为基准线法为主、历史法为辅的配额分配方式。为了弥补历史法对先进企业的不公平，韩国引入了先期减排认证制度。这个制度允许先进企业通过报告在参与碳市场前实施的减排措施而获得额外的碳信用。但这个制度仅限于第一阶段且可申请的总量不超过总排放的 3%。

韩国的配额分配早期全免费，随后逐渐增加，第一阶段配额全部为免费分配，第二阶段免费的比例为 97%，拍卖的比例为 3%，第三阶段免费分配的比例不超过 90%，而拍卖的比例不低于 10%。

韩国的补充机制比较特别，韩国国内也有类似于 CDM 的基于项目的减排量申报机制，通过该机制获得的碳信用叫作 KOC（Korea Offset Credit），这个 KOC 是不能用来直接履约的，还需要将 KOC 转化为 KCU（Korea Credit Unit），两者虽然是一比一的转换关系，但是两者有效期不一样。根据韩国碳市场的规则，韩国的配额 KAU 和由 KOC 转化而来的 KCU 是有年份的，其中 KAU 只能用于当期履约，KCU 只能用于当年的履约，到第二年履约期结束之后，相应年份的 KAU 和 KCU 将自动废除。但 KOC 是没有年份的，它只要不转化为 KCU，就可以长期存在。所以在韩国，KOC 的价格通常都要高于 KAU 和 KCU 的价格。韩国 KAU、KCU 和 KOC 的使用期限如图 5-10 所示。

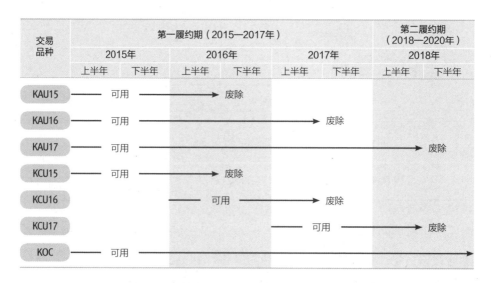

图 5-10　韩国 KAU、KCU 和 KOC 的使用期限

韩国 KOC 价格高于配额的另一个原因是韩国国内可用于开发 KOC 的减排项目太少。根据韩国补充机制的使用规则，韩国企业可以使用排放总量 10% 的 KOC 用于履约。按照韩国配额总量 6 亿吨计算，韩国每年可用于履约的 KOC 总量为 6000 万吨。而根据韩国的 KOC 注册登记簿网站信息，韩国的 KOC 机制从 2015 年启动到现在总共注册项目 553 个，签发项目 461 个，累计总签发量仅仅 3000 万吨，不及累计总需求量的 10%，这是由于韩国整体国土面积太小，可实施的减排项目太少所致。于是，为了增加 KOC 的供应量，韩国在第三阶段引入了海外减排量，也就是 i-KOC。

韩国的 i-KOC 是为了缓解国内补充机制产生的减排太少推出的一种机制，它允许韩国本土企业直接在国外投资的减排项目，按照投资比例转化为国内的 KOC，并标记为 i-KOC。i-KOC 的功能与 KOC 等同，只是企业可用的最大比例为 5%。因为韩国本土的 KOC 机制内的方法学与国外项目有不兼容的地方，所以国外的项目先要通过注册成 CDM 项目签发 CER 后，再根据相应的程序将 CER 转化为 KOC。这一制度吸引了大量投资投向海外的 CDM 项目，特别是非洲等最不发达国家的节能灶减排项目。截至 2021 年 7 月，韩国已经注册 i-KOC 项目 82 个，签发的 i-KOC 项目 8 个，总签发量约 100 万吨。

韩国的碳价从 2015 年 1 月开市以来，从开市价的 7500 韩元（约合人民币 43 元）一直持续上涨到 2019 年的 40 000 韩元（约合人民币 230 元），一度成为全球碳价最高的市场。后因疫情原因下跌到 2021 年 7 月的 18 000 元（约合人民币 104 元）。

虽然韩国碳价相对较高，但是韩国的碳市场活跃度非常低，原因是多方面的，一是韩国不允许控排机构以外的其他机构参与碳交易，参与者过于单一，导致交投不活跃。二是因为配额持有者对碳价普遍看涨，不愿意拿出来卖，而且补充机制 KOC 供应太少，导致市场上持续缺货。三是缺乏类似于碳期货的衍生产品可供控排企业通过期货交易实现套期保值。根据韩国碳市场第三阶段的规划，韩国将出台一系列的政策以刺激碳市场，其中包括引入

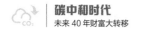

i-KOC 机制、期货、机构和个人投资者参与等制度。

中国项目能申请 i-KOC 吗？

根据韩国 i-KOC 的规则，只要是韩国国内企业投资的减排项目，无论项目所在地在世界哪个角落，都可以通过申请 CDM 项目的方式把减排量卖回到韩国去。按道理，中国的减排资源这么丰富，又离韩国如此之近，韩国投资海外 KOC 项目的首选之地应该是中国才对。而事实上，韩国目前注册的 i-KOC 项目中，没有一个是中国的项目，这是什么原因呢？

首先，韩国现在首选是投资纯粹减排项目，也就是除了减排收益没有任何其他收益的项目，因为这样的项目不用考虑长期的项目运营。这类项目首选就是扶贫赠予类项目，如节能灶、太阳灶项目，中国随着生活水平的提高以及扶贫工作的深入，已经不存在类似原始三石灶的家庭，所以没有实施这类项目的基础条件。

其次，根据中国的《清洁发展机制项目运行管理办法》，在中国，只有业主为中资控股的企业才有资格申报 CDM 项目，这就注定韩国在中国投资 CDM 项目必须找中方企业合资，股份还只能低于 50%。这意味着所实施的减排项目最多只能有 50% 的减排量可以转化成 i-KOC。

最后，因为 CDM 在中国已经多年没人申请，政府相关审批流程基本处于暂停状态，在没有大批项目申请的情况下，很难拿到 CDM 的东道国批复（LoA），这就等于在中国无法开展 CDM 项目。曾经有韩国企业想尝试在中国开发 i-KOC 项目，最终都卡在 LoA 上使得项目无疾而终。

中国试点碳市场

中国试点碳市场建设的根据来源于 2011 年 10 月发布的《关于开展碳排放权交易试点工作的通知》，该文件选定北京、上海、天津、重庆、湖北、广东、深圳七个省市作为试点开展碳交易建设。经过两年的建设，深圳市首先于 2013 年 6 月 18 日启动，之后几个试点地区陆续启动，后来福建省通过单独申请成为又一个碳交易试点，并于 2016 年 12 月 22 日启动，成为最后一个碳交易试点。

在控排企业覆盖范围方面，因为几个交易试点本身体量差距较大，所以企业纳入范围也有很大差异。从行业范围来看，排放体量较大的地区如湖北和广东，其纳入的行业以重工业为主，如电力、钢铁、水泥等。排放体量较小的地区则将建筑、交通、电子等行业纳入。从排放量纳入门槛来看，纳入门槛最高的要数湖北，纳入门槛为 6 万吨 CO_2e，最低为深圳，纳入门槛为 3000 吨 CO_2e，两者相差 20 倍。

配额分配方面，试点地区历史法、历史强度法和基准线法都有尝试，除广东初期就要求 3% 有偿拍卖以外，其他试点地区初期均免费发放，后期增加一定比例的配额有偿使用。

2012 年 6 月，国家发改委出台《温室气体自愿减排交易管理办法》，正式确立国家自愿减排（CCER）交易机制。试点地区在之后也不同程度地引入 CCER 机制用于履约，允许使用的比例为 3%～10%。根据各试点地区的体量及当地的 CCER 资源条件，各试点地区设置了各具特色的 CCER 准入机制。总体来说，对于本地 CCER 资源较为丰富的地区，优先考虑本地的 CCER 消纳，如湖北只要求本地或合作省市的 CCER 用于履约，广东要求 70% 为本地 CCER。上海、天津、重庆试点则不存在地域限制。除全国性的 CCER 以外，为增加本地减排量的供应，部分试点地区推出了本地特色的补充机制，如北京以造林为基础的 BFCER，广东以碳普惠为基础推出的 PHCER、福建以造林项目为基础的 FFCER 等，如表 5-6 所示。

表 5-6 各试点地区补充机制的使用条件

试点地区	抵消类型	抵消比列	项目类型准入限制	地区准入限制
北京	CCER BFCER	5%	非来自减排氢氟碳化物（HFCs）、全氟化碳（PFCs）、氧化亚氮（N_2O）、六氟化硫（SF_6）气体的项目及水电项目的减排量	BFCER 仅限本地，其他项目外地不超过 2.5%

续表

试点地区	抵消类型	抵消比列	项目类型准入限制	地区准入限制
上海	CCER	3%	无限制	无限制
广东	CCER PHCER	10%	（1）主要来自二氧化碳（CO_2）、甲烷（CH_4）减排项目； （2）非来自水电项目，非来自使用煤、油和天然气（不含煤层气）等化石能源的发电、供热和余能（含余热、余压、余气）利用项目； （3）非来自在联合国清洁发展机制执行理事会注册前就已经产生减排量的清洁发展机制项目	PHCER 仅限本地，其他项目外地不超过 CCER 可使用量的 30%
深圳	CCER	10%	（1）可再生能源和新能源项目； （2）清洁交通减排项目； （3）海洋固碳减排项目； （4）林业碳汇项目； （5）农业减排项目	可再生能源项目需满足指定区域；林业和农业项目，深圳市企业在全国投资的项目不受区域限制；其他项目来自深圳或者与深圳合作的区域
湖北	CCER	10%	非大、中型水电类项目	仅限本地项目
天津	CCER	10%	核证自愿减排量仅来自二氧化碳气体项目，且不包括水电项目的减排量	无限制
重庆	CCER	8%	（1）节约能源和提高能效； （2）清洁能源和非水可再生能源； （3）碳汇； （4）能源活动、工业生产过程、农业、废弃物处理等领域减排	无限制
福建	CCER FFCER	FFCER10% CCER 5%	非水电项目产生的减排量；仅来自二氧化碳（CO_2）、甲烷（CH_4）气体的项目减排量	FFCER 和 CCER 均仅限本地

　　碳交易试点经过多年的运行，为全国碳市场的建设提供了宝贵的经验，虽然在全国碳市场启动后，国家关于碳交易试点的去留没有明确表态。但随着全国碳市场覆盖范围的扩大，试点地区的控排企业也将逐渐纳入全国碳市场，到时候，碳交易试点将完成它们的使命，逐渐退出历史舞台。

中国全国碳市场

　　中国的全国碳交易市场最早可以追溯到 2014 年的《中美元首气候变化联

合申明》，该申明中提到，中国将计划于 2017 年启动全国碳排放交易体系，将覆盖钢铁、电力、化工、建材、造纸和有色金属等重点工业行业。当时我对此的理解是到 2017 年正式启动碳交易。而实际情况是，2017 年并非启动全国碳市场交易，而是启动全国碳市场建设。真正全国碳市场交易的启动，要等到 4 年后，也就是 2021 年才真正落地。

全国碳市场的顶层设计和相关规则基本与碳交易试点地区无二，唯一的区别是，在全国碳市场启动之初就确定了以基准线法为主的分配方式。因基准线法对于生产流程不一，产品种类不一的企业来说很难实施，所以从某种程度上影响了全国碳市场的实施进度。根据相关文件，全国碳市场启动时包含的企业仅为电力行业的 2000 余家企业，如果全国碳交易市场在开市后运营比较得比较顺利，很可能在第二个履约年内纳入第二批行业，而第二批纳入的企业最有可能的是水泥和电解铝行业，因为这两个行业的产品和流程都相对比较单一。

支撑全国碳市场的运作主要有四个机构：CCER 注册登记机构、配额注册登记机构、现货交易机构和期货交易机构。这四个机构被分别布局在北京、湖北、上海和广东，其中上海和广东作为现货和期货的交易所的所在地，成为全国碳市场最受瞩目的两个地方。目前上海交易所已随着全国碳市场的启动而开始交易，而广东的期货交易所中关于碳期货的产品还处于研发阶段。

中国的全国碳交易市场一直备受世界瞩目，因为它光是只纳入电力行业后，其市场体量已经成为全球第一大碳交易市场，如果按照计划，纳入所有碳排放在 2.6 万吨以上的企业后，其配额体量有望超过 100 亿吨，这个体量有望超过其他所有碳市场体量的总和。按照欧盟碳市场体量 20 亿吨左右就产生 2000 亿欧元的年交易额来算，中国的碳交易市场体量有望超过 10 万亿元人民币，成为又一大金融市场。

5.8 其他环境权益交易市场

媒体曾经有过这样一个报道，该报道称在 2020 年，特斯拉靠出售碳排放额度盈利 14 亿美元，成为支撑特斯拉业绩的最大助力。事实上，特斯拉确实是通过卖环境权益获得了 14 亿美元的收益，不过这里面的环境权益并非碳排放额度，而是零排放车辆（ZEV）积分。而除了碳交易和 ZEV 积分交易制度以外，这个世界还存在其他环境权益交易市场。这些环境权益交易市场有些与碳交易市场有一定联系，有些则全然无关。下面将把全球主要的环境权益交易市场做一个分类总结，并且分析一下这些环境权益交易市场与碳市场的关系，以帮助读者进行区分。

绿证交易市场

绿色电力属性交易是仅次于碳交易的第二大环境权益交易市场。顾名思义，绿色电力属性交易，就是将风电、光伏、水电等清洁能源发电所带的绿色零碳属性与电能本身剥离开来，作为一个单独产品进行交易的制度。通常会把这种交易称之为绿证（REC）交易。需要特别注意的是，还有一种交易叫作绿电（绿色电力）交易。两者的区别为：绿电是一度电的电力属性连同环境属性一起交易，绿证则没有电力属性。在绿证交易制度中，1MW·h 的绿色电力与 1MW·h 的火电加上 1 张[①] 任意其他绿色电力的绿证效果是等同的。

绿色电力交易也分强制市场和自愿市场两种，强制市场一般是国家或者地区政府出台的强制要求发电、售电或用电企业中新能源电力的比例，这个制度叫作可再生能源配额制（Renewable Portfolio Standard, RPS）。例如，某个 RPS 制度中的履约主体是发电企业，那么该企业所发的电力中要求必须有一定比例的电力是绿色电力，如我们设定这个比例为 10%。如果这个发电企业本身发的电力中绿色电力比例达不到 10%，那么就得去市场上购买绿

---

① 绿证的单位为张，一张绿证等于 1MW·h。

证；如果他本身发的电中绿色电力比例超过了 10%，那么超过部分的电力可以转化成绿证拿到市场上去卖。这个制度与强制碳市场中的配额交易非常相似。

目前，美国、日本、韩国、德国等 20 多个国家实行了绿色电力证书交易制度。美国是第一个实施 RPS 制度的国家，最早实施 RPS 制度的州要追溯到 20 世纪 90 年代，目前已经有超过 30 个州实施了 RPS 制度，这些制度的管控对象大多是售电企业，也就是售电方有强制的新能源售电比例。在美国最新的碳中和路线图中关于电力行业的目标为到 2035 年实现零碳电力。RPS 制度或将成为其主要实现路径之一。

我们的邻居韩国也是实施 RPS 制度的国家，根据韩国 RPS 制度的相关规定，韩国的 RPS 制度是管控总装机容量超过 500MW 的发电侧，而非售电或者用户侧。该制度在韩国从 2012 年开始实施，期望通过 RPS 制度将韩国的可再生能源电力比例从 2012 年的 2% 调整到 2024 年的 10%。值得注意的是，韩国是碳交易制度和 RPS 制度同时存在的国家。可再生能源产生的电力如风电、光伏电力，既可以申请 REC 又可以申请 KOC。但为保证环境权益的唯一性，只能二者选其一，因 REC 从一开始价格就一直高于 KOC，所以导致新能源电力企业基本不考虑转化为 KOC。截至目前，韩国 REC 的最高价为 2013 年 7 月的 19 万韩元 /MW·h（约合人民币 1000 元），2021 年 5 月价格为 3.1 万韩元 /MW·h 左右（约合人民币 176 元）。KOC 最高价为 2019 年底的 4.1 万韩元 /MW·h（约合人民币 233 元），2021 年 5 月价格为 1.7 万韩元 /MW·h（约合人民币 97 元）。

中国其实早在 2012 年就开始考虑引入 RPS 制度，但直到 2018 年才发布了《可再生能源电力配额及考核办法（征求意见稿）》，并于 2019 年 1 月 1 日实施。但因为各方博弈激烈，该办法的考核对象并不明确，多数省市都是通过行政手段完成目标，所以并没有形成交易市场。另一个没有形成市场的原因是，早期《可再生能源电力配额及考核办法（征求意见稿）》启动的绿证制度并不能实现交易和履约的功能。中国的绿色电力证书制度于 2017 年 7 月 1 日正式启动，但该制度在设计时中国还未实施可再生能源电力配额及考核，所以并没有考虑到绿证的交易和注销功能，购买方在购买绿证后唯一能做的就是获得一张绿色电力购买的电子证明。所以，目前中国的绿证平台看起来更像是一个公益募捐的平台，而不是一个环境权益交易的市场平台。中国如果想要 RPS 制度及其相应的绿证交易市场能够真正运营起来，还需要对相关制度进行进一步的完善。

介绍完强制市场，我们再介绍自愿绿证市场。在前面关于企业碳中和的内容中，我们了解到，在碳中和实施方案中，几乎所有的企业关于电力碳排放的碳中和方案都考虑了购买绿电或者绿证。虽然绿电肯定是这些企业的电力碳中和首选，但绿电的约束条件太多。所以绿证才是大部分企业实现电力碳中和的最终选择。而由此产生的交易市场就是绿证的自愿交易市场。该交易市场与自愿碳减排市场非常相似，且目标用户几乎重叠。

由于可再生电力在大多数情况下都既可以申请减排量，又可以申请绿证[①]，而用户用电产生的排放也是既可以通过购买减排量来抵消，也可以通过购买绿证来抵消。所以，从经济性角度来讲，用户可以选择减排量和绿证中相对便宜的环境权益来实现碳中和，因为申请绿证的难度要远低于减排量，从成本角度考虑，绿证要低于减排量，其销售价格也相应较低。所以用户通常在实现用电碳中和时，会通过购买绿证来实现。

新能源车积分交易市场

新能源车积分交易市场源于新能源车积分制，这个制度也类似于 RPS 制度，只不过绿证换成了新能源车积分而已。所谓新能源车积分制度，就是政府强制所有车企在生产和出售车辆时必须搭配一定比例的新能源车。以美国的加州为例，车企在加州销售 ZEV 的比例要求如图 5-11 所示。

---

① 为确保环境权益的唯一性，原则上同样的电力是不能同时申请减排量和绿证的，但由于两种环境权益的认证签发机构完全不同，存在企业两者都同时申请的风险。目前规避这一风险的唯一办法就是道德约束。

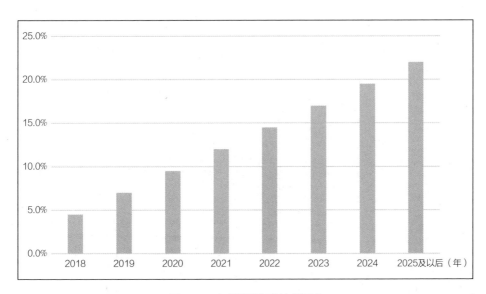

图 5-11 加州新能源车比例要求

大部分传统车企销售的新能源车并不能达到这个比例，根据相关规则，任何车企每销售一台新能源车就能获得相应的积分。该积分与车辆数并不是严格的一对一对应关系，而是与车辆在零排放下的续航相关，车辆的续航越长，可获得的积分数就越高，ZEV 积分最低为 1 分，最高为 7 分（续航每 100 英里约产生 1.5 个积分），如果车企的积分达不到对应的比例要求，则需要交纳每积分 5000 美元的罚款或者向其他有富裕的车企购买。像特斯拉这种只生产纯电动车的企业，则可以通过出售富裕积分获得大量收益。截至 2020 年，特斯拉通过销售 ZEV 积分已经累计获得收入约 30 亿美元，仅 2020 年就产生了约 16 亿美元的收入。且目前仅有一半的销售所在地区实施了新能源车积分制度，如果剩余地区都开始实施新能源车积分制度，则特斯拉的新能源车积分销售收入还要再翻一番。特斯拉每年的积分销售收入如图 5-12 所示。

中国也在 2017 年发布了《乘用车企业平均燃料消耗量与新能源汽车积分并行管理办法》，根据该办法，中国采取的是新能源车和传统燃油车同时控制，这就是所谓的双积分制。其中燃料消耗量管理制度类似于碳交易制度，政府设定一个百公里燃油消耗指标。企业生产的车辆其油耗高于该指标产生负积分，低于该指标产生正积分；对于负积分的企业，需要去市场上购买正积分用于抵消；而新能源车积分制度，则与美国的 ZEV 积分制大抵相同。中国在 2021 年、2022 年、2023 年度的新能源汽车积分考核比例要求分别为14%、16% 和 18%。

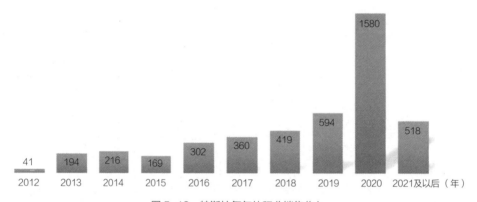

特斯拉政策积分收益（每年）
年度政策积分（百万美元）

2012	2013	2014	2015	2016	2017	2018	2019	2020	2021及以后（年）
41	194	216	169	302	360	419	594	1580	518

图 5-12　特斯拉每年的积分销售收入

数据来源：特斯拉营收声明

　　中国提出双积分的新能源车发展策略主要是考虑到传统燃油车向新能源车转变将有很长的过渡期，为了防止车企过度偏重于发展纯电动车而忽略传统燃油车的节能降耗，在推出新能源车积分制的同时，也推出了燃油消耗积分制。

　　虽然中国的"双积分"制度已经推出一段时间，但早期因为设定的门槛较低，基本都是供大于求的情况，积分成交价也普遍偏低。随着中国双碳目标的落地，"双积分"新政将新能源汽车考核比例也将进一步提高，单车积分也会逐渐下调，后期积分市场供大于求情况显著得到改善，积分交易的价格也有所上涨，交易价格也将充分体现市场价值。

　　根据工信部发布的《乘用车企业平均燃料消耗量与新能源汽车积分并行

管理实施情况年度报告（2021）》，中国境内 137 家乘用车企业（不含规模2000 辆以下的平行进口企业）共产生油耗正积分 432 万分，负积分 1178 万分，产生新能源正积分 435 万分，负积分 108 万分。报告显示，2020 年新能源积分的交易规模逐年走高，从 2018 年到 2020 年累计交易 426 万分，金额达到 31.7 亿元，其中 2020 年交易规模为 215 万分，交易额为 25.9 亿元，同比增长 40%。从交易价格来看，各交易年度积分单价分布差异较大，2020年交易单价普遍高于 1000 元，平均交易单价为 1204 元 / 分，2018 年积分订单交易主要集中在 1000 元 / 分内，2019 年近 9 成交易单价不高于 500 元。2018—2020 年油耗积分交易量、新能源车积分交易量及新能源车积分交易价格如图 5-13 所示。

新能源车积分制度是典型的落后企业的财富向先进企业转移的制度，在碳中和的大背景下，新能源车就是先进企业，传统燃油车就是落后企业，这无关汽车本身的技术含量及市场接受度。特斯拉本身车辆销售几乎不赚钱，却通过新能源车积分制向那些赚钱的大众、福特、本田等车企赚取了 30 亿美元的收入。随着新能源车比例逐渐提高，那些不转型或者转型慢的车企最终将因新能源车积分制而被市场淘汰。

从上面的介绍我们可以看出，新能源车积分制与碳交易制度基本没有什么联系，其实国家发展和改革委员会曾经在 2016 年发布过《新能源汽车碳配额管理办法》（征求意见稿），期望将碳交易制度引入到车辆排放中去。但后来还是放弃了这个思路，改用新能源车积分制度。从短期来看，中国大力推广新能源车基本不能实现碳排放的减少，因为中国目前的电网结构还是以燃煤发电为主。但从长远来看，中国为了实现双碳目标，交通领域碳排放必须接近于零，而实现这一目标的唯一途径就是采用可再生能源，如绿色电力或者绿氢。所以，虽然我国推广新能源车的方式不是采用碳交易制度，但其最终还是为了实现交通领域的零排放。

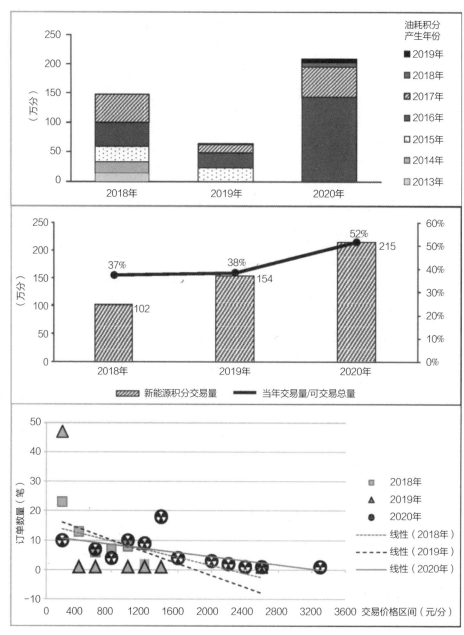

图 5-13　2018—2020 年油耗积分交易量、新能源车积分交易量及新能源车积分交易价格
数据来源：乘用车企业平均燃料消耗量与新能源汽车积分并行管理实施情况年度报告（2021）

用能权交易市场

2015 年，国家发展和改革委员会发布了《用能权有偿使用和交易制度试点方案》，指定了浙江、福建、河南和四川 4 个地区开展用能权有偿使用和交易制度试点工作，由此拉开了中国用能源交易的序幕。

用能权交易在中国早期的政策文件上的名称为节能量交易，如 2013 年第十八届三中全会通过的《中共中央关于全面深化改革若干重大问题的决定》中要求推进节能量、碳排放权、排污权、水权交易制度。在我国提出能源消费及煤炭消费总量的双控目标后，节能量交易制度的提法逐渐转为用能权交易制度。虽然这两种交易制度都与能源消耗有关，但其目的和实施方法大不相同。

节能量交易制度其实在欧洲部分国家和澳洲已经推行多年，欧洲称节能量交易制度为"白色证书"（White Certificate）交易制度，其对应的是绿证交易制度。关于绿证交易制度，在前面的章节已经有过介绍，其目的就是提高新能源电力的比例。而白色证书交易制度就是面向能源的另一个方向——节能。欧洲实施白色证书交易的国家，主要是通过给电力和天然气分销商设定节能目标，这些企业通过措施产生的节能量通过相关机构认可后便可获得白色证书。该证书既可以用于完成自己的节能目标，也可以出售给其他企业。中国早年也有过一些关于引入白色证书制度的研究，但随着政策定性为用能权交易后，白色证书在中国也基本就没有存在的必要了。

中国的 4 个用能源交易试点地区自 2015 年启动以来，4 个地区的建设进度不尽一致，但总体来说进展较碳交易试点建设速度慢，目前这些试点地区均尚未启动正式交易程序。从这些试点地区发布的相关制度可以看出，试点地区用能权交易的设计思路与基于总量控制的碳交易制度高度相似：强制履约主体也是高能耗企业，也是通过基准线法给企业设定能耗配额总量，实际能耗高于基准线的需要去市场上买，低于基准线的，富裕配额可以到市场上卖。从各试点地区发布的相关文件来看，除了浙江试点对纳入企业不分行业以外，其余的试点都明确了纳入行业。其中河南纳入企业为有色、化工、钢铁、建材中能耗在 5000 吨标煤以上的企业；福建纳入企业为发电、水泥制造、炼钢、原油加工、合成氨、玻璃、铁合金、铜冶炼行业中 5000 吨标煤以上的企业；四川则是纳入了水泥、陶瓷、造纸、白酒和钢铁行业企业。从纳入行业类型来看，部分行业与全国碳市场纳入的控排企业重合，如钢铁、水泥等。但全国碳市场后期将纳入碳排放超过 2.6 万吨的所有企业，届时用能权交易将和碳交易的履约主体高度重合，未来用能权交易将如何为我国实现双碳目标发挥作用有待观察。

排污权交易市场

排污权交易要早于碳交易，可以说是环境权益交易的鼻祖。基于总量控制与交易（Cap&Trade）制度其实最早起源于美国的排污权交易制度。关于排污权交易制度的设计，这里不再过多赘述。

排污权制度的兴起最早要追溯到美国的 20 世纪 70 年代，为控制大气中二氧化硫的排放，美国政府尝试根据美国经济学家戴尔斯提出的排污权交易理论设计相应制度（酸雨计划）。后来控制的污染物从二氧化硫逐渐扩大到水污染、铅污染和机动车污染等污染物，但总体来说要数大气污染物的排污权交易制度最为成功。之后这一制度被德国、英国、澳大利亚等国家采用，当然也包括后来全球各地的碳交易制度。

中国的排污权交易制度正式启动要追溯到 2007 年，在这一年国家财政部、环保部和发改委批复了江苏、浙江、天津、湖北、湖南、内蒙古、山西、重庆、陕西、河北和河南 11 个地区开展排污权交易试点。到现在已经有超过 28 个省区市开展了排污权有偿使用和交易试点。这些试点中，有近一半的试点选取纳入"十二五"国家约束性总量指标的四项主要污染物（即二氧化硫、氮氧化物、化学需氧量和氨氮）作为交易标的物。另有部分地区结合当地实际的污染特征进行了扩展，如山东、山西和甘肃增加了烟粉尘，湖南将重金属纳入交易试点范围，广东顺德区因其臭氧污染突出而将挥发性有机污染物（VOC）纳入交易试点范围。

中国的排污权交易制度运行这么多年，虽然从污染物减少角度来看，起到一定效果。但是从市场角度来看，并不算成功，原因是多方面的。首先，因为污染物排放相对于碳排放来说，有很强的区域特点，几乎所有的排污权交易制度都不允许跨区域交易，人们并不想看到某个地区因为大量购买外部排污指标而导致当地实际排放严重超标的情景，这就直接导致排污权的流动性不足。其次，政府在排污权交易制度设计时基本没有考虑到排污权的长期资产属性，不允许跨期储存、不支持跨期交易，履约期结束后排污权自动清零等政策，都导致排污权不能像碳排放权一样作为资产来管理。最后，排污权基本没有价格波动，政府会设定排污权的交易基准价格。企业在实际交易过程中也基本按照这个价格执行，对于投资者来说，不存在任何套利空间，也就不会有资本市场参与。总体来看，排污权交易制度的行政属性要大于市场属性。各省、直辖市、自治区主要污染物排污权 2018 年交易基准价格如表 5-7 所示。

表 5-7　各省、直辖市、自治区主要污染物排污权 2018 年交易基准价格

省份	指标			
	二氧化硫	化学需氧量	氨氮	氮氧化物
江苏	—	—	—	—
浙江	1000 元 / 吨	4000 元 / 吨	4000 元 / 吨	1000 元 / 吨
天津	2000 元 / 吨	—	—	—
湖北	3990 元 / 吨	8790 元 / 吨	14000 元 / 吨	4000 元 / 吨
湖南	15 000 元 / 吨	20 000 元 / 吨	40 000 元 / 吨	25 000 元 / 吨
内蒙古	500 元 / 吨	1000 元 / 吨	3000 元 / 吨	500 元 / 吨
山西	18 000 元 / 吨	29 000 元 / 吨	30 000 元 / 吨	19 000 元 / 吨
重庆	976 元 / 吨	1360 元 / 吨	2400 元 / 吨	1200 元 / 吨
陕西	6000 元 / 吨	12 000 元 / 吨	12 000 元 / 吨	6000 元 / 吨
河北	5000 元 / 吨	4000 元 / 吨	8000 元 / 吨	6000 元 / 吨
河南	4900 元 / 吨	4500 元 / 吨	9000 元 / 吨	5000 元 / 吨
新疆	3000 元 / 吨	2000 元 / 吨	9000 元 / 吨	4000 元 / 吨
广东	1600 元 / 吨	3000 元 / 吨	4000 元 / 吨	1800 元 / 吨
福建	800 元 / 吨	1300 元 / 吨	1500 元 / 吨	1100 元 / 吨

第 6 章 | Chapter 6

碳中和时代的
碳管理行业

2009 年，在我和我妻子第一次见面的时候，她问我是做什么的，我只回答是做碳交易的。在无数次向别人解释我的职业时，我已经对解释自己职业这件事情麻木了，因为几乎要花两个小时才能让一个领悟能力很强的人理解这个行业，所以我也没打算继续向她解释什么是碳交易，她也没打算继续再问。后来我发现每次碰面时她总是对我抱有敌意，虽然那时候我们只是普通朋友，但是我觉得我又没招她惹她，为什么她会对我抱有敌意呢？后来一次偶然的机会再次提及我的职业时才意识到：她以为我是做煤炭买卖的，煤炭污染环境，而且那个年代"煤老板"名声非常不好，她对我有敌意也很正常。知道她误会了以后，就开始对她长篇大论地重新解释我的职业：从全球变暖到国际博弈，从京都机制到植树造林，总结下来，我的职业就是在拯救人类。她听了以后，态度立马 180 度大转变，于是后来就成了我的爱人。

中国专业从事碳管理和碳交易的人常自称这个行业为碳圈。圈子不大，总体来说是一个非官方的、非常偏门的行业，这么多年以来，圈内的从业人员无不忍受着无法与亲戚朋友解释自己职业的煎熬。因为碳管理概念本身就比较晦涩，社会认知度极低，当你说出是做碳交易时，大部分人都只会联想到煤炭交易。所以以前从事碳管理行业的人，周围的亲戚朋友都很难理解他们到底从事的是什么工作。

当然，这个问题在我国宣布双碳目标后有了很大改善。除了公众对碳管理职业的认知度提高了，还有一个对这个行业算是里程碑意义的事件：人力资源和社会保障部在 2021 年 1 月发布了一个与碳管理相关的正式职业——碳排放管理员，这标志着碳管理行业正式成为一个官方认可的行业。

根据人力资源和社会保障部对碳排放管理员的定义，碳排放管理员是从事企事业单位二氧化碳等温室气体排放监测、统计核算、核查、交易和咨询等工作的人员。主要工作任务包括监测企事业单位碳排放现状，统计核算企事业单位碳排放数据，核查企事业单位碳排放情况，购买、出售、抵押企事业单位碳排放权，提供企事业单位碳排放咨询服务。职业工种包括民航碳排放管理员、碳排放监测员、碳排放核算员、碳排放核查员、碳排放交易员、碳排放咨询员等，基本包括了目前碳圈的大部分业务。虽然官方规定了碳排放管理员这个职业，但其实并未对整个行业进行命名，"碳圈"只是从事这一行的人的自称，或许未来会存在一个官方的行业称呼，而在此书中，我将以碳管理行业来统称从事碳圈的相关业务，与人社部的职位称呼保持一致。

在中国提出双碳目标后，各界纷纷议论双碳目标的提出会利好哪些行业，新能源电力、新能源车、节能服务、储能、氢能等行业，都算是利好行业。但要说最利好的行业，还得算碳管理行业。如果说碳中和是整个经济社会变革的大浪潮，那么碳管理行业就是这波浪潮上最闪耀的那朵浪花。因为其他行业只能说行业发展正好与双碳目标协同，而碳管理可以说是专门为双碳目标而生的行业。碳排放对于一般人来说比较抽象，它不像电力或者能耗那样容易理解，碳排放的核算、减排、交易等业务都需要具备一定能力的专业人员才能做。所以在双碳目标下，碳管理可能会像 IT 行业一样，成为每一个企业的标配。我们看待碳管理行业可以参考 20 年前的 IT 行业。所以，现在的碳管理行业虽然从业人数非常少，但在不久的将来，该行业人才需求将成倍增长，成为碳中和时代的一个核心行业。

碳管理行业从 2005 年发展至今，曾经有过非常辉煌的历史，在 CDM 时代，碳管理行业的盈利能力可以说超过任何一个行业。但在后 CDM 时代，碳管理行业盈利陡降，相关其他业务开展也十分困难。许多从事这一行的人员因接受不了巨大的收益落差，纷纷转行其他行业，后来国内碳交易试点及全国碳市场的启动又为碳管理行业带来一些希望，但仍然不温不火，只能算是一个勉强养家糊口的行业。可以这样说，从 2005 年到 2020 年，碳管理行业都处于一个新兴行业发展的"混沌期"。直到我国双碳目标的提出和人社部正式设定碳排放管理员这个职业，这个行业才算正式进入行业的成长期。预计在未来很长一段时间里，这个行业都将处于快速扩张阶段，会吸引大量的资金和人才进入，相关的行业规范和行业协会也会成立，同行的竞争也将得到良性发展。为了迎合这一行业的专业人才需求，预计在不久的将来，各大高校也会陆续开放碳管理相关专业，为我国的双碳目标源源不断地输送人才。

在这一章，我们将把目光聚焦在碳管理行业本身上，看看这个冉冉升起的新兴行业是如何产生，又是如何开展业务的。在本书的前面章节，我也零零散散介绍了碳管理行业的一些业务，在本章中，将对这些业务进行分门别类的整理，并分析各项业务的发展趋势和市场容量。当然，随着双碳目标的落地及其他行业向碳管理行业的渗透，未来极有可能出现许多新的业务模式，这些新的业务模式可能会完全替代现有的业务，所以我们需要带着发展的眼光去看待这些业务。或许正在读此书的你，正考虑投身这一行业，那么通过本章，你可以对今后你将从事的业务有所了解。

6.1　中国碳圈兴衰史

CDM 时代，"骗子公司"带来上亿元收入

2005 年 2 月 16 日，《京都议定书》正式满足生效条件，成为人类历史上首次以法规形式限制温室气体排放的协定。而随着《京都议定书》一起生效的，还有《京都议定书》第十二条规定的清洁发展机制（CDM）。该机制允许未列入《京都议定书》附件一的缔约方可以通过开发减排项目来帮助附件一缔约方实现其减排目标。由此，全球掀起了一股 CDM 项目开发的热潮。

《京都议定书》生效后，全国各地的新能源电力开发企业的办公室里，多了一些所谓 CDM 项目开发方的拜访者，他们声称企业不出一分钱，就可以每年获得上千万元的利润。在那时，那些新能源电力企业大部分都没有听说过

《京都议定书》，也并不怎么相信天上会掉馅饼。这些最早的 CDM 开发方大多在去与新能源企业谈合作的时候都会被认为是骗子或者传销组织而被扫地出门。但随着越来越多的"骗子"登门拜访，也出现了一些愿意尝试新事物的企业。"反正我不出一分钱，就算是骗子也没什么损失。"一位早期尝试开发 CDM 项目的业主说道。后来的收益也远超他的想象，他通过与一个刚成立的碳资产开发公司合作开发了 6 个项目，这 6 个项目累计为他带来了近 2 亿元的收益。

至于为什么会有这么高的收益，我们来简单算一笔账。根据 CDM 的规则，风电、光伏、水电等新能源项目，在其向电网供电的时候，会间接减少整个电网中燃煤电厂的发电量，从而减少因使用燃煤而产生的温室气体排放。根据 CDM 的相关减排量计算方法学，这些新能源发电项目每向电网输送 1MW·h 的电量，就会减少 0.8 ~ 1.1 吨的碳排放。为了方便，我们按 1 吨来计算。一个 100MW 的水电项目，按照每年发电 4000 小时计算，它一年能向电网供电约 400 000MW·h。也就是产生 40 万吨的减排量，当时国外买家的普遍采购价在 10 欧元左右一吨，按照当时的欧元汇率约折合人民币 100 元一吨。所以这个项目每年可以带来 4000 万元人民币的收入。在整个过程中，项目业主不用出一分钱。

当然，开发一个 CDM 项目也并不是一点成本都不需要，一个 CDM 项目从资料收集到最终成功签发 CER 需要一到两年的时间。期间要编写中英文的项目设计文件（PDD），还需要进行三方机构审定（Validation）、东道国批复（LoA）、联合国注册（Registration）、编制监测报告（Monitoring Report）、减排量三方机构核查（Verification）、减排量签发（Issuance）等冗长的步骤。整个过程的成本当时在 100 万元人民币左右，但这些成本一般都由国外买家垫付。所以无论对于业主方，还是 CDM 开发方，都是一个无本万利的生意。放眼望去，全球正规项目的收益率能达到当年 CDM 项目的，任何一个行业的任何一个时期都不存在。

在那个年代，但凡是了解这一行的人，如果胆子大一点，自己去承接一两个项目，基本都能在短时间内实现财务自由。但有时候机会稍纵即逝，不复再来。另一个从业者告诉了我一个他与实现财富自由失之交臂的事情。当时他们在一个团队负责 CDM 项目的开发，后来有个朋友拿着一个工业类减排项目过来找他单干。所谓工业类减排项目，就是烈性温室气体如 N_2O、HFCs、PFCs 等的减排项目，因为这些温室气体的 GWP 值很高，一个项目的减排量基本都超过百万吨，所以每年的收益可以轻松过亿元，但早期需要投资设备，所以有一定风险。他的朋友承诺去找前期投资资金，他只需负责技术，他考虑再三后，觉得项目有风险没有参与。后来该项目成功注册，每年的减排量超过 600 万吨，年收益超过 6 亿元，这件事让他后悔不已。

当然在那个年代，并不是所有的减排项目都有圆满的结局，因为行业严重缺乏信息透明度，以及行业从业人员参差不齐，导致许多优质项目与巨额收益失之交臂。某国企因内部决策缓慢，在 2007 年就与某 CDM 开发公司接触后，直到 2010 年才正式签订合同进行开发，等到最终注册时已经到了 2012 年，彼时的 CER 价格已经一落千丈，导致项目注册后也没有申请签发，最后不了了之。另一个煤层气项目业主虽然非常积极，早在 2007 年就签订合同，但因为 CDM 开发公司技术水平不够，导致项目迟迟无法注册，最终胎死腹中。

因为当时整个行业的收益非常高，使得只要是了解到这一行的人都会义无反顾地加入进来。考虑到 CDM 项目整个开发周期都需要全英文操作，所以行业吸引了许多高层次的人才加入，除了 CDM 开发以外，第三方的审定核查机构（DOE）也吸引了不少高层次人才。当时流传一种说法，在 CDM 开发公司干到一定水平就可以跳槽到 DOE 机构，在 DOE 机构干到一定水平就可以再跳槽到国外买家公司，每跳槽一次薪酬水平就翻一倍。这些人才除了部分转行以外，大部分都成为后来中国碳管理业务"出口转内销"的承前启后者。

DOE 作为代表联合国行使项目合格性审查的一个群体，在当时可谓风光无限。他们不但拿着超高的薪水，还掌握着项目的生杀大权，因为项目的核查需要每年去一次现场，尝到 CDM 甜头的项目业主会将 DOE 的现场核查认作是"联合国派财神爷来送钱"。对于一些从来没见过外国人的偏远山区，"联合国来考察项目"会成为当地的一大新闻，甚至当地政府都会出面进行高规格的接待。一位朋友曾告诉我，为了接待国外 DOE，当地业主曾组织了鲜花和迎宾队到机场接待。另一个 DOE 因为错过了航班，业主为了不耽误核查，甚至直接派车连夜奔袭 1000 多公里去接送 DOE。

而负责寻找 CDM 项目的销售又是另一番景象，因为这些项目不是在大山里就是在工厂里，所以寻找项目的人都是当地与企业有一定关系的人，也就是所谓的中介或者中间人。这些人可谓五花八门，有企事业单位领导，也有市井小贩。一位朋友告诉我，他曾经收到过一张名片，名片上的业务范围主要做装修建材生意，但上面居然还写着 CDM 项目开发，CDM 中间商的复杂程度由此可见一斑。因为巨大的利益诱惑，行业内也经常出现弄虚作假、虚报项目，甚至敲诈勒索等情况。一些中间商即使在与买家签订合同甚至收到一定定金的情况下，如果出现条件更好的买家，也会找借口终止合作，转而与其他买家合作。还有些中间商虚报一些不存在的项目，期望从中捞到一笔中间费然后溜之大吉。最为离谱的事情是，某个已经注册成功的水电项目居然改个名字再次成功注册，当然后来因被人举报而取消资格，后来为了防止类似事件发生，CDM 规则才要求在 PDD 里面添加项目的地理位置信息。

CDM 时代的辉煌与中国政府的支持

可以这样说，没有中国政府的大力支持，就没有中国 CDM 项目的辉煌。根据 UNFCCC 网站的统计数据，中国签发的 CERs 总数量已超过 10 亿吨，位居榜首，超过总签发量的 50%，远超第二名的印度。CDM 正式生效后，中国借助各省市的 21 世纪议程管理中心设立了 CDM 服务中心，用于项目推荐、项目对接及能力建设。一些 CDM 中心自己培养人才，借助渠道优势，还成功开发了大量 CDM 项目。可以说，CDM 中心为中国 CDM 项目的发展起到了很大的作用。

除此之外，中国还是全球首个从官方层面编制电网基准线排放因子的国家，电网基准线排放因子的计算是个非常复杂的过程，如果在没有官方公布电网基准线排放因子的国家开发新能源电力类减排项目，光是计算电网基准线排放因子就会耗费大半精力。笔者在韩国的相关 CDM 开发公司工作时，就曾经历过自己计算电网基准线排放因子，不但计算过程异常复杂，而且在 DOE 审定时，也会花大量精力在确定电网基准线排放因子的准确性上。而如果从国家层面公布电网基准线排放因子，则 DOE 就不用考虑相关数据的真实性与准确性。可以这样说，中国公布官方电网基准线排放因子将相关 CDM 项目的开发难度降低了一半以上，这也才有了中国的 CDM 项目蓬勃发展的机会。

为了确保中国业主的利益，防止买家利用信息的不对称低价购买 CER，我国要求咨询机构不得与业主签订项目比例分成合同，且要求公开买家的购买价格，如果价格低于每吨 8 欧元，则不予签发 LoA[①]。因为在早期，许多买家利用项目业主不清楚行情的特点，在欧盟二级市场价格在 20 欧元的情况下，只出价两三美元就签订了购买协议。对于业主来说，反正都是无本买卖，所以也很容易成交。虽然这个规定因为后期价格大跌也没改动，出现了一些双面合同，但在早期确实为业主争取到了很多利益。

当然，我国政府对 CDM 项目的大力支持，也为自己争取了相应回报。2005 年 10 月，中国发布了《中国 CDM 项目运行管理办法》，在该办法的第二十四条中明确了中国的温室气体减排量资源归中国政府所有，具体清洁发展机制项目产生的温室气体减排量归开发企业所有，因此，清洁发展机制项目因转让温室气体减排量所获得的收益归我国政府和实施项目的企业所有。所以，我国政府有权从相关项目的收益中收取一定比例的资金作为政府收入。其中氢氟碳化物（HFCs）和全氟碳化物（PFCs）类项目的收取比例为 65%，一氧化二氮（N_2O）类项目为 30%，其他项目为 2%。这为中国政府带来了超过 140 亿元的资金。后来我国政府借助这笔资金成立了清洁发展机制基金，用于支持

---

① Letter of Authorization，东道国批准函，如果没有 LoA，项目无法向联合国申请 CDM 注册。

中国的应对气候变化工作，促进经济社会的可持续发展。可谓取之于碳减排，用之于碳减排。

后 CDM 时代，无法接受的一落千丈

因哥本哈根会议结果的不理想及欧盟第三阶段对 CER 使用的限定，CER 价格在 2010 年中便开始了瀑布式下跌，每吨价格从之前的 20 美元跌到 2012 年的不到 1 美元，跌去了 90%，基本等于归零，如图 6-1 所示。

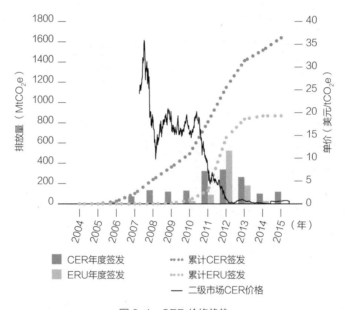

图 6-1 CER 价格趋势

数据来源：State and Trends of Carbon Pricing 2016

因为那时的 CDM 项目开发模式都是期货购买的模式，即早在 CDM 项目还未注册就已经签订了 CER 购买合同，而且中国政府又限定了交易的最低价，所以在 CER 价格大幅下跌的时候，几乎所有合同都面临违约的风险。在 2011—2012 年这段时间，CDM 圈子里最热闹的事情莫过于 ERPA[①] 的重新谈判。有些比较讲信用的国际买家，即使在明白自己肯定会巨额亏损的

———————————
① Emission Reduction Purchase Agreement，减排量购买协议。

情况下，仍然按原合同执行。但大部分买家还是借助其强大的法律团队，通过友好协商或者强行找合同漏洞来降低合同中的交易价格。一位曾经参与过 ERPA 重新谈判的业内人士告诉我，ERPA 一般都是由买家提供，内容特别复杂，短的几十页，长的上百页，而且全是专业的英文法律用语，他们要从中找一两个漏洞很容易，所以在还有一定收益的情况下，他们都会选择妥协。

如果知道 CER 价格最终的下跌幅度，上述那位从业人员应该庆幸自己选择了妥协。另一位 CDM 开发者讲述了他的惨痛经历，他的 CER 已经签发出来，但卖家提出要求将价格从 ERPA 上的 8 欧元降低到 5 美元，相当于降低了一半，无法接受价格一落千丈的他坚决要求按照原 ERPA 执行。那时的市场价格也就 5 美元左右，买家买了还能保证自己能转手卖出去不亏。但当最终碳价跌到 1 美元以下时，买家早已没了踪影。"当时手上有 50 万吨，相当于一念之差，我们就损失了一千多万元。"他说道，"因为等到后期 CER 价格基本归零时，买家们基本就不考虑执行合同了，我们也很难通过法律手段强制他们执行合同。"

2012 年，虽然价格已经跌破成本价，但因为欧盟碳市场规定 2013 年以后的项目只接受最不发达国家的 CDM 项目用于履约。期望 2013 年以后还能在欧盟碳市场赚一笔的开发商则尽可能地把正在开发的项目抢在 2012 年年底之前注册，于是，巨量的项目涌入 CDM 申报通道，成为 CDM 暗淡下去的最后闪光。CDM 项目每年新增注册 / 签发项目个数如图 6-2 所示。

因为大量的项目要抢在 2012 年 12 月 31 日之前注册，2012 年成为 CDM 行业最繁忙的一年，业主方争分夺秒地准备资料，咨询公司日夜兼程地赶制 PDD。DOE 则一整年不是在项目现场就是在去现场的路上，政府机构也加快了审批流程。等到 2013 年 1 月 1 日，一切都瞬间回归了平静。新项目不用再开发了，整个行业业务量瞬间降低 90%，许多 CDM 团队如买家、DOE 和部分咨询公司在度过 2012 年以后宣布就地解散，包括许多当时风光一时的公司。这些解散的人大多转行去做其他业务，留在碳领域的人也十分迷茫，不知道接下来该做什么，整个行业进入无业务可做的真空期。

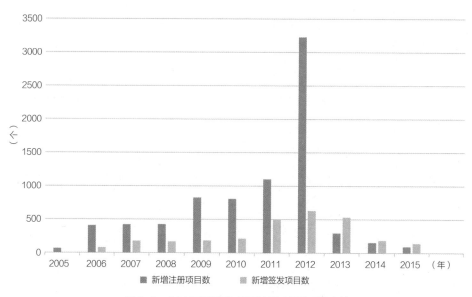

图 6-2　CDM 项目每年新增注册 / 签发项目个数

数据来源: UNFCCC

新老交替后的脚踏实地

要说真空期，整个行业也并不是完全无业务可做，一方面，我国在 2011 年发布了《关于开展碳排放权交易试点工作的通知》，启动了 7 个碳交易试点①的建设工作，这些工作需要碳管理及碳市场设计方面的专业人才。虽然 CDM 项目开发只能算是整个碳管理方面的一个细分业务，并不会涉及碳市场顶层设计和 MRV 规则制定等相关知识和经验，但在当时情况下，CDM 开发人员算是相对懂碳的一批人。另一方面，我国在 2012 年发布了《温室气体自愿减排交易管理暂行办法》，也就是后来 CCER 机制，CCER 项目相当于 CDM 项目的国内版，所以开发 CCER 业务对于 CDM 从业者来说算是轻车熟路。不过在早期，很多业主还是对 CDM 抱有一丝希望，不愿意申报 CCER 项目。

除此之外，像苹果这样的国外客户逐渐开始要求中国的出口企业披露其

---

① 最早的通知是 7 个交易试点，福建碳交易试点属于后期加入，实际碳交易试点为 8 个。

碳排放，这也就增加了国内企业的碳排放核算需求。同样，CDM 从业者虽然其业务与碳排放核算有一定差异，但也比完全不懂碳的人更容易胜任这项工作。

但问题在于，这些业务的预期收益不及 CDM 项目收益的零头，许多习惯了 CDM 时期高收入的从业者一时间无法接受收入陡降，离开了该行业。最后选择留在行业的，要么是没有其他更好的机会，要么确实是喜欢这一行。经过一段时间，CER 价格也不见起色以后，一些从业者便脚踏实地地从国内碳市场从头再来。

基本在 2011 年后加入碳资产开发行业的人，这个行业的高收入对于他们也只是个传说，但没有得到也就无所谓失去。随着 2013 年首个碳交易市场的开市、2014 年首个 CCER 项目的注册，这个行业也逐渐找回了一些信心与希望，从业人员也渐渐多了起来，后加入的人也不会再抱着一夜暴富的心态。后 CDM 时代，碳圈从业人员绝大多数的业务就是帮助政府和企业核算碳排放，其中核算企业的碳排放也是由政府出钱，强制企业报告碳排放，所以基本都是对接政府业务。这些从业人员收入不算低，但上升空间几乎没有，从业两年与从业十年收入水平差不多。少部分从业人员从事着 CCER 项目的开发以及交易，虽然收益不及当年 CDM 时期的零头，但还算比写碳排放报告高。极少部分从业者通过二级市场在碳交易试点地区赚取了超额收益。

2017 年，全国碳交易市场实质性推迟后，整个碳圈陷入了长达 3 年的低谷期。对于全国碳市场什么时候才能开启乃至是否会开启，都成了一个巨大的问号，这对从事这一行的人来说是一种折磨。说放弃吧，都已经坚持了那么多年，说不放弃吧，确实这一行也不知什么时候才能到柳暗花明的那一天。即使碳交易市场开放了，如果中国的减排行动不够积极，那整个行业也没有太多可以期待的地方。

碳中和时代碳圈的无限遐想

在我国宣布碳中和目标，特别是 2021 年两会结束后，碳中和迅速成为社会热点，相关的业务需求也随之井喷。我们完全不必担心政府对于实现碳中和的决心。那么在这个过程中，碳管理行业又扮演什么角色呢？如果中国是一辆列车，碳中和是我们要到达的目的地，那么碳管理行业就是引导这列列车到达目的地的向导。我们需要随时计算碳排放以确定列车所在的位置，我们需要分析最优减排路径，以告诉列车当前应该驶向哪个方向，我们要通过碳交易的市场机制来给列车增加前进的动力，让列车更快速地到达目的地。

那么现实中，碳管理行业会怎么发展呢？在我看来，碳管理行业的发展路径会像 IT 行业一样，无论什么行业，都需要一个懂碳管理的人员，因为碳中和代表全行业、全社会的中和，没有一个企业能够置身事外。所以，首先井喷的业务是行业培训业务，目前从事这一行的人员不到 1 万，预计在 5 年之内的人才需求量或超百万，而现在的高校并没有相关专业。所以人才培养全靠社会培训。当然，相关的培训师也将会供不应求。

其次是企业碳中和管理相关业务的井喷，即使对于碳圈来说，企业碳中和对他们也是新的业务领域，因为中国在提出双碳目标以前，国内没有任何企业提出过要实现碳中和。而在这之后，几乎所有的国企及大型民营企业都在考虑编制碳中和规划及实施路径。预计在不久的将来，这项业务会常态化，成为碳管理行业的一个常规业务。

再次是碳市场及碳金融带来的财富转移效应，这本书的副标题就是未来四十年的财富大转移，我在前言里也说了很多，总体来说，碳中和会通过碳市场让整个社会的财富从高排放企业向低排放企业转移，在转移过程中，个人可以顺着这个大趋势去实现自己的财富增值。但毫无疑问，在这场财富大转移中，需要大量碳管理行业人士提供专业的知识和分析作为财富转移的支撑。

最后是"碳中和 +"的跨界融合。碳中和本身就和所有行业挂钩，容易和其他行业碰撞出火花。虽然现在我还没有见到实际的成功的"碳中和 +"案例，但我相信在不久的将来，会出现不少"碳中和 + 其他行业"的跨界项目，这些项目或开启千亿甚至万亿级的市场空间。

这些业务将打开以前碳管理行业的天花板，让这一行的从业人员有真正广阔的发展空间。如果你能力一般，年薪一二十万元养家糊口没问题，如果你能力强一点，年薪百万以上的工作也容易找到。如果你有创业和冒险精神，成为独角兽和上市公司创始人也不是不可能。这就是我预测的未来碳圈的样子。

6.2　碳管理行业六大业务板块

对于碳管理行业这个新兴行业，相信已经有不少人立志要从事这一行的相关工作。那么碳管理行业具体来说有哪些业务？这些业务在未来又有多大的市场空间？可能是很多人关心的问题。在介绍具体业务之前，先就这个行业现在以及未来可能出现的业务做一个总体的梳理。

在此书中，我根据碳管理业务类型将碳管理行业的业务分为碳排放核算、碳管理咨询、环境权益项目开发、碳金融、碳行业内服务、"碳中和＋"六大板块。每个板块的主要业务内容及市场空间如下。

碳排放核算

碳排放核算业务主要是计算区域、企业和产品在某个时间段的碳排放，以及相关三方核查机构的核查业务。这项业务可以说是碳管理行业的最基础业务。无论从事碳管理领域的哪个细分行业，都需要对这方面的业务有所了解，从事碳管理的人也必须会核算碳排放。

虽然都叫碳排放核算，但是区域层面、企业层面和产品层面对应的核算指南和核算方法都不一样，对应的目标客户也不一样。区域层面碳核算一般叫作温室气体清单，这里的区域一般指行政区划，大到整个国家，小到一个社区都需要做温室气体清单。企业层面碳核算一般叫作碳盘查，业务受众又分为两种，一种是国家指定的八大行业约 8000 家重点排放企业，这些企业是强制要求核算碳排放的，另一种就是自愿或者应客户等利益相关方碳披露要求而做的，在双碳及 ESG 背景下这类企业增长很快。产品层面一般称为产品碳足迹核算，这类业务也基本属于自愿或者利益相关方要求而产生的业务。

碳排放核算业务价格水平不算太高但胜在业务稳定，在行业低谷期的企业基本靠这项业务撑过来的，区域碳清单价格根据区域大小和当地经济水平在十万元到几百万元不等，企业层面碳核算根据政府定价在 1.5 万～3 万元。但这是核查价格，咨询的价格差异较大，根据企业碳排放的复杂程度报价在 1 万～10 万元不等。产品碳足迹及活动碳排放目前业务较为零散，价格在几万元到几十万元不等。根据当前的行业价格，碳排放核算每年的总体市场潜力预计在 20 亿～40 亿元。

碳管理咨询

碳管理咨询业务算是一个比较宽泛的业务，只要是为企业或政府提供与碳相关的咨询服务都算碳管理咨询。从目前的业务来看，碳管理咨询可以分为政府和企业提供碳中和规划咨询、企业层面的碳管理体系建设、企业的国际倡议应对和其他政府研究课题。

碳管理咨询业务在双碳目标提出之前属于一些零散业务，并不成体系，除了一些碳圈头部企业和地方政府下属企业能拿到业务以外，其他企业很难有机会从事这方面的业务。当然，此类业务并没有规定的范式可参考，对承接业务人员的专业能力和创新能力要求较高，这也使得一些小企业拿不到相关业务。

随着我国双碳目标的提出，碳管理咨询类业务可以说是呈井喷式增长，特别是碳中和规划业务，已经出现了供不应求的情况，预计相关的咨询和研究业务的增长会持续很长一段时间。目前碳中和规划相关业务根据政府和企业体量在几十万元到几百万元不等，政府研究课题价格区间较大，均价在 50 万～100 万元。总体碳管理咨询的市场潜力预计在百亿元左右，但每年的变化较大，可能在 2025 年前后达到峰值，之后业务量逐渐降低。

环境权益项目开发

环境权益项目主要分为两大类：碳资产和绿证。碳资产是以 CCER 为代表的、可用于强制和自愿碳市场的碳信用，碳资产开发是将一些符合规定的减排项目，通过相关机构的审定和核查，并使得减排项目的减排量获得主管机构签发的过程，这种通过开发减排项目获取碳资产的市场也称作碳交易市场的一级市场。碳资产种类有很多种，但开发方式大致相同。对于国内来说，最主要的碳资产还是可用于碳交易试点和全国碳市场的 CCER。

据统计，CCER 自 2014 年第一个项目注册到 2017 年 3 月政府暂停审批，一共申报项目 2891 个，其中完成备案的项目 1047 个，完成签发的项目 247 个，这些项目总计实现 CCER 签发量 4980 万吨，累计产生 2.68 亿吨的交易量。按照市场交易均价 15 元每吨计算，这些 CCER 的总价值为 7.47 亿元，总体规模不算大。全国碳市场启动后，如果按照未来全国碳市场和碳交易试点地区配额总量 80 亿吨，CCER 可履约比例为 5%，CCER 的市场需求约为 4 亿吨。如果按照配额价格 50 元每吨，CCER 价格为配额价格的 70% 计算，CCER 的市场潜力约为 140 亿元。当然 CCER 的市场潜力受全国碳市场的政策影响极大，如果配额发放过松，配额价格起不来，那么 CCER 市场也很难做起来。目前全国碳市场只纳入了电力行业，还无法判定今后的碳价趋势，所以 CCER 的市场前景还需要观察两年。

对于绿证，因为我国没有强制的 RPS 制度，所以没有强制的绿证市场，但随着碳中和时代的到来，越来越多的国内外企业宣布了碳中和目标，而这些企业的碳中和路径中都会包括清洁电力的使用，也就产生了绿证的需求。目前对国内绿证的需求都来自国外企业在国内的生产工厂，今年开始陆续有国内企业宣布碳中和规划，预计是绿证市场的一个新的增长点，未来市场可期。

因为部分 CCER 和绿证都来自可再生电力的环境权益，两者具有互换性，所以绿证的价格与 CCER 价格有一定联动性，绿证的申请流程和难度都大大低于 CCER，所以价格方面通常在同比 [①]CCER 的 50% 左右。目前还处于市场培育期，市场容量较难预估。

碳金融

所谓金融，就是拿钱作为生产工具来赚钱，也就是所谓的钱生钱，碳金融也不例外，只是不是用钱来生钱，而是用碳资产来生钱。传统金融市场的业务模式在碳金融领域都可使用，如股票、期货、债券、抵押贷款等。但目前比较成熟的业务只有配额置换、配额托管、配额抵押贷款和二级市场交易这几种。

碳金融业务的市场潜力是与整个碳市场总体挂钩的，也可以说碳金融业务的市场潜力就是碳市场的体量。按照上面全国及地方碳市场总 80 亿吨的配额，每吨配额 50 元来计算，其市场体量就为 4000 亿元左右。但市场体量并不等于交易量，每年实际的交易量可能远大于市场体量。有研究认为，未来碳市场的现货和期货总交易额预计能达到 20 万亿元。

碳行业内服务

碳行业内服务主要是为了帮助行业本身发展的一些业务，如培训业务、行业资讯业务、碳管理信息化业务等。培训业务是行业快速发展期一个急需的业务。2021 年可以说是中国的碳中和元年，对碳中和人才的培养是最紧急的事情，相关的培训业务呈现爆发式增长，培训费用在几百元到几千元不等，培训人次预计会突破百万，对应的市场容量预计在 20 亿~30 亿元。行业资讯类的业务目前尚未成型，需要等后期关注人数和从业人数到达一个数量级以后才能形成商业模式。碳管理信息化在政府端和企业端都有较大需求，在早期就形成了上亿元的市场，预计在今后市场容量也会达到百亿级别。碳管理信息化还能积累大量数据，在未来有较好的商业模式创新的情况

---

① 1MW·h 的新能源电力为一张绿证，但只能产生约 0.8 吨的 CCER，所以两者在价格对比时不能按 1∶1 进行对比。

下可能孵化出更大的市场。

"碳中和 +"

碳管理虽然本身是一个行业，但实现碳中和需要与其他所有行业进行结合，这就为碳中和与其他行业结合产生新的商业模式提供了可能。所以虽然在目前没有看到成功的"碳中和 +"项目出现，但相信在全社会碳中和的推动下，会出现"碳中和 + 其他行业"的项目出现，并且有可能打造一个全新的蓝海市场。

通过以上梳理我们大致对整个碳管理行业的业务有了大致的了解。接下来我会就每一项业务的业务内容和操作方式做一个简单介绍。因为本书主要目的是科普碳中和知识，所以不会介绍得太深入。我希望读者看了后对整个行业的业务逻辑有所了解，对于希望进入这一行的新人来说，也可以借此确定未来的发展方向，帮助自己做职业规划。

6.3 碳排放核算

如果某一天，你突然觉得家庭开销太大，决定从明年起开销要降低10%。那么你应该怎么去实现这个目标呢？你肯定会想，首先要知道把钱花到哪里，才能考虑怎么去把这 10% 的开销省下来。所以你首先要做的就是把全家每个人今年花的每一分钱都列个清单，做个摸底，这样哪些支出能省哪些不能省才能心里有底。同样，一个企业如何降低碳排放直到实现碳中和，需要做的第一件事就是摸清企业碳排放的家底，这就是碳排放核算要做的事情。

碳排放核算相关业务算是碳管理行业里最为基础的业务，它将贯穿整个碳中和时代的始终。我强烈建议，无论从事什么行业的人都要有所了解，说不定哪天就会用到。虽然都叫碳排放核算，但从大的方向，又分为区域层面、组织层面和产品层面的碳排放核算，这三个层面碳核算的意义和计算方法也不尽相同，如图 6-3 所示。

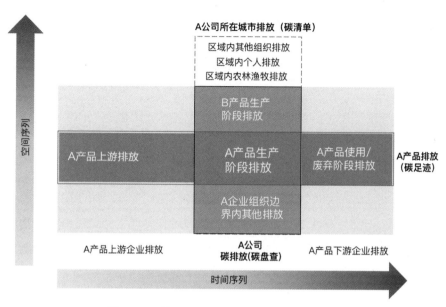

图 6-3 区域层面、组织层面和产品层面碳核算的区别

从图 6-3 可以看出三者的区别。我们首先来看产品碳足迹，它是指某个产品在从原材料开采到最终废弃或回收利用整个生命周期内的碳排放，主要是产品在时间序列里的延伸。比如图中的 A 公司生产的 A 产品，它的碳足迹要延伸到 A 产品的上游排放和产品使用和废弃阶段的排放。而组织层面的碳排放在时间和空间方面都定死了的，一般都是一年范围内企业厂区边界内的排放。如图中 A 公司的碳排放除了生产 A 产品的排放以外，还包括组织边界内 B 产品排放以及组织边界范围内的其他排放；区域层面的碳排放时是空间序列的延伸，一般都是以行政区划为空间边界，如 A 公司所在的区、市、省等，计算区域排放除了区域内组织的排放以外，还要包括个人排放及农林渔牧、废弃物等的排放或吸收。

区域层面碳排放核算

区域层面的碳排放核算在业内一般叫作温室气体清单编制，它是指在某个行政区划内农、林、渔牧、工业、建筑、交通领域的温室气体排放汇总。区域温室气体排放的核算方法主要来自《IPCC2006 国家温室气体清单指南》，也就是国家层面的温室气体核算方法。当然国家层面的温室气体清单不会让市场做，市场上能做的最大的区域就是省级，最小的区域可以做到社区级别。

实际的清单编制可以参考国家发改委发布的《省级温室气体清单指南》和世界资源研究所发布的《城市温室气体清单指南》。社区级别的温室气体清单其实是一个比较尴尬的存在，说它是区域又太小，说它是组织又太大。目前为止没有专门针对社区层面的清单指南，如果按照城市清单指南计算的话会发现好多数据都不存在，如果按照组织算的话又破坏了区域温室气体清单计算方法的一致性，所以在计算的时候哪些算哪些不算随意性比较大，社区级的温室气体清单编制规范需要得到加强。区域温室清单及对应的核算指南如图 6-4 所示。

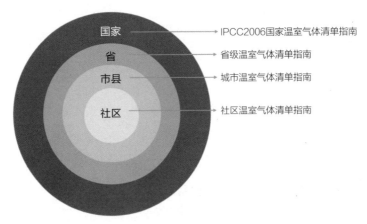

图 6-4　区域温室清单及对应的核算指南

不管是什么级别的区域温室气体清单，其主要的操作流程首先是召开启动会议，把农、林、牧、渔业、工业、建筑、交通这几大领域相关部门加上统计部门召集到一起，说明我们要干什么事情，需要什么数据，哪些能提供，哪些不能提供，不能提供的讨论出替代的方案，替代方案可能通过其他相似数据替代，也可能通过实地调研获取，所以区域温室气体清单会涉及一些社会调研工作。对于区县以上的温室气体清单，可能有很多统计数据可用。而社区级别的数据大部分都要靠自己算，举个例子，社区级别很少有对自己辖区范围内的总用电量进行统计的，这就需要自己慢慢去拼凑起来。

区域温室气体清单数据收集是最难也是最花时间的事情，基本不会出现完美的数据，所以有些数据需要近似处理，但必须要做相应的说明。完成数据收集后，碳排放计算和报告编写的难度并不大，按照指南去编写就行。核心问题就是数据的收集，数据收集的难度直接决定了项目的难度，而且不同地区差别可能很大，所以有时候需要碰运气。

组织层面碳排放核算

组织层面的碳排放计算俗称企业的碳盘查。如果你是从本书的开头一直看下来，相信已经对此有所了解。组织层面的碳排放计算方法最早源于 WRI 发布的《温室气体议定书》以及随后的 ISO 14064，后来又转化为国内各行业的《企业温室气体排放核算方法与报告指南》。

组织层面的碳排放核算方法与区域核算方法完全不一样。首先，它根据企业对碳排放的责任分为范围一排放、范围二排放和范围三[①]排放。范围一排放是指企业直接向大气中排放温室气体，它又包括能源排放、工业过程排放、泄漏排放和废弃物处理排放；范围二排放是指虽然不是企业直接产生的排放但是与企业强相关的排放，它包括外购电力和热力的排放；范围三排放是指不是企业直接产生的排放，但是是企业弱相关的排放，如上下游产品生产和运输产生的排放、员工通勤产生的排放、员工差旅产生的排放等。一般情况下，企业的范围三排放可不计算，或只作为参考项列出，不计入企业总排放。

组织层面的碳排放核算可以按照国家发改委发布的《企业温室气体排放核算方法与报告指南》进行计算及报告编制，每个领域的排放数据所需的

---

① 2018 版的 ISO14064 取消了范围一、范围二、范围三的说法，而是改为直接排放和间接排放，但主流的核算方法仍然按照范围一、范围二、范围三的方法进行分类。

活动数据与排放因子都描述得很清楚。需要注意的是，如果碳排放核算主体是国家强制要求报送的八大行业企业，那么除了上述指南要求收集的数据以外，还要提供国家发改委另行发布的各行业《温室气体排放报告补充数据表》上的内容。该表也是一套计算企业温室气体排放的方式，对数据的要求和排放因子的选取与指南有所出入。比如补充数据表中用电排放采用的排放因子为 2015 年全国电网平均排放因子，而指南中采用的是各区域电网 2012 年的平均排放因子。

为什么政府要搞两套计算方法来计算企业碳排放呢，因为我国碳市场的配额分配方法已经确定走基准线法的路线，这需要企业关于产品碳强度的细部数据，而且需要剔除掉与产品核心生产流程以外的排放，以保持与其他企业生产流程的一致，这些数据在单纯需要计算企业碳排放时都是不需要的，所以后来才又发布了补充数据表。对于这两个数据，我们可以这样理解，通过指南算出来的碳排放，是企业真实的碳排放数据，通过补充数据表算出来的碳排放，是企业参与碳交易部分的碳排放数据，两者不完全一样。因为补充数据表上的数据是将来政府向企业发放配额的依据，所以从某种意义上说，补充数据表的填报对于企业更为重要。

产品层面碳排放核算

很多人觉得碳中和离自己很遥远，主要是因为碳排放这个信息并没有出现在我们的日常生活中。假如在未来的某一天，你去超市买一瓶饮料，作为注重低碳生活的你，在挑选饮料的时候除了考虑饮料的卡路里以外，还会考虑饮料的碳足迹，你查看了货架上所有饮料的碳足迹信息，最后选择了其中碳足迹最低的一款饮料。除了饮料之外，超市里所有货架上的商品上面都有碳足迹信息，也就是我们常说的碳标签，这些碳标签将渐渐地影响你的消费习惯。你买商品的时候会习惯查看它上面的碳足迹，并且习惯性地比较同类商品的碳足迹，然后在性能等同的情况下选择较为低碳的产品。这时候你就就会发现，你日常生活的点点滴滴都能为我国实现碳中和做出贡献，那么碳中和对你来说就不那么陌生了。

可能你会觉得这个场景离我们太遥远，如果你现在马上去超市，即使你把所有的商品翻个遍，也不会找到任何一个产品有碳足迹信息。但是我们的邻居韩国，已经在实现将所有产品贴上碳标签的路上走了很远。根据韩国碳足迹主管机构韩国环境产业技术院公布的数据，韩国目前已经有超过千种产品申请了碳标签。不仅如此，韩国还提出了低碳产品标签[①]制度，即产品碳足迹如果在原基础上有所降低，就可以申请低碳产品标签，目前获得低碳产品标签的产品也超过了 200 种。如果你有机会去韩国旅游，一定记得去当地的超市转转，看看他们超市里产品上的碳标签。当然，我相信在碳中和时代，中国也会像韩国一样，将所有的产品都打上碳标签，而且这个时代将会很快到来。

我们再回到产品层面的碳排放核算业务本身。产品层面的碳排放核算通常叫作产品碳足迹，它是指计算生产某个产品从原材料开采到最终产品废物整个生命周期产生的排放。如图 6-5 所示的饮料，它是一个听装饮料，在计算碳足迹的时候需要计算生产该饮料所需的所有原材料的碳排放，如水、糖分及其他添加剂、铝罐、印刷，以及生产、运输、使用和废弃过程中的碳排放，最终才能得出这一罐该饮料的碳足迹为 90g CO_2e。

在计算产品碳足迹时，并不是所有的产品都需要按照全生命周期来计算碳足迹，通常对于直接面对消费者的产品才需要计算全生命周期的碳排

图 6-5 韩国某饮料的碳标签

① 中国目前生态环境部和认监委都也在推出低碳产品认证，但都属于综合性的认证，与产品本身的碳足迹降低没有太大关系，且因中国没有统一的碳标签体系，所以类似低碳产品的标签并没有出现在产品上。

放，这类碳足迹俗称"从摇篮到坟墓"。而对于一些大宗商品或者半成品，则是只计算到产品出库为止，这类产品碳足迹俗称"从摇篮到大门"。

碳足迹的计算由于国内没有相关标准，所以在计算的时候一般参照 ISO 14067 和 PAS 2050 来实施。关于碳足迹计算详细的实施步骤可以参考这两个标准，这里就不一一描述了。下面介绍一下碳足迹计算最重要的两个环节：流程图的绘制和排放数据的获取。

关于流程图的绘制我们可以这样想象：在产品生产的时候会有许多道工序，每个工序都会有许多输入项，如各种原材料、各种能源等，每个工序也都会有一个或者多个输出项，至少会有目标产品或者中间品，除此之外可能还有副产品，还可能有废水废气或者固体废弃物。我们将所有工序的输入项和输出项全部绘制出来，就是产品的流程图了。图 6-6 是羊角面包的全生命周期流程图。

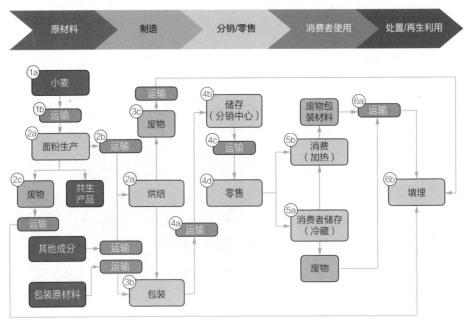

图 6-6　羊角面包的全生命周期流程图

数据来源：PAS 2050

流程图的绘制根据产品的复杂程度可谓千差万别，一般像饮料这些日用品因为其原材料品类较少，工序和伴生产品不多，所以流程图相对简单。而像手机、电脑这种电子产品或者汽车、楼房这种大件产品其流程图就异常复杂。

画完流程图以后，理论上我们将流程图上每一个工序或者叫单元流程的输入项和输出项产生的碳排放数据输入，就可以计算出产品的碳足迹。这里就涉及第二个问题：排放数据的获取。一个产品从原材料开采到最终废弃整个流程短则三四层，长则十多层。我们不可能每一个环节都去到厂家去收集一手数据。比如前面所说的那听饮料，为了获得铝罐数据，可能需要去找到生产铝罐的厂家收集数据，然后再往上找到铝锭生产的厂家收集数据，直到最终找到铝矿开采的厂家收集数据，这样做是毫无效率的。所以产品碳足迹相关数据的获取并不是要求全部都要现场数据，而是一些重要的、获取方便的数据采用现场数据，而那些不重要的、获取不方便的数据，则采用数据库数据。比如刚才提到的铝罐，我们可以去找铝罐生产厂家要现场数据，也可以使用数据库中一个标准铝罐的通用碳足迹数据缺省值——前提是数据库中有这个数据。

这里提到的数据库，就是指所有产品的通用碳排放数据，这是从统计层面对某个产品碳排放数据进行计算得出的值，这对于碳足迹的计算很重要。然而因为种种原因，我国并没有官方的数据库，很多数据还是采用的欧洲数据库的数据。这也是制约我国碳足迹发展的一个很大因素。如果要真正实现所有产品都贴上碳足迹标签，建立国家层面的碳足迹数据库是最紧迫的工作。

在进行数据收集时，也并不是任何一个原材料的碳排放数据都需要纳入计算，通常占产品总排放 95% 以上的排放数据需要纳入计算，剩下的可以忽略不计。其中占总排放 10% 以上的排放需要初级供应商的现场数据。一般情况下，实际数据的收集到初级供应商就够了，再往下基本都用数据库数据，但某些情况下会出现二级供应商也需要实际数据的情况。碳足迹数据收集方法如图 6-7 所示。

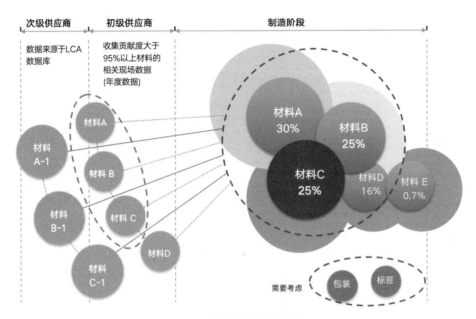

图 6-7　碳足迹数据收集方法

在确定所有的排放数据后，我们就需要根据每个工序的输入项和输出项计算产品的碳排放。因为我们最终的结果一是个具体的产品，但是生产过程中的数据都不是按一个产品标准来获取的。所以某个产品的每一个生产过程实际输入和输出都需要转化为只生产一个标准产品所需的输入和输出。因为产品生产时可能有多个生产过程，就会有多个这样的输入和输出，相互之间可能还有交叉。实际计算的时候，通过手算或者 Excel 计算基本不可行，所以计算碳足迹一般都采用碳足迹计算软件。

以上就是区域层面、组织层面和产品层面的碳排放核算方法介绍，为了让读者能够一目了然，下面将这三种层面的碳排放核算相关核算指南和核算内容进行了整理，如表 6-1 所示。

表 6-1 各层面碳排放核算指南及核算路径的差异

层面	核算指南	核算路径
区域层面	1. IPCC2006 国家温室气体清单 2. 省级温室清单指南 3. 城市温室气体清单指南	1. 能源活动排放 2. 工业生产过程排放 3. 农业活动排放 4. 土地利用变化和林业排放和吸收 5. 废弃物处理排放
组织层面	1. 温室气体议定书 2. ISO 14064-1 组织层面对温室气体排放和清除的量化和报告的规范及指南 3. 企业温室气体排放核算方法与报告指南 4. GB/T 32150 工业企业温室气体排放核算和报告通则	1. 范围一排放（直接排放） 2. 范围二排放（外购电力和热力的间接排放） 3. 范围三排放（其他间接排放）
产品层面	1. PAS 2050 商品和服务在生命周期内的温室气体排放评价规范 2. ISO 14067 温室气体，产品的碳排放量，量化和交流的要求和指南	1. 产品上游阶段排放 2. 产品制造阶段排放 3. 产品使用阶段排放 4. 产品废弃处理阶段排放

碳核查

碳核查就是指对碳排放计算结果进行再确认的工作，其工作内容与碳排放核算差别不大，所以我也将此业务放在了碳排放核算业务中。为什么需要做碳核查呢？举个例子，如果企业自己或者通过咨询公司计算出了碳排放并提交给政府主管机构。政府主管机构如何能够确定企业自己提供的数据是准确的呢？为此，政府需要指派一家政府信得过的第三方机构去企业，对核算结果的真实性和准确性进行再次确定，这个业务就是核查。如果报告企业是参与碳市场的企业，那么碳排放数据就直接跟钱挂钩，所以实施碳核查还是非常重要的。

实施碳核查的机构，叫作核查机构。为保证核查任务的公正性，核查机构实施核查的费用目前都由政府支付，每家企业 1 万 ~ 3 万元不等。所以核查机构相当于是由政府选定的，代表政府对企业的碳排放数据的真实性和准确性进行核查。当然，相对于咨询机构，核查机构对人员的要求要高一些。国家发改委曾经发布过《全国碳排放权交易第三方核查机构及人员参考条件》，里面对核查机构及核查人员的条件做了一些要求，但此要求也只是参考要求，地方省市在遴选核查机构时，为了扶持当地的机构，通常会有自己的一套规则，许多地区关于碳管理的专业人员都是通过碳核查这项业务培养起来的。全国碳排放权交易第三方核查机构及人员参考条件中对核查机构的核心要求如表 6-2 所示。

表 6-2　全国碳排放权交易第三方核查机构及人员参考条件中对核查机构的核心要求

主要要求	分项要求	具体要求	备注
基本条件	注册资金	企业不少于 500 万元，事业单位 / 社会团体不少于 300 万元	
	核查人员数量要求	专职人员不少于 10 名，申请的专业领域不少于 2 个	
相关经验	资质门槛	CDM 指定的 DOE CCER 指定的 DOE 碳交易试点地区备案的核查机构 省级主管部门备案的核查机构或节能量审计机构	无相关经验业绩，但完成过 1 个国家级或者 3 个省级碳排放核算相关课题，也符合条件
	业绩数量	核查领域相关项目不少于 20 个	
核查人员	核查人员业绩要求	相关领域 2 年以上工作经验 参与项目不少于 5 个	
其他要求	利益冲突	核查机构不得从事碳资产管理相关业务，不能与碳资产管理机构隶属于同一个上级机构等	

除此之外，国家发改委还发布了《全国碳排放交易第三方核查参考指南》，指南中对核查流程、核查内容和核查格式做了详细的要求。从核查流程上看，基本分为文件评审、现场核查和报告编制三个大的流程。文件评审是在现场核查前对核查对象提供的排放报告及相关支撑材料进行评审，确保排放报告的内容符合相应的《核算指南》。现场核查则是由核查员去到企业现场，对排放报告中所用的活动数据的真实性进行确认，一般需要企业提供这些数据的原始凭证，以及可交叉检验的另一套数据。除此之外，现场核查的另一个重点是确定这些原始数据的监测仪器是否正常运作，监测数据是否符

合相关要求，监测仪器是否定期校准等。一般现场核查需要一天的时间，部分排放源较为复杂的企业需要 2~3 天的现场核查时间。完成现场核查后，核查员还需要根据核查结果编写一份核查报告，虽然核查报告都有固定的模板，但核查报告内容少的有五六十页，多的有上百页，对核查人员的数据和文字处理能力也有很高的要求。全国碳排放权交易第三方核查参考指南中的核查流程图如图 6-8 所示。

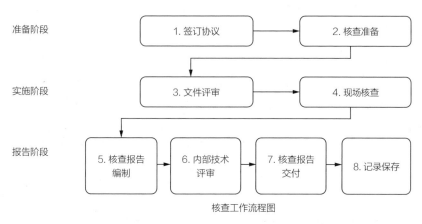

图 6-8 全国碳排放权交易第三方核查参考指南中的核查流程图
数据来源：全国碳排放交易第三方核查参考指南

对于碳核查这项业务，原则上是需要企业先对其碳排放进行核算并提交排放报告，然后核查机构再根据排放报告的内容实施核查。但因为一来企业对排放报告的编写能力不足，二来政府机构并没有强制企业编写排放报告。所以目前对重点排放企业的碳核查，有部分企业自己并不核算碳排放，而是等核查机构来了后再让核查机构帮企业补写碳排放报告。这样固然能够提高工作效率，但使得核查变成了核算，核查工作也失去了其该有的作用，企业的碳管理水平也没有因为碳核查工作而得到提升。随着全国碳市场的开展，相关的工作有望得到进一步规范。

全国重点排放企业碳核查业务是一项工作集中度非常高的业务，基本上每年的 3—9 月需要对全国约 8000 家重点排放企业实施碳核查。所以在核查季的时候，核查员的工作强度非常高，基本每个核查员每月要完成 10 个以上的企业核查。而在非核查季，核查人员又没有业务可做。这主要是因为我国的碳市场实行集中履约制，即所有企业在固定的日期前完成履约（通常是 6 月底）。所以参与碳交易的企业必须在此之前完成碳核查。也有人曾经提出过更加灵活的滚动履约机制，但滚动履约涉及管理难度的提升，主管机构并未予以采纳。

从目前来看，碳核查基本只在组织层面开展业务，对于区域层面的碳排放核算，一般都由政府组织，相关数据也都由政府机构提供，所以没有核查的必要。而对于产品层面的核查，虽然也有核查机构宣称可以实施产品层面碳核查，但因为缺乏相关的核查指南，以及缺乏全生命周期评价的相关专业知识，一般只能对相关活动数据的准确性进行核查，而对数据选取的合理性以及碳足迹模型的可靠性，基本不在核查范围内。所以如果今后需要推广产品碳足迹的相关核查，首先需要从核查指南方面进行规范。

6.4　碳管理咨询

碳管理咨询业务是一种很宽泛的业务种类，只要涉及文字工作的业务，理论上都算是咨询业务，包括前面提到的碳排放核算业务，但这里所说的咨询业务是那种非模板类的咨询业务。也就是没有固定模式，需要有大量知识积累和一定研究能力和创新能力的业务，主要分为碳中和规划、碳管理体系、国际倡议应对和政府课题类业务。而对于如何实施这些咨询业务，前面的第 3 章和第 4 章已经进行了详细介绍，这里也就不再对具体如何实施进行介绍，只对业务本身的现状和未来的发展做一些分析。

碳中和规划

碳中和规划的编制，可以说是在我国双碳目标提出后才产生的新业务，在双碳目标提出之前，这类业务还叫低碳发展规划，而且在国内几乎没有业务需求。在国家提出双碳目标后，相关咨询业务便开始井喷。而且只要是规划必然会提到碳达峰和碳中和。当然目前来看，政府和央企层面的规划多是以碳达峰为主，企业层面的规划多是以碳中和为主。

由于需求量巨大以及本身碳管理方面人才缺乏，加之相关业务又是全新业务，所以这类咨询业务的价格普遍较高，在几十万元到几百万元不等，均价在百万元以上，这个价格预计会持续一到两年。随着相关规划编写人员的经验积累以及更多的从业者的加入，在一到两年后价格可能会降到目前的社会责任报告价格水平。

需要注意的是，因为我国国内首批开展碳中和规划咨询的机构，其实也没有相关报告编写经验，所以虽然报价很高，但首批的碳中和规划报告可能质量并不会太好，政府或者企业可能难以根据规划的方案完成碳达峰碳中和目标。

碳中和规划业务不能算是一个持续性很强的业务，现在的火爆只能算是临时的热点业务，在国内双碳目标这股舆论热潮过去以后，相关的咨询业务会直线下降，当然也并不是没有。真正脚踏实地做碳中和的企业，会定期发布碳中和进展报告，这算是类似于企业社会责任的定期报告，对于碳管理行业来说，算是比较稳定的咨询业务，当然，价格并不会像现在那么高。

碳管理体系

关于碳管理体系，我在前面也简单介绍过。实际上目前全球并没有真正意义上的为实施碳减排的管理体系，我曾在前面提到的国际标准 ISO 14064 其实只能叫作碳排放核算体系。而真正建立一个集碳排放核算、碳排放管理、碳排放降低、碳资产管理为一体的管理体系，可能是未来的一个趋势。没有标准不代表不能做，反而对于咨询机构来说是一个机会，我也在尝试在企业内部建立一套帮助实现碳中和的管理体系，我称之为碳中和管理体系。相信在不久的将来，会有相关的体系标准出现。

国际倡议应对

我在前面的章节里提到了许多的国际倡议组织，如 CDP、SBTi、RE100 等，加入这些组织可以使企业在碳中和方面的行动获得国际主流机构的认可。所以对于需要在国际市场提升品牌影响力的，加入这些国际倡议组织是一个很好的选择。但这些组织一来大部分需要直接英文交流，二来需要提交的相关文件资料专业性非常强，特别是 CDP 调查问卷，一般的企业很难应对，所以需要咨询机构提供帮助。这类业务目前并不是很多，在国内仍属于起步阶段。随着我国双碳目标的提出，有这方面意识的企业也逐渐增加，因为这些国际倡议组织需要每年提供报告，所以是一个比较有持续性的业务，相信在未来会形成碳管理行业一个较为稳定的咨询业务。

政府课题

政府关于碳方面的研究课题也算是碳管理行业的业务之一，只是这类业务一般不成体系，关于碳市场、碳达峰、碳中和、行业碳中和、工业园区碳中和、碳普惠机制等，都可能出现在政府的研究课题中，这类课题一般由事业单位的研究机构承接的居多，少部分课题会找咨询公司承接。

6.5 环境权益开发

虽然我在前面介绍过很多种环境权益，但是碳管理行业涉及可能的环境权益开发，只包括碳资产开发和绿证开发两种。而且这两种环境权益的开发在新能源电力项目上还存在重叠，所以在这一小节，我将介绍这两种环境权益是如何开发出来的，以及在什么时候开发哪种环境权益更有利。

碳资产开发

我们所说的碳资产开发，通常就是指以 CCER 项目为代表的，可以产生减排量的项目，通过一系列流程完成相关主管机构注册和碳信用签发的过程。我们在第 5 章关于碳市场的介绍中也经常提到碳信用，它是一种作为配额的代替品，帮助企业实现碳排放履约的一种信用额度。碳信用的类型有很多种，它们的获取方式大同小异，所以在这一小节，将着重介绍国内碳市场可用的碳信用——CCER 是如何开发出来的。不过，在介绍开发流程之前，我想要先引入两个基本概念：基准线和额外性。

我曾经遇到一个业主，他们企业已经有很多项目注册并获得了碳信用签发，但还是在问我一个问题：我的光伏电站在运营的时候只是没有排放而已，但它并没有减少排放啊，为什么会有减排量呢？相信这是刚接触碳资产开发的人普遍会问的问题，如果没有引入基准线概念，很多的减排项目从直观上确实并不能产生减排。

那么基准线是一个什么概念呢？它是指申报减排的项目不存在时，既有条件达到申报项目的产出所产生的排放。以刚才的光伏电站为例，假如光伏电站发了一度电，那么它的基准线排放就是在没有这个光伏电站时，既有条件生产一度电的排放。很显然没有这个光伏电站时，既有条件就是整个电网（连接电网的所有发电厂）来生产这一度电，那么，整个电网因为生产这一度电产生的排放就是基准线排放。而申报的光伏发电项目减少的就是这一度电产生的排放。因为申报的项目发的一度电代替了电网发的那一度电[①]，就间接减少了电网产生那一度电产生的排放，这就是碳资产开发中的基准线概念。所以我们在判定一个项目是否有减排量时，首先要分析没有这个项目时的基准线场景。如果基准线场景产生的排放量大于这个项目产生的排放，那么这个项目就可以说产生了减排量。

关于碳资产开发的另一个概念——额外性，则是令更多的行外人搞不明白的问题。有不少人问过我类似的问题，我的朋友有多少亩林地，可不可以

---

① 此为电网基准线排放因子中的电量边际（Operating Margin）假设，除此之外还有容量边际（Building Margin）假设，实际的减排量是两种场景的混合，文中对此进行了简化。

开发成碳资产？我和某林草局很熟，他们管理的林地可不可以开发成碳汇？为什么有些森林可以开发成碳资产，有些森林不能开发成碳资产呢？这就需要根据碳资产开发的额外性来判定。所谓额外性，就是指申报的项目在没有碳资产的收入时，该项目会面临一种或者多种障碍而导致项目不可实施，需要申报碳资产收入项目才能得以实施。通俗点说，你需要证明如果没有碳资产的收入，你就不会实施这个项目。而对于那些自然存在或者已经种植多年的森林，显然就不符合额外性。

为什么我说的是"证明"而不是"判定"呢？因为项目有没有障碍其实是一个论述题，只要你证据充分，就能得出项目在没有碳资产收入时存在障碍，进而证明其额外性。想想那些最常见的新能源项目和造林项目，它们的额外性几乎都是"证明"出来的，而非真的存在明显的实施障碍。当然，这也是碳资产开发规则中最令人诟病的问题，我国的 CCER 管理办法正在修订中，预计可能会对额外性相关规则进行较大的修整。

对于一个项目，如果我们判定其相对于基准线是有减排的，且能够证明额外性，那么我们可以初步认为这个项目可以开发碳资产。具体能否开发，还需要寻找是否有符合该项目类型的方法学。

所谓方法学，是对于某个类型的减排项目如何申请 CCER 的指南，一个方法学对应一类特定的项目，如上述的光伏发电项目就适用于 CCER 方法学 CM-001《可再生能源并网发电方法学》。如果你的项目找不到现成的方法学，那么你就需要开发新的方法学。截至 2021 年 5 月，CCER 相关方法学已经发布了 12 批共计 200 个方法学，基本可以覆盖所有常规的减排项目。方法学的主要内容是指导申报人如何确定项目的基准线情景、证明额外性、计算减排量、相关数据的监测等，申报人需要根据方法学的相关指南编写项目设计文件（PDD）。常见的碳减排项目及对应的 CCER 方法学如表 6-3 所示。我们现在就以申报一个光伏电站的 CCER 项目为例，介绍 CCER 项目的申报流程。

表 6-3　常见的碳减排项目及对应的 CCER 方法学

减排项目类型	减排原理	常用方法学
可再生能源并网发电	代替电网中其他电厂发电从而减少碳排放	CM-001 CMS-001
节能	通过废能回收利用，从而减少为提供相应能源产生的碳排放	CM-005
造林	直接从大气中吸收二氧化碳	AR-CM-001
甲烷回收	对工业或者农业活动中逸散的甲烷进行回收利用，从而避免甲烷排放	CM-007 CM-090
煤层气回收	通过对煤层气的回收利用来避免甲烷排放	CM-003
电动车充电桩	通过充电桩为汽车提供能源，代替汽车使用燃油，从而降低排放	CM-098
公共自行车	通过鼓励大众采用自行车出行，代替开车或者其他高碳出行方式来减少碳排放	CM-105

首先，我们找到光伏并网发电对应的方法学 CM-001，然后根据方法学的要求编写了 PDD。因为这个方法学是所有减排项目中最简单的方法学，所以我们只花了一个月时间就完成了数据收集和 PDD 编写。完成了 PDD 后，我们需要寻找国家发改委指定的三方审定机构（DOE）对 PDD 进行审定，确定 PDD 的编写是否符合对应方法学的要求。如果确定符合，那么 DOE 会出具一份该项目的审定报告。经过询价比选后，我们选中了其中一家 DOE 对光伏项目进行审定，这家 DOE 先是要求我们提供了 PDD 和相关凭证资料。在项目公示一个月后，DOE 和我们一起去了项目现场进行现场审定。因为这家 DOE 关于光伏项目的审定经验比较丰富，我们的项目也没有什么问题，所以在现场审定完成后一周内就给我们出具了审定报告。拿到审定报告后，我们便可以向国家主管部门申请项目备案了。

根据相关要求，需要先到省级主管部门进行申请。一周后我们拿到了省主管部门出具的备案申请函，我们拿着省级部门的备案申请函和其他相关材料提交到了国家主管部门。在一个月后的项目评审会上，项目经过专家的评审和答疑，最终获得了通过。又过了一个月，项目终于出现在 CCER 备案项目的列表上。至此，我们申报的光伏项目便正式成为一个合格的 CCER 项目。但是，离最终的 CCER 签发还有很长的一段路要走。

理论上从 CCER 项目备案的那一天起，光伏项目发的每一度电都能申请 CCER 签发，但是签发本身也是一个很长的流程，所以一般情况下都是项目积累了一定的减排量才申请签发，基本都是一年一签，有些减排量很小的项目也会几年才签发一次。我们的光伏电站是 100MW 的电站，预计每年能产生 10 万吨左右的 CCER，算是个不大不小的量。在项目备案一年以后，我们启动了 CCER 签发程序。首先我们需要做的是根据方法学的要求编写监测报告，记录这一年实际的发电数据及其他相关数据，以及根据这些数据计算出实际的减排量。

完成监测报告后，同样，也需要找到 DOE 为我们出具核查报告，以确保我们的监测报告符合方法学要求，以及减排量计算的准确性，同时仍然需要去现场确认项目是否真的按照监测报告内容一样在运行。DOE 在确保我们的监测报告没有问题后，会向我们开具核查报告。有了这个核查报告，我们就可以向主管部门申请减排量备案了。和申请项目备案一样，减排量备案也需要经过专家组的评审，在确定没问题后，我们的光伏项目上一年的减排量就会以 CCER 形式发放到我们的账户上。至此，我们终于走完了 CCER 申报的一个完整流程。走完整个流程大约用了两年的时间。

绿证开发

相对于 CCER 的开发，绿证的开发就要简单许多，没有冗长的申报流程，也不需要编写复杂的 PDD 和监测报告。目前国内的新能源电力可以申请的绿证有国内绿证、国际的 I-REC 和 TIGR 三种。其中目前国内的绿证不具备交易和注销功能，所以不能作为产品来开发。所以如果想把可再生能源电力开发成绿证并且可以像产品一样自由交易，那么只能开发 I-REC 和 TIGR 两种，我们统称为国际绿证。

I-REC 是由总部位于欧洲荷兰的非营利组织 I-REC Standard 发起的认证制度，符合该标准的可再生能源项目可在该机构进行绿证注册、签发、交易、转让或注销。TIGR 是总部位于美国的非营利组织 TIGR Registry 发起的认证制度，它与 I-REC 一样，也能实现绿证的注册、签发、交易、转让或注销功能。目前国内的可再生能源项目在这两个机构都有注册案例，其中 I-REC 累计注册项目 148 个，TIGRS 项目累计注册 48 个。

国际绿证的开发流程非常简单，就是找到相应的注册机构进行可再生能源发电设备注册，然后提供发电量相关凭证就可以获得绿证的签发。唯一的门槛就是因为是国际机构，需要全英文沟通。

国内的可再生能源项目选择国际标准进行注册的主要原因并不是国际标准的认可度更高，而是目前国内的绿证制度本身的设计缺陷。为了弥补这个缺陷，一方面现行的绿证制度正在考虑进行调整；另一方面，地方的电力交易平台也在尝试充当绿色电力权益的注册和交易平台。至于国内的绿证注册和签发制度会朝什么方向发展，还有待观察。

碳资产与绿证的取舍

对于可再生能源电力来说，既可以开发碳资产，又可以开发绿证，但是不能两者都开发，所以存在一个选择的问题。关于碳资产和绿证的选择，我们可以从以下几个方面考虑：

首先最重要的是价格，在同等条件下，当然是选择价格较高的环境权益进行开发。但绿证和 CCER 的价格并不是一比一的对应关系，我们还需要考虑两者的折算系数，即一个绿证对应多少吨的 CCER。因为中国的电网不是统一的，这导致同一兆瓦时的电在不同地区会产生不同数量的 CCER。如果按照 2019 年的电网基准线排放因子计算，1MW·h 的光伏电力在东北电网区域就能产生 0.872 吨的 CCER，而在南方电网区域就只能产生 0.657 吨的 CCER，两者相差 25% 左右。假如绿证价格为 20 元一张，CCER 30 元一吨，那么 1MW·h 的光伏项目放在东北能产生 26.2 元的 CCER 收益，远高于绿证收益 20 元，而放在南方则只有 19.7 元的 CCER 收益，略低于绿证收益。所以在同等情况下，开发 CCER 项目优先考虑东北和华北地区，其他地区则优先考虑开发绿证。绿证与 CCER 的对应关系如表 6-4 所示。

表 6-4　绿证与 CCER 的对应关系

电网名称	EF$_{OM}$ (tCO$_2$/MW·h)	EF$_{BM}$ (tCO$_2$/MW·h)	一张绿证对应的减排量（tCCER）	
			风电、光伏	其他可再生电力
东北电网	1.0826	0.2399	0.872	0.661
华北电网	0.9419	0.4819	0.827	0.712
西北电网	0.8922	0.4407	0.779	0.666
华中电网	0.8587	0.2854	0.715	0.572
华东电网	0.7921	0.387	0.691	0.590
南方电网	0.8042	0.2135	0.657	0.509

其次是要考虑开发难度，CCER 开发流程长、难度大，而且存在备案不成功的风险，一般情况需要寻求专业的咨询公司开发，所以存在一定的开发成本。绿证虽然也存在一些手续费上的成本，但是开发流程和难度都非常低，所以从这一点来看，如果两者价格相差不大的情况下肯定优先选择开发绿证。我认为考虑到开发难度的影响。绿证的同电量等比价格在 CCER 价格的 50%～70% 是合理的。

最后是项目类型，可再生能源电力主要分为光伏、风电和水电三大类。虽然从目前相关的规则上看，这些类型的 CCER 项目都可以用于全国碳交易市场，但依我判断，水电项目特别是大型水电项目可能会禁止进入。那么禁止进入的这些项目就比较适合开发绿证。还有部分风电光伏被企业直购的，购买方可能需要所购电力的绿证，那么也只能开发成绿证了。当然，目前因为国内的 CCER 处于暂停状态，所有的可再生能源电力都无法申请 CCER，所以现在也有大量的风电光伏项目在申请绿证。

6.6　碳金融

碳金融就是以碳资产本身为工具的业务，传统金融市场五花八门的业务和衍生品理论上都适用于碳金融。但我国目前碳金融还处于早期阶段，碳期货目前还没有启动，所以可开展的业务也相对较为简单。目前较为成熟的碳金融业务包括配额置换、配额托管和配额融资，当然，还包括二级市场的碳资产交易。

配额置换

配额置换是碳金融中最没有风险的业务模式，因为控排企业可以使用约 5% 的 CCER 来履约，而配额与 CCER 有差价，所以去市场购买 CCER，然后和控排企业置换出 5% 的配额出来到市场上卖掉就可以赚取中间的差价。这几乎是一个稳赚不赔的业务，所以，只要有周转资金和控排企业资源，就能开展相关业务，也是从事碳金融业务公司最常规的业务之一。

配额托管

配额托管就是让控排企业把配额交给你打理，赚了钱一起分。这与股市里面的交易员帮你打理股票账户，或者购买股票型基金是一个意思。相当于交易员拿着控排企业的配额筹码去碳市里面交易。为了防止交易员直接将配额转走，交易所会充当第三方监管的角色，如上海环境能源交易所推出的借碳交易业务。这类业务风险较大，非常考验交易员的专业知识，当然控排企业是不会承担这部分风险的，所以，此类业务当前主流的合作方式对业主的承诺是保本不保收益。

配额融资

配额融资就是拿配额做抵押进行融资。通常有两种做法，一种是质押贷款，即拿配额做质押物去银行贷款，这个需要银行认可配额这个质押物，如 2017 年，广东省四会市骏马水泥有限公司通过质押 125 万吨配额向四会农商行融资 600 万元用于企业的节能减排技术改造；另一种是回购，就是以一个约定的价格把配额卖出去，然后在约定的时间以约定的价格买回来，这种模式有点类似于当铺。这两种方式一个是找银行融资，手续特别复杂，难度也较高，另一个算民间融资，相对来说要简单一些。

配额融资存在一个较大的缺点，因为企业每年的固定时间点需要履约，所以配额至少一年需要回笼一次，所以利用配额进行融资的方式只适合短期资金需求。

其他碳金融业务

2021 年 2 月 7 日，全国首批 6 只碳中和债券在银行间债券市场成功发行，合计发行规模 64 亿元。这是全球范围内首次以"碳中和"命名的贴标绿色债券产品。碳中和债券是指以投资碳减排项目为目的而发行的债券，其性质与绿色债券没有区别，但债券能否发行成功，主要还是看发债主体的信用等级。除此之外，还有用于投资减排项目和碳市场的碳基金等金融业务。随着双碳目标的额推动和全国碳市场的启动，未来将会有更多的碳金融产品出现。

6.7 "碳中和 +"

2018 年，我曾经接触过一个工业互联网的创业者，他们的创业内容是为中小企业的主要用电设备安装智能电表，帮助企业发现节能空间并实施节能项目。初期他们去推监测设备的时候非常困难，后来他们改变了策略，设备免费安装，今后有节能空间了再从节能收益里面收取一部分作为其利润。中小企业普遍管理比较粗放，通过增加用能数据监控，并简单调整一下管理模式就能实现节能，所以他们即使免费安装监测设备也能实现盈利。

如果故事讲到这里就完了，那其实完全没有必要在这里说。这家公司实际操作过程中最大的利润并不是节能收益，而是为贷款机构提供企业征信评估服务的收益。这家公司根据从企业获得的这些数据建立了一套企业的偿债能力评估模型，这套模型能够更加准确地反映企业的经营状况及偿债能力。贷款机构根据他们提供的征信对企业进行放款能够大幅降低贷款的不良率。所以这家貌似做工业互联网的公司，最终成为金融服务公司并因此赚得盆满钵满。

那么在碳中和领域,是否也能出现这种"无心插柳柳成荫"的商业模式呢?我认为可能性非常大。在碳中和时代,几乎所有的产业都涉及碳中和概念,那么碳中和就有可能和其他产业碰撞出新的商业机会,创造出新的业务领域。我认为,在碳中和时代的未来,有最大市场潜力的并不是我前面介绍的那些常规碳管理业务,而是碳中和与其他行业相结合的新商业模式,具体哪些模式会成功还需要大家一起去探索。我这里就我所熟悉的工业节能、互联网和区块链三个方向,探讨一下碳中和与这三个领域结合会碰撞出哪些新的商业模式。

"碳中和 + 工业节能"

企业普遍有一个心态,对于它们非常了解的概念,它们往往不会在乎,而对于它们不了解的概念,它们就会很容易认可。举个例子,如果一个节能服务公司,去某企业推广节能技术,往往会吃闭门羹。而如果一个碳管理公司,在帮助企业做碳中和规划的同时,引入同样的节能技术,企业的接受度就会高很多。所以存在一种商业模式,即"碳中和 + 工业节能"。

我在前面的章节提到,无论是国家还是企业,要实现碳中和,只靠写规划、画蓝图是肯定不行的,最终还是要落到实施层面。在企业层面,节能就是性价比最高的减碳手段。根据世界银行数据库(WDI)最新数据,我国每千美元 GDP 能耗为 187.6kgoe[①],高于美国的 121.5kgoe 和世界平均 120.0kgoe,远高于日本的 86.2kgoe 和德国的 74.7kgoe。这证明我们还有很大的节能空间。传统的节能项目推广模式基本通过上门拜访反复营销的方式来获得订单,效率非常低下。而且企业管理水平也参差不齐,有些企业即使有很大的节能空间,因为相关管理制度的缺失,也不会有人愿意去积极主动地实施节能。

---

① kgoe:千克标油,能量单位,1 千克标油 =1.4286 千克标煤 =41868 千焦。

而碳中和规划及碳中和管理，一般都是从高层开始往下推，碳中和对于大部分企业来说都是新鲜事物，其实施方案很容易得到认可。所以我们可以将碳中和规划作为其他节能项目的一个入口，将一个企业可以实施的所有节能项目通过碳中和规划包装成减排项目，作为一个整体方案提供给企业方。这样企业也省事，节能服务公司也方便，提高了各方的效率，同时也提高了碳中和业务本身的价值。

除此之外，对于控排企业，碳管理业务还有一个比传统节能服务公司更具有优势的地方，就是配额抵押。对于节能项目，现在的节能服务公司基本不敢采用合同能源管理的形式开展，主要原因就是经常出现业主不按合同支付应付的节能收益的情况。而碳管理服务公司一方面会帮助企业管理配额、帮助企业碳资产保值增值，另一方面配额在碳管理服务公司手里属于一种变相的资产抵押。假如业主不按合同规定支付节能收益，那么碳管理服务公司可以通过将配额变现来弥补相应的收益损失，这种抵押可以让节能服务公司的节能收益有保障，又没有额外增加业主公司的成本负担，只是灵活运用了碳配额的资产属性，是一种很好的商业模式。当然这种商业模式要求碳管理企业对节能技术及相关资源有所了解。

综上所述，"碳中和 + 工业节能"商业模式，就是利用碳中和作为切入口，同时为企业提供碳中和软服务和节能减排工程的硬服务，通过软、硬结合的商业模式，可以将整个碳中和的业务体量做到非常大，不排除未来有类似的上市公司出现。

"碳中和 + 互联网"

碳中和的兴起无疑会产生大量碳排放相关的数据，利用这些数据创造新的业务模式将会有很大的想象空间。这种业务模式一般以软件或系统为载体，通过向企业提供碳管理服务得到相应数据，只要这些数据积累到一定程度，就会产生巨大的价值，为公司带来爆发性的收益增长，这就是互联网的思维模式。

我们来想象一下，假如一个公司有了企业和个人海量的碳排放数据，可能会产生一些什么新的商业模式？首先对于企业端，可以像我前面介绍的案例一样，往企业经营状况评估和企业信贷等金融方面发展，也可以作为一个平台，撮合节能服务公司对接技术需求方，也可以撮合碳排放权或绿证的交易。如远景科技集团的 EnOS™ 智能物联操作系统，该系统拥有超过 300GW 的可再生能源资产数据，并协同管理全球超过 1 亿个智能终端设备。同时，该平台通过与国际绿证机构合作，可以直接通过该系统进行国际绿证的申请、核发、交易和注销业务，形成了绿证交易的一个闭环生态。并以此为基础，为包括微软、丰田、阿斯利康、新加坡港口集团、舍弗勒、百胜中国、元气森林、宜家供应链等企业提供综合的零碳技术解决方案。2021 年 7 月，远景通过与国际权威绿证机构 APX 和苹果供应链企业达成了 10 万张平价绿证的交易合作，成为迄今为止规模最大的平价绿证交易。

而对于个人端，在通过各种方式积累了大量具有低碳理念的用户后，可以走电商的模式，设立低碳商品标准，销售低碳商品，也可以将个人低碳行为价值化，建立个人端的碳交易市场等。每一个方向走通后都能产生百亿级的市场空间。这方面也有不少初创公司正在尝试，但都处于早期阶段，尚未有较为成熟的产品出现。

"碳中和 + 区块链"

2020 年，世界银行发布了一份名为 *Blockchain and Emerging Digital Technologies for Enhancing Post-2020 Climate Markets* 的报告，列出了区块链在碳市场可能存在的应用。在该报告中设想了一个基于大数据、区块链和物联网的新一代碳交易市场，该市场可以解决当前碳市场存在的一些难以解决的问题，比如一证多卖、开发周期太长、开发成本过高等问题。

虽然我觉得要实现报告中的碳市场比较困难，但区块链技术确实能够在碳中和领域扮演重要角色。在介绍区块链在碳中和中的应用之前，先简单介绍一下区块链技术。

区块链是利用块链式数据结构来验证与存储数据、利用分布式节点共识算法来生成和更新数据、利用密码学的方式保证数据传输和访问的安全、利用由自动化脚本代码组成的智能合约来编程和操作数据的一种分布式基础架构与计算范式，是一种依赖数学算法与智能机器构建安全可信数据存储、传输与交互的互联网络。区块链具有去中心化、不可篡改的特性，确保在自由开放的互联网络中，在不依赖第三方权威的情况下进行"可信"的信息与价值传递。网络化碳市场架构如图 6-9 所示。

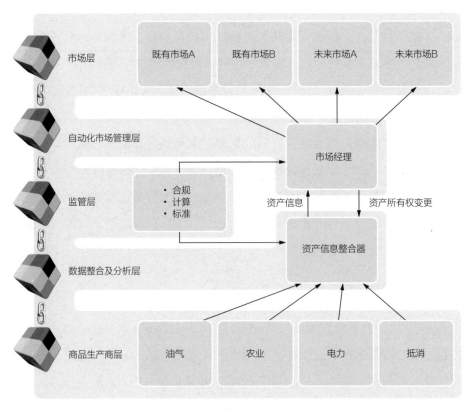

图 6-9　网络化碳市场架构

数据来源：世界银行

反观现在的碳市场，很多冗长的机制其唯一的目的就是传递"信任"，最典型的就是碳信用的 MRV 机制。一个 CCER 项目从启动申请到最终 CCER

签发最少都需要一年以上的时间。期间大部分时间都是通过人力在验证数据的可靠性和准确性，比如三方核查机构的核查，而人力本身就存在信任问题，所以从本质上说传统的 MRV 机制并没有完全解决数据可信度的问题。

如果在这个过程中引入区块链技术，不但可以解决信任问题，而且还可以大大减少项目申报流程，让碳市场效率得到极大提升。据了解，世界银行正在研究一套基于区块链的碳市场机制，在该机制下，减排项目产生的减排量可以实时转化成碳信用并可以直接参与交易。若该机制得以成功研发并推广，那么将颠覆现在的所有碳减排项目申报机制。

碳市场中还有一个急需解决的问题就是环境权益的多头申报。比如一个风电项目，既可以申请国内的 CCER，还可以申请国外的 VCS，除了申请碳资产，它还可以继续申请绿证。因为这些环境权益的注册签发机构信息完全不互通，所以根本不能确认该项目是否同时申请了多个环境权益。如果引入区块链技术，强制申报环境权益的项目信息上链，则可以解决这个问题。目前，全球已经有几个区块链团队在着手开发相关的区块链项目。

除此之外，在全社会的碳中和进程中，区块链技术在追踪企业碳中和承诺、个人减排量价值化、能源互联网中的电力交易，甚至国与国之间的环境权益互认等场景，都有广泛的应用空间。

假如出现以碳配额为锚定的世界货币

比特币是基于区块链技术的第一个、也是目前为止最成功的应用，比特币的发行规则为恒定的 2100 万个，根据区块链去中心化的特性，这个规则即使其创始人中本聪也无法再改变。这也正是比特币能够一直涨价的原因。又因为其去中心化的特性，几乎不存在国界的约束，使得比特币市场成为国际资金流转很方便的一种方法。

但是区块链技术已经是公开的技术，谁都可以发行这种数字货币，所以比特币火了后又出现了很多其他类似货币如瑞波币、莱特币等。虽然比特币有限，数字货币类型却是无限的，这些东西又是与现实生活没有关系的纯虚拟的东西，其价值体系没有任何物质基础和国家信用背书，作为投资还是有一定风险的。

那有没有可能将数字货币锚定一种非实物但又是有限的、且全球都能够认可的货币出现呢？如果有的话，那碳币一定是其中最可行的一种。我们先定义一个碳币为一吨碳排放，然后来看看碳币的特性。

首先是全球碳中和已经达成共识，也就是全球对于碳排放是稀缺资源已经达成共识；其次是总量有限，因为在全球2050年碳中和目标下人类可向大气中排放的温室气体是可以量化的，这个数字在前面的章节已经提到过，约为8000亿吨；最后是这个货币属于真正的世界货币，所以它的发行不可能由任何一个国家执行，唯一可行的方法就是采用区块链技术，不要发行机构，全球共享数据，全球监督，全球通用。我们设想一下，假如未来的世界货币变成了以区块链为基础、以全球碳排放权为锚定物的碳币，世界会变成什么样呢？

先来设想一下基于区块链的碳币应该怎么设计。首先不同于比特币，碳币总量8000亿个是一开始就有的，所以记账方式是记减而不是记增，即一开始8000亿个碳币就存在，有人排放一吨碳就注销一个碳币，直到全部注销。那么如何记减合适呢，按照目前只记高排企业的碳排放是不行的，因为任何一个地方有排放就达不成总量控制，碳币体系也会崩溃，所以必须对所有排放源进行监控。在这个思路下，唯一可行的方法就是从化石能源的源头——开采环节开始记减。即碳币在市场上怎么流通不用管，只要开采出一吨化石能源，开采主体就必须注销对应排放的碳币。这样控制源头后，其他都不用管了，碳成本会自动流向产业链的下游。所以我们的区块链数据库里还要记录很重要的一个东西，就是全球所有化石能源的开采场所的开采数据，每开采一吨化石燃料必须拿对应的碳币来抵消。

开采企业的碳币可以从市场上买来，也可以让化石能源的买方支付，总之开采企业将为开采的每一吨化石燃料支付相应的碳币，而这个碳币的成本将一层层地渗透到人类日常生产生活的每个角落，因为毫无疑问，我们衣食住行的方方面面都间接涉及碳排放，所以我们会为此付出额外的成本。

在这种情况下的碳市场跟现在有什么不同呢？首先，碳信用全部统一成碳币了，什么配额、CCER统统都会消失。所谓减排项目也不能叫减排了，像节能项目和新能源项目等现在所谓的减排项目，这些项目并不能获得碳币，只能说其碳成本相对化石能源要低一些。

比如说用水发的电因为不用额外支付购买化石燃料的碳币，其成本就比火电低，就有竞争优势。另外这种碳成本传导是从源头传导，相当于自带LCA（生命周期评价）功能，火电、风电、光伏在设备制造时会承担碳成本，如果这个阶段它们碳成本高的话，其电力价格就会没有优势。

其次CCS类项目因为先使用化石燃料注销了碳币，然后把产生的温室气体固定住没有排放应该返还碳币，所以还需要有一种注销返还的功能，把固定住的那部分碳币还回去；再次就是林业碳汇、DACCS、BECCS等负排放技术，因为从空气中吸收了温室气体，相当于增加了排放上限，所以可以获得额外碳币。以后估计会类似于水电站旁边的比特币挖矿机一样，为了获得碳币，将会出现大批人去戈壁沙漠里建设负排放项目来"挖矿"。

碳市场从业者又如何从中赚钱呢？首先，搞节能减排项目的人该咋搞还咋搞，节能减排降成本一点都不变；其次，搞项目开发的可以去戈壁沙漠修办公室了，因为那里可能是他们一辈子的职场归宿；再次，搞碳管理的特别是基于LCA做碳资产管理的人将会特别受追捧，因为今后推算任何一个组织或产品的碳成本都要从LCA角度出发，他们需要随时帮客户盯着碳价的波动，以确定让客户用碳币来支付这部分成本还是用人民币来支付这个成本；最后，搞碳金融的相关金融产品应该还是都能用，只是不清楚高排放企业会不会一开始就像配额一样有免费碳币在手上可以炒作。不过由于碳币是全球硬通货，其避险功能甚至会高于黄金，所以碳币的玩家肯定不仅限于搞碳金融的人。

碳币的价格趋势会是怎么样的呢？刚开始由于碳排放基数太大，碳币价格太高会影响社会稳定，所以政府应该会想办法稳定碳币价格，比如一定比例免费分配碳币给涉及居民基本生活相关产品生产的企业，如电力、自来水、粮食生产等。随着碳币越用越少以及低碳技术的发展，碳币将会慢慢涨价，这个趋势会持续到一个拐点，就是化石能源成本反而高于代替能源成本时，碳币价格将会随代替新能源成本的降低而逐渐降低，直到整个人类社会完全实现零排放甚至净负排放，届时碳币价值会变得无限趋近于零，最后变成收藏家的收藏品保管起来，作为人类成功拯救自己的最好纪念。

第 7 章 | Chapter 7

碳中和背景下的个人选择

在碳中和成为全民议题后，很多朋友找到我咨询关于碳中和的问题。其中问得最多的，不是碳中和是什么，而是碳中和来了，我应该怎么参与其中。碳中和时代的到来对我们这一代人的个人发展确实会产生很大影响。有人看到了机会，有人看到了危机，还有人迫不及待想一头扎进碳中和领域成为其一生的事业。事实上，碳中和时代的到来对个人的影响确实会远远超出大部分人的想象。现在只是个开始，在大多数人对于碳中和究竟会给他们带来什么影响而毫无头绪时，我想在这一章，详细介绍一下作为个人应该为碳中和做点什么，以及在择业和投资时，应该如何考虑碳中和带来的影响。

7.1 个人对于碳中和的贡献

动物保护组织 WILDAID 曾提出过一个大家都耳熟能详的口号"没有买卖，就没有杀害"。在碳中和领域，我们也可以这样说"没有消费，就没有碳排放"。正是因为我们有了各种各样的消费需求，才使得这些消费的产品在生产时产生了大量碳排放。可以这样说，人类排放的所有温室气体都是因为人类的消费而产生的，其中有 70% 左右的碳排放直接来自家庭和个人的消费。所以从碳减排的角度上讲，个人行为能够很大程度影响碳中和的进程。但与动物保护所不同的是，我们除了不消费以外，还有很多其他的选择来实现碳减排，本小节就从个人的角度，来谈谈如何为实现碳中和做贡献。

碳排放一直在你身边

你早上从睡梦中醒来，整理好被子，洗漱完毕，然后去厨房做了一顿丰盛的早餐。吃完早餐后，你整理好衣服，到地下停车场，开动你的燃油汽车去公司上班。到了公司，你打开空调、打开电脑，开始了一天忙碌的工作。到了晚上，你完成了一天的工作，回到家，打开灯，看了一会电视，然后去卫生间洗了一个热水澡，换上了睡衣，躺床上睡觉，结束了你这一天的生活。

如果我问你，你这一天的工作生活，哪些地方产生了碳排放？你可能会回答电器的用电、开车的汽油消耗以及晚上洗澡的燃气消耗，因为电力主要是靠燃煤发电，开车的汽油和洗澡用的天然气都是化石能源。这种说法也对，但不全面，因为你只看到了你直接的化石能源消耗，实际上，这部分排放只占你个人总排放的 10% 都不到。而你个人碳排放的主要部分，是你住的房子、你躺的床、你穿的衣服、你开的车、你使用的所有电器等在生产时产生的排放。

根据 CAIT 数据，我国 2018 年的人均碳排放为 8.4 吨左右，而只是你住的房子碳排放就可能超过 100 吨，你开的车产生的排放可能超过 20 吨，你使用的手机碳排放可能超过 100 千克，你使用的电脑碳排放可能是几百千克，你穿的每一件衣服、吃的每一顿饭，都会产生几千克到几十千克不等的碳排放。你在购买和使用它们时，并没有看到化石能源在它们身上留下的痕迹，但不代表这没有发生。可以这样说，在化石能源时代，所有人类创造和生产出来的东西，都或多或少地消耗了化石能源、产生了碳排放。所以一个人对全球碳中和的贡献，不仅仅局限于节约用电、出门少开车那么简单。既然如此，除了日常的节能和低碳出行以外，我们还应当如何通过个人的努力为碳中和做贡献呢？

非必要，勿消费

前面我说过，几乎所有的消费都会产生碳排放，所以我们首先要做的就是减少不必要的消费。根据《南方周末》发起的一份关于消费的调查报告，由于网购日益便利和快捷，个人消费中有 36% 的消费可能是不必要的，这其中又有一半以上的不必要购物与网购有直接关系。很多人即使没有消费需求也会习惯性地在购物网站闲逛，逛着逛着就会产生冲动性消费，买回来的东西很多都是用一次就扔掉甚至一次都没用就扔掉了，所以我们首先要做的，就是减少不必要消费，防止冲动消费。那么，如何才能减少不必要的消费呢？

首先，如无明确的购物需求，就不要去逛那些购物网站和 App 了，现在的购物网站非常智能，它们通过大数据和强大的推荐算法让你很容易为呈现在你面前的产品动心，产生消费冲动。如果你不去看，自然就不会产生购买的冲动。即使有购买东西的需求，也请进入购物网站后直奔主题，买完以后就迅速退出，减少了眼花缭乱购物信息的诱惑，你的购物欲望就会降低很多，这样既减少了碳排放，又保住了你的钱包，一举两得，何乐而不为？

其次，尽量延长你购买产品的使用寿命。现在的电子产品虽然花样百出，但在核心功能上已经没有太大的差别。大部分的电器不到其使用寿命的一半就会被当作废品处理掉，特别是手机，很多人习惯手机一年一换，只要有新品推出就马上更换——即使之前的手机性能已经能够完全满足各种使用场景的需求。我在本书前面部分提到过，一部 iPhone 手机的碳足迹基本在100 千克左右，远远超过了一个人的体重。所以，除非你的手机确实老旧到已经影响你的正常使用，请不要更换手机，总换新手机除了增加地球碳排放和你的虚荣心以外，对你的工作生活并没有太大改变。

除了电子产品以外，衣服也是短寿命的重灾区。现在的服装越来越往快消品方向发展，许多服装厂家已经把服装定位为一年就扔的快消品，在设计、生产和销售过程中自然都不会考虑衣服的耐久性，所以衣服质量普遍较差，这些衣服基本在穿了一季以后就进了垃圾桶。据统计，2010—2015 年间，全球每件衣服穿着的次数下降了 25%。我国每年大约生产 570 亿件衣服，其中 73% 的衣服最后会进入垃圾填埋场被填埋，衣服的短寿命化由此可见一斑。所以在购买衣物的时候，首先是不要超买，许多人特别是女性，买的衣服有些还没等着穿就已经因为过时而扔掉；其次是买的时候尽量选择一些经久耐用的品牌，一件衣服的碳足迹在几千克到几十千克不等，多穿一年就能够减少几十千克的碳排放，既低碳又时尚。

要说短寿命，一次性消耗品才是最大的问题。随着快递和外卖等行业的兴起，一次性消耗品如塑料袋、一次性筷子、一次性饭盒还有大众越来越习惯使用的塑料瓶装饮料，它们大多的原料来自煤炭和石油，生产过程也会产生大量排放，然而它们到消费者手里后大都不超过一天就会被扔进垃圾桶。如果按照单位使用时间来计算碳排放的话，它们的碳排放将是排放最高的产品之一。不仅如此，塑料制品还存在难以自然降解的问题，给整个地球生态几乎造成了永久性污染。

所以，无论从低碳角度还是环保的角度，我们都要尽量少使用一次性用品。购买东西的时候能不使用塑料袋就不使用塑料袋，如果一定要用塑料袋，那么请重复使用。塑料袋的发明者瑞典人斯滕·古斯塔夫·图林发明塑料袋的初衷是让塑料袋能够尽可能地重复使用，而不是作为一次性用品用完就丢掉。尽量不点外卖，如果要点，在有条件的情况下请自备筷子，选择外卖包装相对环境友好、纸质包装的店家。瓶装饮料虽然很方便，但并不是任何时候你都需要马上喝水，在自己的车上和办公室里常备一个水杯，可以有效减少瓶装水的购买，如果一定要买，还是那句话，请尽量延长瓶子的使用寿命。

再来说说吃的事情，吃一顿饭，碳排放并不高，但是一年 365 天，每天三餐，积累起来其碳排放也很高。人类因为饮食产生的温室气体排放高达全球温室气体排放的 29%，折算下来每人每年因饮食产生的碳排放大约为 2.5 吨左右，这是个非常大的数字。所以我们要从饮食方面找减排空间。首先要做的就是不浪费粮食，根据联合国粮农组织的统计，全球有 1/3 的粮食被浪费掉，意思就是即使我们该怎么吃就怎么吃，只要不浪费粮食，全球就能减少近 40 亿吨排放。2013 年，一群公益人士发起了"光盘行动"，迅速成为网络热词，成为新一代年轻人的生活新时尚。2021 年 4 月，十三届全国人大常委会第二十八次会议表决通过《中华人民共和国反食品浪费法》，更是将食品浪费写进了法律。以后浪费食物就是违法行为，所以无论是为了人类地球的未来还是不触犯法律，都请节约粮食。外出请客吃饭的时候，你也不必为了面子点一堆菜最后都倒掉，双碳目标和反食品浪费法就是你省钱最好的理由。

最后说说房子，如果我说建议大家节约买房，一定会遭到不少白眼，但房地产确实是排放最高的领域之一。从全生命周期角度来看，我国的碳排放 50% 以上都来自房地产，几乎所有的高能耗制造业如钢铁、水泥、玻璃化工等，都是房地产行业的上游产业链。一般商品房每平方米的碳足迹约为 0.5 吨，加上装修家具等的排放，可以使得每平方米的碳排放轻松上 1 吨。所以一套 100 平方米的商品房，其排放就超过了 100 吨，将近中国一个人 11 年的总碳排放。如果是一般消费品，购买多套房除了增加碳排放，其实是没有任何意义的。再多的房子，我们也只能住其中一套。我们看到大城市里许多小区常年空着的房子，基本都沦为资产保值、增值的工具而没有产生实际的使用价值，这种工具可以用几乎不排放的黄金、股票、基金、保险，甚至是可以促进减排的碳资产等替代。所以对于房子，买一套自己住的就够了，想要投资理财，可以考虑其他的方式。

变废为宝

撇开碳减排不说，垃圾问题本身就是大城市特别头痛的问题。2010 年，导演王久良在一年半的时间里，通过对北京周边几百座垃圾场的走访与调查，拍摄了纪录片《垃圾围城》。用朴素与真实的影像向人们呈现了垃圾包围北京的严重态势（见图 7-1）。这些令人震惊的影像，让我们知晓垃圾对我们的生存环境以及日常生活所造成的伤害与威胁。

根据中国城市环境卫生协会统计，2019 年我国城市生活垃圾清运量高达 2.42 亿吨，大部分城市的垃圾处理能力跟不上垃圾增长速度，而垃圾增长速度却超过了 GDP 的增长速度，我国的过度消费和过短的产品使用寿命由此可见一斑。联合国环境规划署首席专家拉斯基曾提出过一个著名的论断："垃圾是放错了地方的资源"。因此，将如果能将垃圾这些资源利用起来，不但能够解决"垃圾围城"的大难题，还能减少生产这些资源产生的碳排放。

图 7-1　北京市周边的垃圾处理设施

那么如何才能减少垃圾呢？根据垃圾处理方法的层级理论，减少垃圾的方式从最佳到最差分别为：减量化、再利用、再回收、能源化和填埋，如图 7-2 所示。

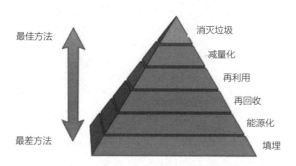

图 7-2　垃圾处理方法的层级理论

减量化就是从源头上减少垃圾的产生。最直接的方式就是减少不必要的消费。再利用，就是自己觉得没有用的东西先别扔，只要产品的功能还健全，你不要的东西很可能是别人想要的东西，这就是二手物品的交易，这样可以拉长产品的使用寿命，自然就减少了新垃圾的产生。现在有不少二手物品交易的网站和 App，想要处理掉自己的二手物品很方便。无论你的东西能卖几块钱，甚至不卖钱，但只要产品不是进了垃圾桶，你就为双碳目标做了贡献。

再回收就是将垃圾里面可以再次利用的资源筛选出来进行循环利用。作为个人，需要做的就是垃圾分类。我们的生活垃圾如纸张、塑料瓶、玻璃瓶、衣物、金属制品、厨余等，如果和其他垃圾放在一起扔的话，它们的命运只能是被焚烧或者填埋，但如果进行单独分类丢弃的话，它们就不会进入到垃圾焚烧站或者垃圾填埋场，而是作为资源重新进入工厂来生产新的产品。上海市是第一个实施垃圾分类的城市，自 2019 年 7 月 1 日《上海市生活垃圾管理条例》正式实施以来，全市每天干垃圾焚烧和湿垃圾资源化利用量从 2018 年 12 月的 1.4 万吨提升到 2019 年 11 月的 2.1 万吨，增长了 50%，这些增加的资源都会对应减少新生产这些产品产生的碳排放。

低碳消费升级

前面我们提到的个人减排措施都与节约有关，很多人会想，低碳生活是不是就是走简朴节约的路子就对了？当然不是。极端地讲，回到原始社会就等于实现了碳中和，但没有任何一个国家和个人会想以这种方式实现碳中和。我在前面提到的节约，都是在不影响生活质量的情况下，减少一些不必要的排放。但从另一个角度来看，这些物质的过量供应及消费实际上带动了整个经济的增长，假如每个人只买一套房，手机都用坏了才换，那带来的将是需求不振、经济下滑，这与我国刺激消费、扩大内需的政策是相悖的。那怎么办呢？实际上，节约只是个人低碳的一个方面，另一个方面则是低碳消费的需求升级。让内需的增长都出现在低碳消费升级上。所以不要担心自己钱包里的钱花不出去，我们是要将消费习惯从高碳消费向低碳消费转变，并不是让我们不要花钱。

那么哪些产品属于低碳产品呢？在未来的消费场景中，我们能够像获取产品价格一样轻易获取产品的碳排放信息，那样，我们就很容易分辨哪些产品是高碳产品，哪些产品是低碳甚至是碳中和产品。当前，我国并没有碳标签制度，所以我们只能借助一些基本常识来确定我们在消费时，应该购买哪类产品。

首先是家用电器。我国的家用电器能效等级制度自 2005 年开始实施以来，几乎所有的家用电器和燃气具都贴上了能效等级标识。近期的研究结果表明，能效标准和能源标识的实施，有效提高了产品的能效水平和消费者节能意识，在 2020 年实现节电 277.5TW·h，约折合减排量 1.66 亿吨。但我们在购买家电时，往往因为能效等级一级的产品要比其他产品贵一些而放弃购买——即使在使用阶段这些多出来的钱也会通过电费省回来。作为生活在碳中和时代的人，以后买电器就不用考虑其他能效等级的电器了，要买就只买能效等级一级的产品。

其次是购买新能源车。关于新能源车的好处我在前面章节已经介绍了很多，除非你经常要在偏远山区跑长途，其他的用车场景无论是从舒适性还是从经济性来说，在同等价位下新能源车都已经优于燃油车。在双碳目标提出后，充电桩的发展无疑会是爆炸性的，里程焦虑在充电桩资源绝对充足的情况下，即使电池技术没有任何突破，也会得到解决。所以不要犹豫，如果你有买车或者换车的准备，那么请选择新能源车。

再次是改变饮食习惯。在前面我们提到牛羊肉的碳排放非常高，同等重量的牛羊肉碳排放是猪肉的 4 倍，是鱼类的 8 倍。所以，我们在需要吃肉的情况下，尽量多吃鱼类，而少吃牛羊类。另一种选择是植物基牛肉，就是合成牛肉。可能大家还把合成牛肉想象成黑心作坊做的劣质产品。但现在随着科技的进步，合成牛肉已经无论从外观上还是从口感上都能做到与真正的牛肉没有差别，而且不用担心肥胖问题，一些高档餐厅也已经在使用这种人造牛肉。所以，不用担心质量问题，只是目前的人造肉相对于真肉还是要贵许多，如果你是追逐碳中和潮流的人，这点碳中和溢价对你来说应该不是问题。

最后是用电，虽然国内现在还没有家庭用户直购新能源电力的模式，但欧美的家庭都可以在购电时选择购买一般电力还是绿色电力。虽然电的性质是一样的，但你可以骄傲地宣称你的家庭用电是零排放的。虽然国内不能直

购零排放的电力，但是有绿证，如果你希望你家的电力是零排放的，通过购买绿证也能实现。

从上面的例子我们可以看出，低碳消费并不代表就是低端消费，有些低碳消费无论从品牌还是性能都能胜过高碳消费，还有些低碳消费更是代表了更加健康和时尚的生活。在碳中和时代，低碳消费将带动全社会的消费升级，这种升级就是以低排放、高质量、高社会认同的产品形态来代替传统的高碳产品形态。当然，还会顺便带动国内经济的健康增长。

7.2 碳中和趋势下的个人定位

未来几十年，碳中和将会成为整个社会的大趋势。也就是说，在未来的几十年里，无论你从事碳中和行业的哪一个环节，都能有广阔的施展空间和丰厚的汇报。所以，在碳中和时代，去拥抱碳中和行业是个人职业非常好的选择。

学习就业

无论你是在高校面临专业的选择，还是在职场面临行业的选择，我都建议你考虑一下你选择的方向是否符合我国的双碳目标的需求。本书已经介绍了大量为了实现双碳目标所需要的技术和行业，可以作为你学习和就业方向的参考。

首先，碳管理行业是碳中和时代最重要的行业，其他所有的行业都离不开碳管理，而且碳管理算是一个新兴行业，未来的人才缺口很大，所以选择碳管理行业有很大的成长空间。目前相关高校还没有开设碳管理专业，可以选择稍微有关联的能源和气候专业，但还需要参加社会培训和自学作为补充。

其次，从大方向看，工业节能、新能源电力、能源互联网、储能等方向未来的市场空间和人才需求都很大，所以选择相关专业都是不错的选择。氢能、碳捕集、新农业是未来的深度脱碳技术，愿意布局未来的人也可以考虑。

而对于与双碳目标有冲突的专业，未来的市场空间将越来越小，所以建议慎重选择。如燃煤发电相关的锅炉、汽轮机、脱硫脱硝技术；煤油气开采相关的地质勘探、钻井、采矿、提炼技术；燃油车相关的发动机、变速器、尾气处理相关技术。这些行业在未来几十年内会逐渐退出历史舞台，相关的技术即使再精通也难有用武之地。

最后，是传统的高能耗制造业如钢铁、水泥、纺织、玻璃、造纸化工等，它们不会消失，只是未来的生产工艺可能会发生翻天覆地的变化。如果你打算选择这个方向的专业，请记住学习方向一定选择最先进且最低碳的方向，无论这个方向现在有多么的不成熟，它都一定比老的技术方向更有前途。

碳管理行业能力提升路径

我在第 6 章详细介绍了碳管理行业可能涉及的业务范围，但是对于计划从事碳管理行业人来说，面对种类繁多的业务方向，可能不知道从何下手。所以我在这里给出一些建议，以帮助计划从事碳管理行业的人确定未来的职业发展方向。

首先要确定的是，没有任何一个企业或者个人能够同时开展碳管理相关的所有业务，从大方向来看，碳管理业务大体可以分为三个方向：碳管理咨询方向、企业碳管理方向和碳市场方向。

碳管理咨询方向是以各类碳排放核算能力为基础，帮助企业和政府解决碳管理方面所有疑难杂症的方向，这个方向比较偏研究，适合愿意专研的从业者。从事碳管理咨询方向的从业者的主要工作就是编写各类型的报告，如各种类型的碳排放报告或者核查报告、企业低碳规划报告、政府的各类研究课题报告等。

企业碳管理方向是以帮助企业实现碳中和并应对各种利益相关方要求的方向，这类从业者既可以在咨询公司任职，也可以去各大企业的专业管理岗。企业碳管理方向的主要工作就是帮助企业管理其碳排放及碳资产，使得企业对内以最低成本应对政府及利益相关方要求，对外提高企业形象，同时提高碳资产收益等。这个方向不需要对技术方面专研有多深，因为大部分实际业务都会外包，但是知识面要很广，同时对协调能力和管理能力有一定要求。

碳市场方向则是以碳交易和碳金融为主的业务，包括碳资产开发、碳交易和碳金融，其中碳资产开发的技术部分与低碳技术咨询方向有一定重叠。这类业务基本跟人和钱打交道，需要从业者有很强的商业能力和金融相关的知识，除此之外还得有一定的投资经验，特别是碳交易业务，与股票交易非常类似。如果经验和胆识不够，可能反而会亏钱。但碳市场方向也是收益天花板最高的业务，在全国碳市场启动后，获益最大的也就是从事这个业务领域的从业人员。特别是前两年在低谷期敢于抄底购买碳资产的那一批人。

无论从事碳管理行业的哪一个业务方向，都建议对最基本的两个业务：企业碳排放核算和碳资产开发要熟练掌握，最好直接参与一两个相关项目。另外参加一些相应的培训课程，对整个碳管理业务进行一个全面的了解也是必要的。

碳中和创业

除了想要在碳中和领域从事相关工作的人以外，还有一部分人想要在碳中和这个领域直接创业。在短短半年时间里，已经有几十个人找到我，声称自己希望在碳中和领域开展一些业务，需要寻求一些指导。这些人有些本来就有公司，能源环境咨询和 IT 企业居多，也有不少个人创业者，背景各不相同。这些人绝大多数在中国的双碳目标提出之前从未涉足过碳相关的领域，甚至连一些基本概念都不了解就一头扎了进来，大有当年"大众创业，万众创新"的架势。虽然我不建议碳中和领域零基础创业，但碳中和大势已成，即使面临失败，还是会有很多人愿意抓住这难得的机会。所以，我将在这一小节，为那些打算在碳中和领域创业的人提供一些方向和建议。

首先是能源环境咨询方面的公司，这类公司碳中和业务转型的意愿最强，也是最有可能把碳中和业务开展起来的公司。因为一来这些公司的既有客户也是碳中和业务的潜在客户，二来公司的员工更容易习得碳中和相关业务的专业能力。对于这类公司，我建议早期可以招聘一个专业能力较强的，碳管理技术人才，在既有客户上开展碳中和相关业务的同时，通过项目实操的方式带动整个团队能力的提升。如果找不到这方面的人才，建议早期与碳中和领域的头部企业合作开发项目，在与这些头部企业合作的过程中逐渐锻炼自己团队的专业水平。这类企业适合开展企业碳管理方面的业务，如碳盘查、配额管理、碳中和规划，有一定政府资源的可以开发一些政府课题，如区域温室气体清单、碳达峰、碳中和规划等。

其次是 IT 公司，这类公司希望以互联网思维在碳中和领域创业。当然，互联网领域最简单的创业方式就是做平台，所以，咨询我的人有不少是打算做碳中和领域的信息平台、项目撮合平台、学习和问答平台，甚至有想做交易平台的。目前碳中和领域确实缺乏一些既实用又有商业价值的大平台，但就像其他平台类项目一样，平台需要大量业内企业和个人入住，如果没有良好的商业模式吸引这些企业和个人进来，那么注定会走向失败。所以我建议如果没有好的模式和大量的业内资源，比起做谁都能想到的平台，互联网企业应该深挖行业痛点，研发一些既有使用价值、又有增长空间的产品。比如企业碳核算碳管理相关产品，产品和个人碳排放信息化的产品。但和其他领域互联网创业一样，其核心是商业模式的打造，而不是碳管理方面的专业知识。

还有不少既没资源又没技术的公司或个人，这类人单纯就是觉得：碳中和是热点，我要在这个领域创业，而且这类人不在少数。虽然我不建议这类人在毫无准备的情况下直接创业，但如果一定要创业的话，建议从以下几个方面着手。

一是如果能找到碳管理专业人才合伙的话，尽量找一个专业人才共同创业，这样才能算是进入到这个行业，然后从简单的企业碳盘查业务做起，结合自己的资源选择合适的发展方向。

二是如果不能找到碳管理专业人才，可以先做一些成本较低的关联业务，如做碳中和相关的自媒体，自组织或协助头部培训机构组织碳中和相关的培训等，慢慢积累业内的人脉和资源，后期通过资源整合实现盈利。

三是如果是以投资为目的进行创业的人，可选择的范围比较宽，如果想纯做二级市场交易，那么其实无须太多碳管理方面的专业知识，根据市场行情进行买卖操作就可以了。如果想要从事一级市场的开发，如控排企业的配额置换及 CCER 项目开发或者收购，那么一定需要找到有经验的碳资产开发人员共同创业。

总的来说，双碳目标的提出确实在碳管理这个领域产生了很多创业机会，双碳创业"大干快上"的趋势也在所难免。在这个过程中，一定会有很多初创企业败下阵来，只有少数企业才能脱颖而出，所以在创业之前一定要做好充分的准备，想好自己的优势和劣势是什么，然后找到好的切入点，一步一个脚印、坚定不移地走下去。碳中和这个行业值得我们托付终身，相信多年以后，你我都会无悔当初的选择。

碳中和时代的投资理财

首先我们要确立的一个观念是：我的投资是促进碳排放的减少而不是增加，这既是为了帮助实现碳中和的宏伟目标也是降低你的投资风险，因为即使那些增碳的投资现在看起来可能挣钱，但在不久的将来也可能会因为各种政策导致其成本骤增、利润骤降，你的投资回报也会大打折扣。具体的操作层面，我觉得可以从股票和碳市场两个方面入手。关于个人如何参与碳市场我已经在第 5 章进行了详细介绍，所以这里只讲一讲投资碳中和概念股票的基本策略。

碳中和时代将会有很多的投资机会，但作为普通的个人，投资相关产业的股票仍然是最便利的选择。不用说，新能源电力和新能源车是最根正苗红的碳中和概念股。这两个赛道是碳中和概念中最长、最宽，也是最明显的赛道。因为最明显，所以短期内会因过渡炒作而大涨大跌，但从长远来看，新能源相关概念股仍然有很大的上涨空间，所以从长远来看，投资新能源相关股票不会错。在选股时，新能源相关技术未来可能有大的迭代空间，如固态电池、钙钛矿技术等，所以如果对技术迭代研判有自信，就买对应行业的龙头股，想保守一点就买新能源相关的股票型基金。

其次，节能也是实现碳中和很重要的手段，节能涉及的领域特别广泛，我国的工业企业也确实有很大的节能空间，但传统的余热余压利用和电机变频改造等技术，其实已经没有多大空间，而且竞争非常激烈。未来更多的节能空间会来自各行业自身工艺技术的低碳化突破如氢能炼钢，以及工厂智能化带来的节能，如工业互联网、AI 机器人、智能控制、数字孪生技术等，这也是工业互联网的概念股。

高能耗的制造业在碳中和背景下会产生两极分化，因为我国已经确定了按照基准线法进行配额分配。所以碳排放强度低于平均水平企业的将会从碳市场中获益，从而有更多资金进行低碳技术迭代，碳排放强度高于平均水平的企业将会在碳市场受损，让自身的成本越来越高，最终被市场淘汰。除此之外，我国的能耗双控制度在碳中和背景下会给部分省市的企业生产造成很大压力。2021 年已经出现过因能耗超标而导致企业减产停产的情况。所以在投资高能耗制造业相关股票时，首先要考虑相关企业的碳排放强度是否处于行业低水平，其次要考虑相关企业工厂所在地区是否承受很大的能耗双控考核压力。

对于环保领域的投资方向，因为未来化石燃料的使用将会持续降低，所以大气污染治理相关的行业如脱硫脱硝、细颗粒物治理等方面的市场空间将逐渐被压缩，所以不是好的投资标的。而资源循环利用相关行业如工业废弃物的再生和循环利用、生活垃圾的分类分拣和回收利用等相关行业，在将来会有较大的成长空间。

最后，一些深度脱碳的行业也可以关注，如氢能炼钢、人造肉、植树造林、CCS 等行业，这些行业在短期内可能不大受关注，但随着技术成熟的脱碳方向如新能源和电气化进行得差不多的时候，大家的目光就会聚集到那些较难脱碳的领域来，说不定哪一天，相关的股票就一飞冲天了。

碳中和后的世界会是什么样的？可能很多人未曾想过，是不是实现碳中和以后，就永远是天高云淡、鸟语花香。是不是我们再也不用担心无端地热浪寒潮、狂风骤雨、干旱洪水、飓风冰雹这些极端天气，以及这些极端天气带来的山体滑坡、粮食危机、瘟疫肆虐等次生灾害？很遗憾，答案是否定的。全球实现碳中和的时候，就是大气温室气体浓度最高的时候，那时候全球的温室气体浓度可能超过 500ppm，温度上升极可能超过 2℃，所以我们实现碳中和的时候可能是气候灾害最严重的时候。

可能这样的说法会让很多人失望，但这是事实，碳中和并不代表人类抵抗气候危机取得了最终的胜利，而仅仅是人类走向胜利的转折点而已。在到达碳中和的转折点后，根据科学家们的规划，我们还需要长达 50 年的时间从大气中吸收温室气体以达到《巴黎协定》既定的 1.5℃的目标。所以，提出碳中和目标只是人类长达一个世纪应对气候变化走出去的第一步而已。

应对气候变化这条道路艰难而漫长，在这过程中充满了各种的不确定性，人类在短短 200 年的时间内将整个地球二氧化碳的浓度从 280ppm 拉升到 410ppm 以上，历史上从未有过。具体对地球有什么影响其实很难得出准确结论。所以即使人类完全按照既定目标实现了碳中和，全球温度也不一定按照既定的温度上升。现在科学家们确定的减排目标，也仅仅是使温度上升幅度控制在 1.5℃以内的概率为 66% 而已，剩下的 33% 是多少？ 2℃、4℃，或者是 6℃？谁也不知道。

事实上，从科学层面预测几十年后的温度是一个比预测天气还难的问题，存在非常大的不确定性。而且地球冻土和海洋还存在大量甲烷和二氧化碳，在全球变暖的过程中，一旦温度超过某个阈值，将激活这部分的温室气体大量释放到大气中去，形成温室气体释放和温度上升的正反馈，导致温室气体释放速度超过人为温室气体排放。届时，整个人类应对气候变化的计划都将打乱，全球碳中和的目标可能提前 10 年甚至 20 年，减排措施也可能变得不计成本。

对于应对气候变化带来的灾难，我是一个悲观主义者，很多人认为科学家描述的气候危机是个伪命题，但我觉得现在的科学预测可能远不及气候灾难对人类造成的真正影响。新冠肺炎疫情就是个典型的例子，我们虽然还没有弄明白新冠肺炎疫情是怎么发生的，但气候变暖确实会加剧病毒的变异和新病毒的产生，没有人能知道下一次类似新冠病毒一样的全球大流行会是在什么时候。还有，我们现在科技如此发达，但仍然还是靠天吃饭，在未来极端天气越来越频繁的情况下，粮食的生产将变得越来越不稳定，大面积减产可能会成为常态，这或许是未来气候危机爆发的第一个导火索。

即使这样，人类选择碳中和这条路，是直面气候危机并付出真正行动的一个开始，无论未来的气候危机是危言耸听还是更加凶险，我们都要去面对。无论前面的路是多么千难万险，我们都要去走，这是全人类共同选择的道路。如今，我们的方向已经变得很明确，那就是：构建人类命运共同体，一起走向碳中和的时代。

附录 | 碳中和相关术语解释 ①

编号	英文	中文	术语解释
1	Addtionality	额外性	减排项目符合碳资产开发的一种条件，它指如果减排项目在没有碳资产资金支持的情况下，项目将不会得到实施，比如一个项目的收益率不达标，那么它就具有额外性。
2	AFOLU	农林和其他土地利用	产生碳汇的主要方式之一，其中固碳能力最大的除了树，土壤也有很强的固碳能力。
3	Allowance	配额	由碳市场主管机构发放给控排企业的排放指标，企业需要上缴等同于其排放量等量的配额才能完成履约，配额也是碳交易市场的主要交易标的物。
4	Base Year	基准年	国家或企业等在提出减排目标时的参考年，如我国提出到 2030 年单位 GDP 碳排放相对于 2005 年下降 65% 的目标中，2005 年就是我国设定的基准年。
5	Baseline Scenario	基准线情景	指减排项目在不存在时，达到项目同样产出的情景，通常用于计算减排量。如一个光伏发电项目，在这个项目不存在时，达成该光伏电站同样发电量的情景为电网供电，则电网供电就为此项目的基准线情景。
6	BAU	基准政策情景	指不做额外措施，任其自然发展的情景，常用于减排目标的基准值设定，如韩国的减排目标就是到 2030 年相对于 BAU 降低 17%。
7	BECCS	生物质能碳捕集与封存	指生物质电厂 +CCS 的一种技术，因为生物质燃烧产生的二氧化碳被视为零排放，所以把这部分二氧化碳再封存起来就视为负排放，是为数不多的负排放技术之一。
8	BIPV	光伏建筑一体化	指在建筑物上直接安装光伏系统，或光伏系统部分替代建筑材料，使得光伏发电与建筑融为一体，比较典型的技术就是用发电玻璃直接代替原来的建筑玻璃，如幕墙玻璃。

① 为便于读者理解，本书的术语解释尽量采用大众能够理解的语言，与官方或学术层面的术语定义有一定区别。

续表

编号	英文	中文	术语解释
9	BM	容量边际	计算电网基准线排放因子的场景之一，通常指某个电网最新建设电站集合，该集合的发电量占总电网电量的 20%。
10	Cancellation	注销	指碳信用、绿证等环境权益通过其签发机构将其永久取消，以实现抵消对应碳排放的过程，如一个企业想抵消 100 吨的排放，那么它需要购买 100 吨的减排量，然后进行注销。
11	Carbon Credit	碳信用	是指减排或碳汇项目通过一系列的认证认可程序，将其温室气体减排或固碳进行量化并形成的一种可独立交易的商品，CCER 就是碳信用的一种。
12	Carbon Cycle	碳循环	描述述碳元素以各种形式流经大气、海洋、陆地和海洋生物圈以及岩石圈的过程。根据碳循环的理论，所有生物以任何形式排放的二氧化碳都不算人为造成的碳排放增加，故人类呼吸、木柴燃烧等产生的二氧化碳不计入总排放，若生物中的碳最终以固碳、封存等形式没有排放到大气中，则为负排放。
13	Carbon Intensity	碳强度	按另一个变量（产品产量、GDP）单位释放的二氧化碳排放量
14	Carbon Neutralization	碳中和	碳中和是指企业、团体或个人测算在一定时间内，直接或间接产生的温室气体排放总量，通过植树造林、节能减排等形式，抵消自身产生的温室气体排放，使其对温室效应的综合影响为零的一种行为。
15	Carbon Pricing	碳定价	将碳排放以价值的形式对其进行衡量，以量化碳排放带来的成本，促进碳减排。碳税和碳市场都是碳定价方式的一种。
16	Carbon Sink	碳汇	是指通过植树造林、植被恢复等措施，吸收大气中的二氧化碳而形成的碳储藏库。
17	Carbon Tax	碳税	碳定价方式的一种，对温室气体排放征收的一种税。
18	CBAM	碳边境调节机制	指欧盟计划实施的碳关税，税额可能为欧盟境内同类产品碳成本与进口产品碳成本的差价，目前尚无定论，预计最快在 2026 年开征，将对我国对欧盟的出口有一定影响
19	CCER	中国核证自愿减排量	可用于国内控排企业履约的一种碳信用，履约是可使用 CCER 的比例在 3%~10% 之间，也是碳市场主要交易标的物之一，通常来自新能源电力、沼气回收、碳汇等项目。
20	CCS	碳捕集利用与封存	指将工厂排放的二氧化碳进行收集、提纯、压缩并运至某个封存地点，使之与大气长期隔离的过程；如果二氧化碳收集提纯后又用作其他产品原料，则为 CCU，所以也常称为 CCUS。

续表

编号	英文	中文	术语解释
21	CDM	清洁发展机制	《京都议定书》下的一种机制，该机制允许附件一国家（发达国家）去非附件一国家（发展中国家）实施减排项目，并获取减排项目的碳信用（CER）用于完成自己的减排目标。
22	CDP	碳披露项目	ESG 评级的一种，通过发放调查问卷调查企业在气候方面做的功课是否做到位，做得最好得 A，做得最不好得 F，因为是被动评级，所以即使企业不回复也会对其进行评级，当然评级为 F。
23	CDR	碳移除	指为了通过增加碳汇或者空气中捕获二氧化碳等方式从大气中直接清除二氧化碳的技术，旨在降低大气中 CO_2 的浓度。
24	CEA	全国碳市场配额	全国碳市场中主管机构给控排企业发的排放的配额。
25	CER	核证减排量	CDM 机制下，通过减排项目产生的碳信用，它可以用于欧盟的控排企业履约。
26	CFP	产品碳足迹	指一个产品在整个生命周期产生的碳排放量。生命周期评价解释见第 56 条。
27	CH_4	甲烷	温室气体的一种，主要来自于化石燃料开采、动物肠道发酵、废弃物处理以及水稻种植等。
28	CO_2e	二氧化碳当量	指所有温室气体的温室效应按照全球暖化潜势（GWP）折算成二氧化碳等值的量，GWP 解释见第 48 条。
29	Compliance	履约	指控排企业上缴等同于其碳排放的配额或碳信用，以完成主管机构对其碳排放管控的过程。
30	COP	气候变化大会	在联合国组织下每年召开的关于应对气候变化的大会，比较出名的有 1997 年的京都大会（COP3）、2009 年的哥本哈根大会（COP15）以及 2015 年的巴黎气候大会（COP21），《巴黎协定》就是在巴黎气候大会上确定的。
31	CORSIA	国际航空碳抵消与减排计划	一种把所有运营国际航线的航空公司纳入的碳交易体系，旨在将国际航空的排放量保持在 2019—2020 年的基准水平。该市场于 2021 年启动了试点阶段的交易（2021—2023）。
32	CPLC	碳定价联盟	世界银行成立的组织，专门对全球的碳定价情况进行研究和预测。
33	Crediting Period	计入期	减排项目的有效期限，只有在计入期内才能产生碳信用，通常为 10 年（无法更新）或 7 年（可更新两次），碳汇项目计入期为 30 年（无法更新）或 20 年（更新两次）。

编号	英文	中文	术语解释
34	DACCS	直接空气碳捕集与封存	CCS 技术的一种，指直接将空气中的二氧化碳收集起来封存在地下，是实现全球碳中和最终的托底技术，其成本也被称为碳价天花板。
35	DOE	指定的经营实体	通常指审定核查机构，是代表主管机构确认碳减排项目是否按照相应方法学进行编写和计算；减排项目需要经过 DOE 审定才能注册（备案），经过 DOE 核查才能签发减排量。审定和核查解释见第 92、95 条。
36	Double Counting	重复计算	通常指某减排项目产生的环境权益进行了双重或多重计算（使用），如一个光伏项目，它在某年发电产生的环境权益既申请了绿证又申请了减排量，就属于双重计算。
37	EF	排放因子	用于计算碳排放的系数，如电网平均排放因子就是用电的排放系数。
38	EIA	环境影响评价	新建项目在开建之前论证项目对环境的影响，最近政府开始要求 EIA 中要纳入碳排放评价。
39	ERPA	减排量购买协议	通常指减排项目在其减排量签发之前买家与业主签订的期货合同。
40	ESG	环境社会和公司治理	帮助投资人判定所投企业在环境、社会和公司治理方面的表现，因为 ESG 评级注重量化数据，而碳排放和气候治理属于必选项，所以碳中和领域里也会见到不少 ESG 的身影。
41	EU-ETS	欧盟碳交易机制	全球最早也是目前最成功的碳交易市场，包括中国在内的碳交易市场都是参考 EU-ETS 建立的。
42	FSR	可行性研究报告	新建项目在开建之前论证项目实施的可行性报告，中国所有建设项目都要做的环节，通常减排项目的额外性论证中需要引用项目可行性报告中的内容。
43	GEC	中国绿证	国内的绿色电力证书，因不能交易与注销，比起市场属性来说，更偏公益属性一些。
44	GHG	温室气体	可以造成地球温度升高的气体，需要控制并减少的温室气体包括二氧化碳、甲烷、氧化亚氮、氢氟碳化物、全氟碳化物、六氟化硫和三氟化氮。
45	GHG Inventory	温室气体清单	是指国家、地区或企业分排放源和温室气体类型的一个碳排放清单，区域温室气体清单和企业碳排放报告的主要内容都是为了编制这份清单。
46	GS	黄金标准	类似于 CDM 的一种机制，但它产出的碳信用不能用于任何一个交易体制下的控排企业履约，它主要服务于非控排企业的碳减排和碳中和。

编号	英文	中文	术语解释
47	GTP	全球温度变化潜势	一种指数，用于衡量与基准物质二氧化碳（CO₂）相比，单位质量某种物质排放造成的在选定时间点上全球平均地表温度的变化，该指数与 GWP 类似。
48	GWP	全球变暖潜势	一种指数，主要目的是把各种温室气体的地球暖化效应用比较容易理解的方式量化，方法是以二氧化碳的暖化效应来衡量其他温室气体，比如甲烷 GWP 为 25，那么它就代表甲烷的暖化效应是二氧化碳的 25 倍。
49	HFCs	氢氟碳化物	烈性温室气体的一种，是很多化合物的总称，GWP 大多在 1000~20000 之间，总体来说，绝大多数制冷剂都属于这类氢氟碳化物，所以我们在家吹着空调的同时，也在排放这种温室气体。
50	IPCC	政府间气候变化专门委员会	应对气候变化的最高研究机构。为什么说气候在变暖？气候变暖将带来什么危害？各个温室气体的 GWP 是怎么来的？为什么要把温度上升控制在 1.5 度？温室气体怎么核算？这些都是 IPCC 的研究成果。
51	I-REC	国际绿证	绿证的一种，就是将可再生能源电力的零碳属性通过注册签发后变成另一种可自由交易的环境权益产品，使用火电的企业买了同等电量的绿证后可以等同于使用了等量的绿色电力。
52	JI	联合履行	《京都议定书》三机制中的一种，指两个附件一国家（发达国家）之间合作开发减排项目的一种机制。
53	KAU	韩国碳市场配额	韩国碳市场的配额，类似于中国的 CEA。
54	KCU	韩国碳信用单位	具有韩国特色的碳信用，由韩国的减排量产生的碳信用 KOC 转化而来，只有 KCU 才能拥有履约，KOC 不能。KOC 的解释见 53
55	KOC	韩国碳抵消信用	韩国减排项目产生的碳信用，类似于中国的 CCER。
56	LCA	生命周期评价	一种评价方法，就是评价某个产品在从原材料开采到最终废弃或回收使用整个过程对环境的影响，产品碳足迹的计算就是基于 LCA 的方法，即计算产品从原材料开采到最终废弃或回收过程的碳排放。
57	LoA	东道国批准函	CDM 项目开发中的一个环节，由项目所在国的主管机构出具。
58	Location Based Method	基于区域的方法	一种电力碳排放的计算方法，该方法的电网排放因子采用当地的区域电网排放因子，此种方法不考虑购买绿色电力或绿证带来的碳排放减少。
59	LULUCF	土地利用，土地利用变化及造林	与 AFOLU 类似，生产碳汇的主要路径，只是没有农业。

编号	英文	中文	术语解释
60	Market Based Method	基于电力供应商的计算方法	一种电力碳排放的计算方法，该方法的电网排放因子采用供应商所供电力的特定电网排放因子，所以如果供应商供应的电力为绿色电力，则用电产生的碳排放可以按零计算。
61	Methodology	方法学	指减排项目开发碳信用的指南，不同类型的减排项目有不同类型的方法学；在申请碳信用时，需要项目业主根据该指南编写项目设计文件（PDD）。
62	MR	监测报告	为了计算和核发减排项目的碳信用而编写的报告，经过 DOE 核查和主管部门确定后，对应的碳信用就可获得签发。
63	MRV	监测、报告、核查	MRV 是为确保碳排放或者减排数据质量的一套机制，它包括了数据的监测、报告和三方核查，可以说是碳市场的根基。
64	NbS	基于自然的解决方案	产生碳汇的一种方式，包括保护、持续性管理、修复自然或改善生态系统的行动；与造林相比，比较重要的差别是，防止毁林也属于 NbS。
65	NDC	国家自主贡献	《巴黎协定》下国家层面提交的减排目标及实施方案，碳达峰碳中和目标就属于我国提出的 NDC。
66	NET	负排放技术	可以实现从大气中净吸收温室气体的技术，如造林 / 再造林、BECCS、DACCS 等。
67	Net Negative Emissions	净负排放	指温室气体储存或固定的量大于向大气中排放的量。
68	Net Zero Emission	净零排放	同碳中和，参见第 14 条。
69	NF_3	三氟化氮	温室气体的一种，主要用于芯片制造的刻蚀工艺。
70	ODP	臭氧衰减指数	与 GWP 类似的指数，反映的是破坏臭氧的能力，温室气体中的 HFCs 一般都同时具有 GWP 和 ODP 两个数值，当然，这两个数值都是越低越好。
71	Offset Credit	抵消信用	同碳信用，参见第 11 条。
72	OM	电量边际	计算电网基准线排放因子的场景之一，通常指某个电网所有火电集合。
73	PDD	项目设计文件	减排项目申请减排量的核心文件，它需要严格按照项目对应的方法学进行编写。
74	PFCs	全氟化碳	温室气体中的一种，主要用于金属冶炼的保护气。
75	PoA	规划类项目	是指对一些规模非常小且实施周期长的减排项目进行整体打包申请的项目，比如分布式光伏、屋顶光伏整县推进项目就比较适合做 PoA。

续表

编号	英文	中文	术语解释
76	PRI	负责任投资原则	联合国发起的一个倡议，旨在帮助投资者理解环境、社会和公司治理等要素对投资价值的影响，并支持各签署机构将这些要素融入投资战略及决策等。
77	RE100	可再生能源 100	一个国际倡议组织，它要求加入者提出 100% 使用可再生能源电力的目标和实施方案。
78	REC	绿证	所有绿色电力环境属性的总称，常见的绿证有 I-REC 和 TIGRS。
79	REDD	减少森林砍伐和森林退化	通过措施停止本应砍伐或退化的森林，并以此获得碳信用的机制，我国并未加入该机制，所以并不能开发此类项目。
80	RGGI	区域温室气体倡议	美国东部几个州一起成立的一个碳交易市场。
81	RPS	可再生能源配额制	一种为提高可再生能源比例而设立的机制，一般该机制下会强制电力体系中的一个或多个环节（发电侧、售电侧、用电侧）提高可再生能源的比例，如果未达标，则可以通过购买绿证来实现。
82	SBTi	科学碳目标倡议	一种倡议组织，它要求加入者根据《巴黎协定》规定的温度控制目标来提出自己的碳减排目标。
83	Scope 1 Emissions	范围一排放	企业碳排放类型的一种，通常指企业控制的排放设施因化石燃料使用或其他温室气体泄露而直接产生的温室气体排放。
84	Scope 2 Emissions	范围二排放	企业碳排放类型的一种，通常指外购电力或者热力而间接导致的排放。
85	Scope 3 Emissions	范围三排放	企业碳排放类型的一种，通常指因企业生产经营而导致的其他间接排放，如上游产品生产和运输的排放，员工通勤和差旅排放等。
86	SDM	可持续发展机制	巴黎协定下的补充机制，类似于京都议定书下的 CDM 机制，但目前相关体制机制还没有具体的实施细则。
87	SDR	可持续发展报告	类似于社会责任报告中的报告，主要是围绕公司在联合国规定的 17 个可持续发展目标中所做的工作及成就的描述。
88	SF_6	六氟化硫	六大温室气体中的一种，主要用于高压开关的绝缘气体，属于较难减排的温室气体之一。
89	TCFD	气候相关财务信息报告工作组	一种披露公司对于气候变化带来的风险和机遇的指南，便于投资者做投资决策。
90	TIGRs	全球可再生能源交易工具	国际绿证的一种，其性质与 I-REC 相似
91	UNFCCC	联合国气候变化框架公约	联合国下为应对气候变化而专门成立的组织，可理解为人类应对气候变化的最高层组织。

续表

编号	英文	中文	术语解释
92	Validation	审定	碳减排和碳汇项目申请碳信用的一个环节，由 DOE 对开发方提供的 PDD 及其他佐证资料进行审核，以确保项目符合方法学的要求。
93	VCS	自愿减排标准	碳信用机制的一种，类似于 CDM 机制，只是在这个机制下签发的减排量 VCU 不用于强制减排市场，只用于非控排企业做碳减排或碳中和使用。
94	VCU	自愿减排量	VCS 机制下产生的减排量单位，类似于 CCER。
95	Verification	核查	减排和碳汇项目申请碳信用的一个环节，由 DOE 对开发方提供的监测报告及其他佐证资料进行核查，以确保项目的监测数据及减排量计算符合方法学的要求。
96	V2G	车辆到电网	描述了电动汽车与电网的关系。当电动汽车不使用时，车载电池的电能销售给电网的系统。如果车载电池需要充电，电流则由电网流向车辆；是未来电网的重要组成部分。
97	WCI	西部气候倡议	美国西部和加拿大几个州建立的一个碳交易市场。
98	WDI	世界发展指数	世界银行建设的一个数据库，里面包含了全球各国最全的碳排放数据。
99	ZEV	零排放车辆	指车辆行驶过程中不直接产生温室气体排放的车辆，包括电动车和氢燃料电池等车辆，但这个零排放并没有要求所用的能源在生产过程中是否有排放。

参考文献 | References

[1] 刘良平. 工业革命时期英国煤炭工业的发展及安全机制 [D]. 湖南科技大学,
 2012

[2] [美] 比尔·盖茨. 气候经济与人类未来. 陈召强, 译. 北京: 中信出版集
 团, 2021

[3] [印] 阿比吉特·班纳吉. 贫穷的本质. 景芳, 译. 北京: 中信出版集团, 2018

[4] 解振华. 中国的绿色发展之路. 北京: 外文出版社, 2018

[5] 林丽树. 美国通史. 北京: 人民出版社, 2002

[6] 金一南. 大国战略. 北京: 中国言实出版社, 2017

[7] [加] 瓦茨拉夫·斯米尔. 能源神话与现实. 北京国电通网络技术有限公司,
 译. 北京: 机械工业出版社, 2016

[8] 刘汉元, 刘建生. 重构大格局 能源革命: 中国引领世界. 北京: 中国言实
 出版社, 2016

[9] [英] 克里斯托弗·巴纳特. 你一定爱读的极简未来史. 侯永山, 译. 北京:
 北京联合出版公司, 2019

[10] 刘国伟. 零碳经济的市场新风口 氢能发展并非"氢"而易举 [J]. 环境与生
 活, 2021(05):12-23

[11] 郭道燕, 陈红, 龙如银. 消费端碳交易市场中政府初始碳配额分配策略
 研究——基于政府和家庭演化博弈的视角 [J]. 中国人口·资源与环境,
 2018,28(04):43-54

[12] 肖丽娜. 绿色和白色证书交易市场在中国的应用研究 [D]. 上海交通大学,
 2008

致谢 | Acknowledgement

大约 12 年前，我第一次产生了撰写一本低碳科普图书的想法。在这 12 年间，我陆陆续续写了很多关于应对气候变化和碳管理方面的文章。但对于完成一本书的创作，我一直没有太多底气。在犹豫之中，电子工业出版社的王天一先生找到我，在他的不断鼓励之下，我终于下定决心开启了此书的创作。后来又在许多领导、老师和朋友的帮助下，这本书终于得以成功面世。在此，我由衷感谢在本书创作过程中给予我支持和鼓励的人。

感谢电子工业出版社的王天一先生，他对社会经济环境有着敏锐的洞察力并具有丰富的策划经验，正是他提出了写作此书的建议，并在我创作过程中给予了支持和鼓励。

感谢十一届全国政协常委、全国人大代表、通威集团董事局主席刘汉元先生对此书的支持并作序。感谢中央财经大学绿色金融国际研究院院长、博士生导师王遥教授，感谢复旦大学城市环境管理研究中心主任、博士生导师包存宽教授，感谢伦敦大学可持续金融与基建转型中心梁希教授，他们不但通读本书，提出了很多中肯的修改意见，而且还为此书做推荐。感谢远景科技集团零碳业务负责人孙捷先生、亿欧联合创始人王彬博士，他们为此书提供了创作素材并做推荐和宣传。

在本书的创作过程中，除刘汉元先生外，通威集团的其他领导和同事们也给予了我大力的支持，感谢通威集团永祥股份李斌先生、丁晓科先生、裴海钢先生，通威传媒的黄其刚先生、谭晓娟女士，通威绿能的宋晶晶女士、冉政华先生等一直以来对我的支持和鼓励。

社会各界的朋友也为此书的创作提供了帮助和支持。感谢北京智汇绿色资源研究院的李金良先生为我提供最新的林业碳汇数据；感谢中控太阳能的陆俊承先生提供了太阳能光热发电的相关数据；感谢中创碳投的陈志斌先生，他在知乎上关于新能源车积分交易制度的文章为此书相关章节提供了参考；感谢壳牌的何芬女士，对我书中的相关内容提供了修改意见和建议；感谢清华大学能源互联网研究院的何为之先生为此书提供素材和建议；感谢碳圈内的多年老友郑照宁先生、黎玺先生、仝岩先生、王俊先生、曾峥先生等，他们向我讲述了自身在碳圈的从业经历，让此书关于碳管理行业章节的相关内容得以更加丰富多彩。

作为碳中和相关科普书籍，我们还对此书的全生命周期进行了碳中和，在实施本书的碳中和过程中，也得到了相关机构和个人的帮助。感谢四川大学教授王洪涛先生、亿科环境科技的冉桤乂女士为此书测算全生命周期碳足迹；感谢北京零碳宝为此书的碳中和捐赠 200 吨黄金标准自愿减排量；感谢国检集团为此次碳中和提供三方认证并签发碳中和标签。

最后，我还要感谢我的太太刘文静女士和我那两个可爱的孩子，在此书的创作过程中，我几乎无暇顾及家庭，感谢你们在我创作过程中对我的支持和帮助。

汪军